정보보호론
기출문제집

정보보호론
기출문제집

| 초판 | 인쇄 | 2025년 01월 08일 |
| 초판 | 발행 | 2025년 01월 10일 |

편 저 자 | 공무원연구소
발 행 처 | 소정미디어㈜
등록번호 | 제313-2004-000114호
주   소 | 경기도 고양시 일산서구 덕산로 88-45(가좌동)
대표전화 | 031-922-8965
팩   스 | 031-922-8966

▷ 이 책은 저작권법에 따라 보호받는 저작물로 무단 전재, 복제, 전송 행위를 금지합니다.
▷ 내용의 전부 또는 일부를 사용하려면 저작권자와 소정미디어(주)의 서면 동의를 반드시 받아야 합니다.
▷ ISBN과 가격은 표지 뒷면에 있습니다.
▷ 파본은 구입하신 곳에서 교환해드립니다.

Preface

모든 시험에 앞서 가장 중요한 것은 출제되었던 문제를 풀어봄으로써 그 시험의 유형 및 출제경향, 난이도 등을 파악하는 데에 있다. 즉, 최소시간 내 최대의 학습효과를 거두기 위해서는 기출문제의 분석이 무엇보다도 중요하다는 것이다.

정보보호론 기출문제집은 그동안 시행된 국가직, 지방직, 서울시 기출문제를 과목별로, 시행처와 시행연도별로 깔끔하게 정리하여 담고 문제마다 상세한 해설과 함께 관련 이론을 수록한 군더더기 없는 구성으로 기출문제집 본연의 의미를 살리고자 하였다.

수험생은 본서를 통해 변화하는 출제경향을 파악하고 학습의 방향을 잡아 단기간에 최대의 학습효과를 거둘 수 있을 것이다.

1%의 행운을 잡기 위한 99%의 노력! 본서가 수험생 여러분의 행운이 되어 합격을 향한 노력에 힘을 보탤 수 있기를 바란다.

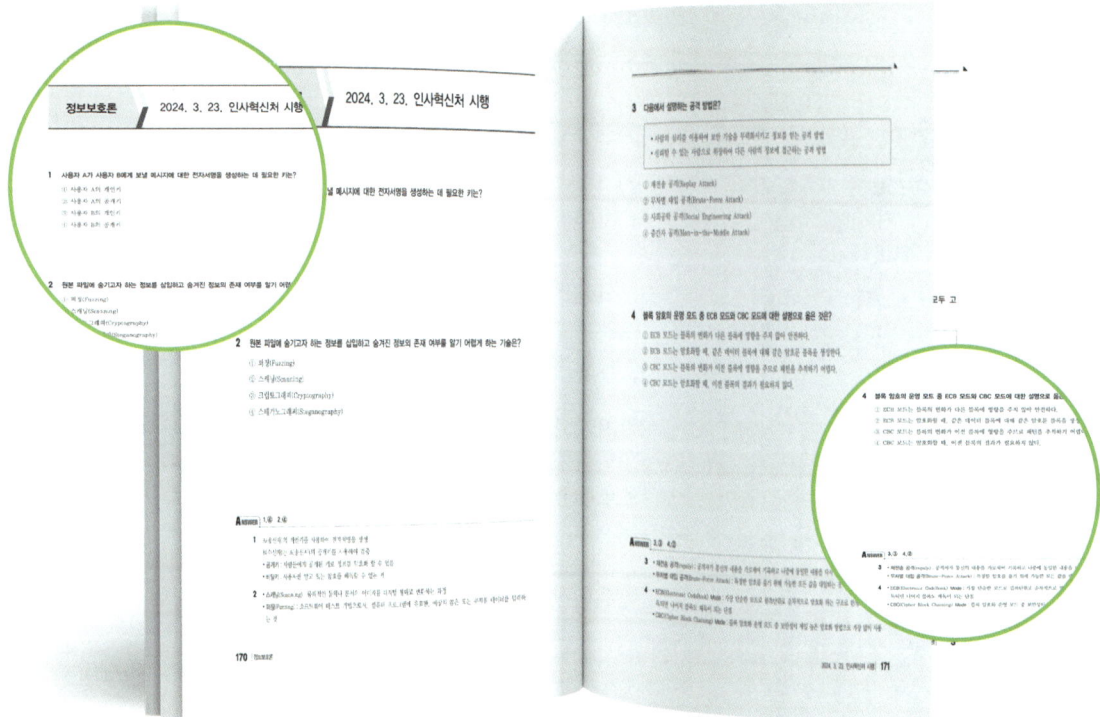

최신 기출문제분석

2024년 최신 기출문제를 비롯한 최다 기출문제를 수록하여 모든 시험에서 가장 중요한 기출 동향을 파악하고, 학습한 이론을 정리할 수 있습니다. 기출문제들을 반복하여 풀어봄으로써 이전 학습에서 확실하게 깨닫지 못했던 세세한 부분까지 철저하게 파악, 대비하여 실전대비 최종 마무리를 완성하고, 스스로의 학습상태를 점검할 수 있습니다.

상세한 해설

상세한 해설을 통해 한 문제 한 문제에 대한 학습을 가능하도록 하였습니다. 정답을 맞힌 문제라도 꼼꼼한 해설을 통해 다시 한 번 내용을 확인할 수 있습니다. 틀린 문제를 체크하여 내가 취약한 부분을 파악할 수 있습니다.

Contents

정보보호론

2018. 4. 7. 인사혁신처 시행 2
2018. 5. 19. 제1회 지방직 시행 14
2018. 6. 23. 제2회 서울특별시 시행 26
2019. 4. 6. 인사혁신처 시행 37
2019. 6. 15. 제1회 지방직 시행 51
2019. 6. 15. 제2회 서울특별시 시행 63
2020. 6. 13. 제1회 지방직/제2회 서울특별시 77
2020. 7. 11. 인사혁신처 시행 88
2021. 4. 17. 인사혁신처 시행 100
2021. 6. 5. 제1회 지방직 시행 113
2022. 4. 2. 인사혁신처 시행 126
2022. 6. 18. 제1회 지방직 시행 138
2023. 4. 8. 인사혁신처 시행 149
2023. 8. 10. 제1회 지방직 시행 159
2024. 3. 23. 인사혁신처 시행 170
2024. 6. 22. 제1회 지방직 시행 181

정보보호론

2018. 4. 7. 인사혁신처 시행
2018. 5. 19. 제1회 지방직 시행
2018. 6. 23. 제2회 서울특별시 시행
2019. 4. 6. 인사혁신처 시행
2019. 6. 15. 지방직 시행
2019. 6. 15. 서울특별시 시행
2020. 6. 13. 제1회 지방직/제2회 서울특별시 시행
2020. 7. 11. 인사혁신처 시행
2021. 4. 17. 인사혁신처 시행
2021. 6. 5. 제1회 지방직 시행
2022. 4. 2. 인사혁신처 시행
2022. 6. 18. 제1회 지방직 시행
2023. 4. 8. 인사혁신처 시행
2023. 6. 10. 제1회 지방직 시행
2024. 3. 23. 인사혁신처 시행
2024. 6. 22. 제1회 지방직 시행

정보보호론 / 2018. 4. 7. 인사혁신처 시행

1 전자우편 보안 기술이 목표로 하는 보안 특성이 아닌 것은?

① 익명성 ② 기밀성
③ 인증성 ④ 무결성

2 프로그램이나 손상된 시스템에 허가되지 않는 접근을 할 수 있도록 정상적인 보안 절차를 우회하는 악성 소프트웨어는?

① 다운로더(downloader) ② 키 로거(key logger)
③ 봇(bot) ④ 백도어(backdoor)

ANSWER 1.① 2.④

1 전자우편 보안기능
  ㉠ 메시지 무결성(Message Integrity) : 전자 우편 전송 도중에 메시지가 불법적으로 변경되었는가를 확인하는 기능
  ㉡ 기밀성(Confidentiality) : 해당자가 아닌 사용자들은 메시지를 볼 수 없게 하는 기능
  ㉢ 수신 부인 봉쇄(Non-deniability of Receipt) : 전자 우편 수신자가 수신 사실을 부인 못하게 하는 기능
  ㉣ 메시지 반복 공격 방지(Message Replay Prevention) : 전송되는 전자우편을 절취한 후 다시 보내는 공격 방법을 방지해 주는 기능
  ㉤ 사용자 인증(User Authentication) : 전자 우편을 실제로 보낸 사람과 송신자라고 주장하는 사람이 일치하는가를 확인해 주는 기능
  ㉥ 송신 부인 방지(Non-Repudiation of Origin) : 송신자가 전자 우편을 송신하고도 송신 사실을 부인 못하게 하는 기능

2 ④ 백도어(backdoor) : 정상적인 인증과정을 거치지 않고 운영체제, 프로그램에 접속할 수 있는 비밀통로
  ① 다운로더(downloader) : 악성코드 유포 방식. 특정 웹 사이트에서 파일을 내려받고 그 파일이 다시 스파이웨어를 내려받게 한다.
  ② 키 로거(key logger) : 컴퓨터 사용자의 키보드 움직임을 탐지해 ID나 패스워드, 계좌 번호, 카드 번호 등과 같은 개인의 중요한 정보를 몰래 빼 가는 해킹 공격
  ③ 봇(bot) : 로봇의 줄인 말로써 데이터를 찾아주는 소프트웨어 도구. 인터넷 웹 사이트를 방문하고 요청한 정보를 검색, 저장, 관리하는 에이전트의 역할

3 프로그램을 감염시킬 때마다 자신의 형태뿐만 아니라 행동 패턴까지 변화를 시도하기도 하는 유형의 바이러스는?

① 암호화된(encrypted) 바이러스
② 매크로(macro) 바이러스
③ 스텔스(stealth) 바이러스
④ 메타모픽(metamorphic) 바이러스

4 증거의 수집 및 분석을 위한 디지털 포렌식의 원칙에 대한 설명으로 옳지 않은 것은?

① 정당성의 원칙 – 증거 수집의 절차가 적법해야 한다.
② 연계 보관성의 원칙 – 획득한 증거물은 변조가 불가능한 매체에 저장해야 한다.
③ 신속성의 원칙 – 휘발성 정보 수집을 위해 신속히 진행해야 한다.
④ 재현의 원칙 – 동일한 조건에서 현장 검증을 실시하면 피해 당시와 동일한 결과가 나와야 한다.

ANSWER 3.④ 4.②

3 ④ 메타모픽(metamorphic) 바이러스 : 대부분의 다형성 바이러스가 백신의 에뮬레이터로 진단이 가능하자 바이러스 제작자는 암호화 루틴만 랜덤 한 형태가 아닌 바이러스 코드 자체를 만들어내는 메타모픽 바이러스를 제작
① 암호화된(encrypted) 바이러스 : 백신프로그램의 바이러스를 진단 및 치료를 어렵게 하기 위해 프로그램의 일부 또는 대부분을 암호화 시켜 저장하며 1987년 독일에서 발견된 폭포 바이러스가 최초의 암호화 바이러스
② 매크로(macro) 바이러스 : 애플리케이션에 존재하는 매크로를 이용해 자신을 전파하는 바이러스
③ 스텔스(stealth) 바이러스 : 컴퓨터나 네트워크를 감염시킨 후 자기 자신의 흔적을 감추는 바이러스

4 디지털포렌식의 기본 5대원칙
㉠ 정당성의 원칙 : 획득한 증거 자료가 적법한 절차를 준수해야 하며, 위법한 방법으로 수집된 증거는 법적 효력을 상실
㉡ 무결성의 원칙 : 수집 증거가 위변조 되지 않았음을 증명할 수 있어야 한다.
㉢ 연계보관성의 원칙 : 증거물 획득 이송 분석 보관 법정 제출의 각 단계에서 담당자 및 책임자를 명확히 해야 한다.
㉣ 신속성의 원칙 : 시스템의 휘발성 정보수집 여부는 신속한 조치에 의해 결정되므로 모든 과정은 지체없이 신속하게 진행되어야 한다.
㉤ 재현의 원칙 : 피해 직전과 같은 조건에서 현장 검증을 실시 하였다면, 피해 당시와 동일한 결과가 나와야 한다.

5 웹 애플리케이션의 대표적인 보안 위협의 하나인 인젝션 공격에 대한 대비책으로 옳지 않은 것은?

① 보안 프로토콜 및 암호 키 사용 여부 확인
② 매개변수화된 인터페이스를 제공하는 안전한 API 사용
③ 입력 값에 대한 적극적인 유효성 검증
④ 인터프리터에 대한 특수 문자 필터링 처리

6 「개인정보 보호법」상의 개인정보의 수집·이용 및 수집 제한에 대한 설명으로 옳지 않은 것은?

① 개인정보처리자는 정보주체의 동의를 받은 경우에는 개인정보를 수집할 수 있으며 그 수집 목적의 범위에서 이용할 수 있다.
② 개인정보처리자는 「개인정보 보호법」에 따라 개인정보를 수집하는 경우에는 그 목적에 필요한 최소한의 개인정보를 수집하여야 한다. 이 경우 최소한의 개인정보 수집이라는 입증책임은 개인정보처리자가 부담한다.
③ 개인정보처리자는 정보주체의 동의를 받아 개인정보를 수집하는 경우 필요한 최소한의 정보 외의 개인정보 수집에는 동의하지 아니할 수 있다는 사실을 구체적으로 알리고 개인정보를 수집하여야 한다.
④ 개인정보처리자는 정보주체가 필요한 최소한의 정보 외의 개인정보 수집에 동의하지 아니하는 경우 정보주체에게 재화 또는 서비스의 제공을 거부할 수 있다.

ANSWER 5.① 6.④

5 SQL injection … SQL 인젝션은 웹 상에서 사용자의 입력을 받는 부분에 SQL 쿼리문을 입력하여 DB나 시스템에 영향을 주는 공격 기법으로 사용자 인증을 비정상적 우회, DB데이터 유출 및 조작
　※ 보안대책
　　㉠ 입력값 필터링 : 특수문자 및 검증, 허용되지 않은 문자열이나 문자 에러 처리
　　㉡ 에러노출방지 : SQL 서버와 DB에서 발생한 오류 내용의 에러 메시지가 반영되지 않도록 설정
　　㉢ 데이터베이스 관리자 권한 제한 : 일반 사용자는 시스템 저장 프로시저에 접근 불가, 애플리케이션의 DB접속 계정은 필요한 테이블에만 권한 부여

6 제16조(개인정보의 수집 제한)
① 개인정보처리자는 제15조 제1항 각 호의 어느 하나에 해당하여 개인정보를 수집하는 경우에는 그 목적에 필요한 최소한의 개인정보를 수집하여야 한다. 이 경우 최소한의 개인정보 수집이라는 입증책임은 개인정보처리자가 부담한다.
② 개인정보처리자는 정보주체의 동의를 받아 개인정보를 수집하는 경우 필요한 최소한의 정보 외의 개인정보 수집에는 동의하지 아니할 수 있다는 사실을 구체적으로 알리고 개인정보를 수집하여야 한다.
③ 개인정보처리자는 정보주체가 필요한 최소한의 정보 외의 개인정보 수집에 동의하지 아니한다는 이유로 정보주체에게 재화 또는 서비스의 제공을 거부하여서는 아니 된다.

7 〈보기 1〉은 리눅스에서 일반 사용자(hello)가 'ls -al'을 수행한 결과의 일부분이다. 〈보기 2〉의 설명에서 옳은 것만을 모두 고른 것은?

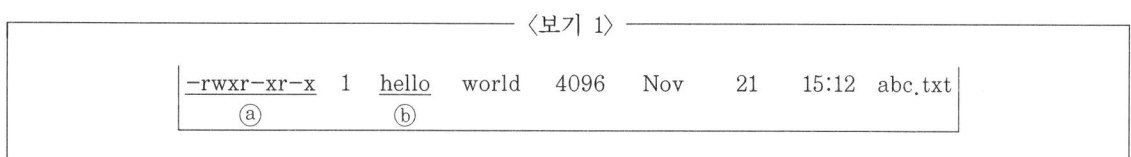

─────── 〈보기 2〉 ───────
㉠ ⓐ는 파일의 소유자, 그룹, 이외 사용자 모두가 파일을 읽고 실행할 수 있지만, 파일의 소유자만이 파일을 수정할 수 있음을 나타낸다.
㉡ ⓑ가 모든 사용자(파일 소유자, 그룹, 이외 사용자)에게 읽기, 쓰기, 실행 권한을 부여하려면 'chmod 777 abc.txt'의 명령을 입력하면 된다.
㉢ ⓑ가 해당 파일의 소유자를 root로 변경하려면 'chown root abc.txt'의 명령을 입력하면 된다.

① ㉠
② ㉠, ㉡
③ ㉡, ㉢
④ ㉠, ㉡, ㉢

ANSWER 7.②

7 ls : 파일 목록
  -a : 디렉토리 내의 모든 파일 출력
  -l : 파일의 권한, 소유자, 그룹, 크기, 날짜 등을 출력
  ⓐ -rwxr-xr-x는 세 자리씩 소유자, 그룹, 기타 사용자의 권한으로
  • 소유자 : rwx로 읽기, 쓰기, 실행 모두 가능
  • 그룹 : r-x는 읽기, 실행
  • 기타사용자 : r-x는 읽기, 실행으로 소유자만 쓰기 권한인 파일을 수정할 수 있어 ㉠에 해당한다.
  ⓑ chmod 777은 소유자, 그룹, 기타사용자에게 각각 7,7,7권한을 부여한다는 의미이며, 7은 이진수로 111로서 rwx엑 각각 1,1,1의 허용권한을 주기 때문에 ㉡에 해당한다.

8 다음은 CC(Common Criteria)의 7가지 보증 등급 중 하나에 대한 설명이다. 시스템이 체계적으로 설계되고, 테스트되고, 재검토되도록 (methodically designed, tested and reviewed) 요구하는 것은?

> 낮은 수준과 높은 수준의 설계 명세를 요구한다. 인터페이스 명세가 완벽할 것을 요구한다. 제품의 보안을 명시적으로 정의한 추상화 모델을 요구한다. 독립적인 취약점 분석을 요구한다. 개발자 또는 사용자가 일반적인 TOE의 중간 수준부터 높은 수준까지의 독립적으로 보증된 보안을 요구하는 곳에 적용 가능하다. 또한 추가적인 보안 관련 비용을 감수할 수 있는 곳에 적용 가능하다.

① EAL 2
② EAL 3
③ EAL 4
④ EAL 5

9 다음에 설명한 Diffie-Hellman 키 교환 프로토콜의 동작 과정에서 공격자가 알지 못하도록 반드시 비밀로 유지해야 할 정보만을 모두 고른 것은?

> 소수 p와 p의 원시근 g에 대하여, 사용자 A는 p보다 작은 양수 a를 선택하고, $x = g^a \bmod p$를 계산하여 x를 B에게 전달한다. 마찬가지로 사용자 B는 p보다 작은 양수 b를 선택하고, $y = g^b \bmod p$를 계산하여 y를 A에게 전달한다. 그러면 A와 B는 $g^{ab} \bmod p$를 공유하게 된다.

① a, b
② p, g, a, b
③ a, b, $g^{ab} \bmod p$
④ p, g, a, b, $g^{ab} \bmod p$

ANSWER 8.③ 9.③

8 EAL(평가보증등급) … 정보 보호 시스템 공통 평가 기준(CC : Common Criteria)의 보증 요구 사항으로 이루어진 패키지로서 정보 기술(IT) 제품 또는 시스템의 평가 결과 보안 기능을 만족한다는 신뢰도 수준을 정의
 ※ 평가보증 수준 등급(EAL)
  ㉠ EAL1 : Functionally Tested → 기능명세서, 설명서
  ㉡ EAL2 : Structurally Tested → 기본 설계서, 기능시험서, 취약성 분석서
  ㉢ EAL3 : Methodicallu Tested and Checked → 생명주기지원, 개발 보안, 오용분석서
  ㉣ EAL4 : Methodically Designeded, tested and reviewed → 상세설계서, 보안정책서, 일부소스코드, 상세 시험서
  ㉤ EAL5 : Semi-formally Designed and Tested → 개발 문서에 대한 전체 기술, 보안기능전체코드
  ㉥ EAL6 : Semiformally Verufued design and Tested → 전체소스코드
  ㉦ EAL7 : Formally Verified Design and Tested → 개발문서에 대한 정형화 기술

9 ③ a, b, $g^{ab} \bmod p$
 - a, b는 Diffie-Hellman 키 교환 프로토콜에서 비밀로 유지해야 할 정보로 사용자가 선택한 양수이다.
 - $g^{ab} \bmod p$는 사용자 A와 B, 양쪽이 공유한 비밀키가 된다.

10 IEEE 802.11i에 대한 설명으로 옳지 않은 것은?

① 단말과 AP(Access Point) 간의 쌍별(pairwise) 키와 멀티캐스팅을 위한 그룹 키가 정의되어 있다.
② 전송되는 데이터를 보호하기 위해 TKIP(Temporal Key Integrity Protocol)와 CCMP(Counter Mode with Cipher Block Chaining MAC Protocol) 방식을 지원한다.
③ 서로 다른 유무선랜 영역에 속한 단말들의 종단간(end-to-end) 보안 기법에 해당한다.
④ 802.1X 표준에서 정의된 방법을 이용하여 무선 단말과 인증 서버 간의 상호 인증을 할 수 있다.

11 SSL(Secure Socket Layer)에서 메시지에 대한 기밀성을 제공하기 위해 사용되는 것은?

① MAC(Message Authentication Code)
② 대칭키 암호 알고리즘
③ 해시 함수
④ 전자서명

ANSWER 10.③ 11.②

10 802.11i … IEEE 802.11i 표준은 무선랜 사용자 보호를 위해서 사용자 인증 방식, 키 교환 방식 및 향상된 무선구간 암호 알고리즘을 정의
  ㉠ 사용자 인증
   • 802.1x : 인증서버로 인증방식
   • 사전 공유키 방식(Pre-Shared Key) : 인증서버가 필요없고, 무선단말과 AP 간 미리한 약속을 통한 인증방식
   • 선인증방식 : 인접 AP에게 미리 인증을 수행 후 핸드오버 시 연속적인 통신이 가능하도록 하는 인증방식
  ㉡ 키 교환 방식
   • 4Way Handshaking : 암호키 교환을 위해 무선단말과 AP 간에 요청 및 응답을 4회 주고받는 교환방식
  ㉢ 암호화 알고리즘에는 무선 구간 데이터를 보호하기 위한 방법으로 TKIP 알고리즘과 CCMP 알고리즘이 있다.
   • TKIP(Temporal Key Integrity Protocol) : WEP을 확장하는 방법을 사용함으로써, 기존의 하드웨어 교체 없이 구현할 수 있도록 설계
   • CCMP(Counter mode with CBC-MAC Protocol) : AES(Advanced Encryption Standard) 암호 알고리즘을 사용, TKIP보다 더 강력한 암호화 알고리즘

11 SSL(Secure Socket Layer)
  • 인터넷상에서 데이터 통신 보안을 제공하는 암호 프로토콜
  • 데이터를 송수신하는 두 컴퓨터 사이, 종단 간 TCP/IP 계층과 애플리케이션 계층(HTTP, TELNET, FTP 등) 사이에 위치하여 인증, 암호화, 무결성을 보장한다.
  ※ SSL은 개인정보 보호를 위해 대칭 암호화방식(symmetric cryptography)을 사용하고, 메시지의 신뢰성을 위해 키(key) 메시지 인증 코드를 사용하여 전송 계층 위로 네트워크 연결의 세그먼트(segment)를 암호화 해주며 SSL을 사용하기 위해서는 SSL용 인증서가 필요하다.

12 메시지 인증에 사용되는 해시 함수의 요건으로 옳지 않은 것은?

① 임의 크기의 메시지에 적용될 수 있어야 한다.
② 해시를 생성하는 계산이 비교적 쉬워야 한다.
③ 다양한 길이의 출력을 생성할 수 있어야 한다.
④ 하드웨어 및 소프트웨어에 모두 실용적이어야 한다.

13 사용자 A가 사용자 B에게 보낼 메시지 M을 공개키 기반의 전자 서명을 적용하여 메시지의 무결성을 검증하도록 하였다. A가 보낸 서명이 포함된 전송 메시지를 다음 표기법에 따라 바르게 표현한 것은?

> PU_x : X의 공개키
> PR_x : X의 개인키
> E(K, M) : 메시지 M을 키 K로 암호화
> H(M) : 메시지 M의 해시
> || : 두 메시지의 연결

① $E(PU_B, M)$
② $E(PR_A, M)$
③ M || $E(PU_B, H(M))$
④ M || $E(PR_A, H(M))$

ANSWER 12.③ 13.④

12 ③ 고정 길이의 해시값을 생성할 수 있다.
  ※ 해시함수의 성질
    ㉠ 임의 길이의 메시지로부터 고정길이 해시값 생성
    ㉡ 해시값을 고속으로 계산 = 계산이 용이해야 한다.
    ㉢ 일방향성을 갖는다 = 해시값으로부터 메시지를 역산할 수 없다.
    ㉣ 메시지가 다르면 해시값도 다르다.
    ㉤ 임의 길이의 데이터 블록에 적용 가능해야 한다.

13 ㉠ 전자서명(digital signature) : 전자 문서의 모든 수신자가 서명을 사용하여 데이터의 출처와 무결성을 확인할 수 있도록 암호화 알고리즘으로 계산되어 데이터에 첨부되는 값이다.
  ㉡ 전자서명의 인증 과정은 RSA 알고리즘과는 반대 원리이며 비공개키 알고리즘과 공개키 알고리즘의 조합을 사용한다.
  ※ 해시값에 서명(부가형 전자서명)
    ㉠ A는 메시지의 "해시 값"을 자신의 개인키로 암호화(서명) → $E(PR_A, H(M))$
    ㉡ A는 메시지와 서명 값을 B에게 보냄 → M || $E(PR_A, H(M))$
    ㉢ B는 서명 값을 A의 공개키로 복호화 → $D(PU_A, E(PR_A, H(M))) = H(M)$
    ㉣ B는 메시지의 해시 값을 구함 → H'(M)
    ㉤ 메시지의 해시값 H(M)과 복호화한 서명 값 H'(M)을 비교하여 검증한다.

14 대칭키 블록 암호 알고리즘의 운영 모드 중에서 한 평문 블록의 오류가 다른 평문 블록의 암호 결과에 영향을 미치는 오류 전이(error propagation)가 발생하지 않는 모드만을 묶은 것은? (단, ECB : Electronic Code Book, CBC : Cipher Block Chaining, CFB : Cipher Feedback, OFB : Output Feedback)

① CFB, OFB
② ECB, OFB
③ CBC, CFB
④ ECB, CBC

15 유닉스/리눅스 시스템의 로그 파일에 기록되는 정보에 대한 설명으로 옳지 않은 것은?

① utmp - 로그인, 로그아웃 등 현재 시스템 사용자의 계정 정보
② loginlog - 성공한 로그인에 대한 내용
③ pacct - 시스템에 로그인한 모든 사용자가 수행한 프로그램 정보
④ btmp - 실패한 로그인 시도

ANSWER 14.② 15.②

14 ㉠ ECB(Electric Code Book) : 가장 간단한 구조이며 암호화 하려는 메시지를 여러 블록으로 나누어 각각 암호화 하는 방식으로 모든 블록이 같은 암호화 키를 사용하기 때문에 보안이 취약하며 각 블록이 독립적으로 동작하므로 한 블록에서 에러가 난다고 해도 다른 블록에 영향을 주지 않고 해당 블록까지 에러 전파
㉡ OFB(Output Feedback mode) : 블록 암호를 동기식 스트림 암호로 변환하며 XOR명령의 대칭 때문에 암호화와 암호해제 방식은 완전히 동일하며, 해당 블록까지만 대응되는 한 블록에만 영향을 미치므로, 영상이나 음성과 같은 digitized analog 신호에 많이 사용된다.
㉢ CFB(cipher feedback) : 블록 암호화를 스트림 암호화처럼 구성해 평문과 암호문의 길이가 같다.

15 • loginlog : 사용자가 로그인을 할 때 5번 이상 로그인 실패를 하였을 때 접근 정보가 기록된다.
• Solaris : 5번 이상 시도하고 접속을 못하면 접속을 끊어버린다.
• wtmp : 사용자의 성공한 로그인/로그아웃 정보, 시스템의 Boot/Shutdown 정보에 대한 히스토리를 담고 있는 로그
• lastlog : 가장 최근(마지막)에 성공한 로그인 기록을 담고 있는 로그 파일

16 「개인정보 보호법」상 개인정보처리자가 개인정보가 유출되었음을 알게 되었을 때에 지체 없이 해당 정보주체에게 알려야 할 사항에 해당하지 않는 것은?

① 유출된 개인정보의 항목
② 유출된 시점과 그 경위
③ 조치 결과를 보호위원회 또는 대통령령으로 정하는 전문기관에 신고한 사실
④ 정보주체에게 피해가 발생한 경우 신고 등을 접수할 수 있는 담당부서 및 연락처

ANSWER 16.③

16 ③ 조치 결과를 보호위원회 또는 대통령령으로 정하는 전문기관에 신고를 하여야 한다는 규정은 있지만 정보주체에게 이를 알려야 한다는 규정은 없다.
※ 제34조(개인정보 유출 통지 등)
① 개인정보처리자는 개인정보가 분실·도난·유출되었음을 알게 되었을 때에는 지체 없이 해당 정보주체에게 다음 각 호의 사실을 알려야 한다. 다만, 정보주체의 연락처를 알 수 없는 경우 등 정당한 사유가 있는 경우에는 대통령령으로 정하는 바에 따라 통지를 갈음하는 조치를 취할 수 있다.
 1. 유출등이 된 개인정보의 항목
 2. 유출등이 된 시점과 그 경위
 3. 유출등으로 인하여 발생할 수 있는 피해를 최소화하기 위하여 정보주체가 할 수 있는 방법 등에 관한 정보
 4. 개인정보처리자의 대응조치 및 피해 구제절차
 5. 정보주체에게 피해가 발생한 경우 신고 등을 접수할 수 있는 담당부서 및 연락처
② 개인정보처리자는 개인정보가 유출등이 된 경우 그 피해를 최소화하기 위한 대책을 마련하고 필요한 조치를 하여야 한다.
③ 개인정보처리자는 개인정보의 유출등이 있음을 알게 되었을 때에는 개인정보의 유형, 유출등의 경로 및 규모 등을 고려하여 대통령령으로 정하는 바에 따라 제1항 각 호의 사항을 지체 없이 보호위원회 또는 대통령령으로 정하는 전문기관에 신고하여야 한다. 이 경우 보호위원회 또는 대통령령으로 정하는 전문기관은 피해 확산방지, 피해 복구 등을 위한 기술을 지원할 수 있다.
④ 제1항에 따른 유출등의 통지 및 제3항에 따른 유출등의 신고의 시기, 방법, 절차 등에 필요한 사항은 대통령령으로 정한다.

17 인증서를 발행하는 인증기관, 인증서를 보관하고 있는 저장소, 공개키를 등록하거나 등록된 키를 다운받는 사용자로 구성되는 PKI(Public Key Infrastructure)에 대한 설명으로 옳지 않은 것은?

① 인증기관이 사용자의 키 쌍을 생성할 경우, 인증기관은 사용자의 개인키를 사용자에게 안전하게 보내는 일을 할 필요가 있다.
② 사용자의 공개키에 대해 인증기관이 전자서명을 해서 인증서를 생성한다.
③ 사용자의 인증서 폐기 요청에 대하여 인증기관은 해당 인증서를 저장소에서 삭제함으로써 인증서의 폐기 처리를 완료한다.
④ 한 인증기관의 공개키를 다른 인증기관이 검증하는 일이 발생할 수 있다.

18 암호학적으로 안전한 의사(pseudo) 난수 생성기에 대한 설명으로 옳은 것은?

① 생성된 수열의 비트는 정규분포를 따라야 한다.
② 생성된 수열의 어느 부분 수열도 다른 부분 수열로부터 추정될 수 없어야 한다.
③ 시드(seed)라고 불리는 입력 값은 외부에 알려져도 무방하다.
④ 비결정적(non-deterministic) 알고리즘을 사용하여 재현 불가능한 수열을 생성해야 한다.

ANSWER 17.③ 18.②

17 ③ 사용자의 인증서 폐기 요청에 대하여 인증기관은 해당 인증서를 저장소에서 삭제만 하는 것이 아닌 CRL(인증서 폐기 목록)에 등록하여 유효하지 않은 사실을 확인 하여야 한다.
※ 공개키 기반구조(PKI : public Key Infrastructure)는 공개키 암호 알고리즘을 안전하게 사용하기 위해 필요한 서비스를 제공하는 기반구조

18 의사 난수(psudeo randomnumber) … 시드(seed)라고 하는 시작 번호를 가지고 시드에 관련 없는 것으로 보이는 다른 번호로 변환하기 위해 수학 연산을 수행하는 프로그램이다. 그런 다음 생성된 숫자를 가져와서 같은 수학 연산을 수행하여 생성된 숫자와 관련이 없는 새로운 숫자로 변환한다. 마지막으로 생성된 숫자에 수학 연산을 수행하는 작업을 계속 반복함으로써 충분히 복잡해지면 난수와 같은 새 숫자를 생성할 수 있다.

19 사용자 워크스테이션의 클라이언트, 인증서버(AS), 티켓발행서버(TGS), 응용서버로 구성되는 Kerberos에 대한 설명으로 옳은 것은? (단, Kerberos 버전 4를 기준으로 한다)

① 클라이언트는 AS에게 사용자의 ID와 패스워드를 평문으로 보내어 인증을 요청한다.
② AS는 클라이언트가 TGS에 접속하는 데 필요한 세션키와 TGS에 제시할 티켓을 암호화하여 반송한다.
③ 클라이언트가 응용서버에 접속하기 전에 TGS를 통해 발급받은 티켓은 재사용될 수 없다.
④ 클라이언트가 응용서버에게 제시할 티켓은 AS와 응용서버의 공유 비밀키로 암호화되어 있다.

ANSWER 19.②

19 커버로스(Kerberos) … 개방된 컴퓨터 네트워크 내에서 서비스 요구를 인증하기 위한 안전한 방법으로, 미국 MIT의 Athena 프로젝트에서 개발

※ 커버로스(Kerberos)의 구성요소
  ⊙ 클라이언트 : 인증을 얻기 위한 사용자 컴퓨터
  ⓒ 서버 : 클라이언트가 접속하고자 하는 서버로 클라이언트가 서버에 접속하려면 인증이 필요
  ⓒ 인증서버(Authentication Service) : 클라이언트를 인증하는 컴퓨터
  ⓔ 티켓발급서버(Ticket Granting Service) : 인증값인 티켓을 클라이언트에게 발급해 주는 컴퓨터

※ 커버로스(Kerberos)의 동작 원리
  ⊙ 사용자가 텔넷이나 기타 이와 비슷한 로그인 요청을 통해 다른 컴퓨터의 서버에 접근하기 원한다고 가정하면, 이 서버는 사용자의 요청을 받아들이기 전에 커버로스 "티켓"을 요구
  ⓒ 사용자가 티켓을 받기 위해 먼저 인증 서버에 인증을 요구하고, 인증 서버는 사용자가 입력한 패스워드에 기반하여 "세션키"와 서비스 요구를 나타내는 임의의 값을 작성(세션키는 사실항 "티켓을 부여하는 티켓"임)
  ⓒ 만약 사용자가 세션키를 티켓 수여 서버, 즉 TGS(Ticket Granting Server)에 보내면 인증 서버와 물리적으로 동일한 서버일 수 있는 TGS는 서비스를 요청할 때 서버에 보낼수 있는 티켓을 반환
  ⓔ TGS로부터 받은 티켓에는 발송 일자와 시간이 적혀 있기 때문에 일정 시간 동안(약 8시간 동안)에는 재인증 없이도 동일한 티켓으로 다른 추가 서비스를 요청할 수 있음(티켓을 제한된 시간 동안에만 유효하게 함으로써 후에 다른 사람이 그것을 사용할 수 없도록 함)

Kerberos 4	Kerberos 5
• 암호화 시스템에 대한 의존, DES 사용	• CRC 모드 사용
• 메세시지 바이트 순서, 순서표시고정	• ASN.1과 BER 인코딩 규칙 표준 사용
• 티켓 유효시간 최대 28 * 5 = 1280분	• 시작 시간과 끝 시간 표시
• 인증의 발송이 불가능	• 인증 발송이 가능
• 영역 간의 인증은 불가능	• 커버로스 대 커버로스의 상호인증 가능

20 생체 인식 시스템은 저장되어 있는 개인의 물리적 특성을 나타내는 생체 정보 집합과 입력된 생체 정보를 비교하여 일치 정도를 판단한다. 다음 그림은 사용자 본인의 생체 정보 분포와 공격자를 포함한 타인의 생체 정보 분포, 그리고 본인 여부를 판정하기 위한 한계치를 나타낸 것이다. 그림 및 생체 인식 응용에 대한 설명으로 옳은 것만을 고른 것은?

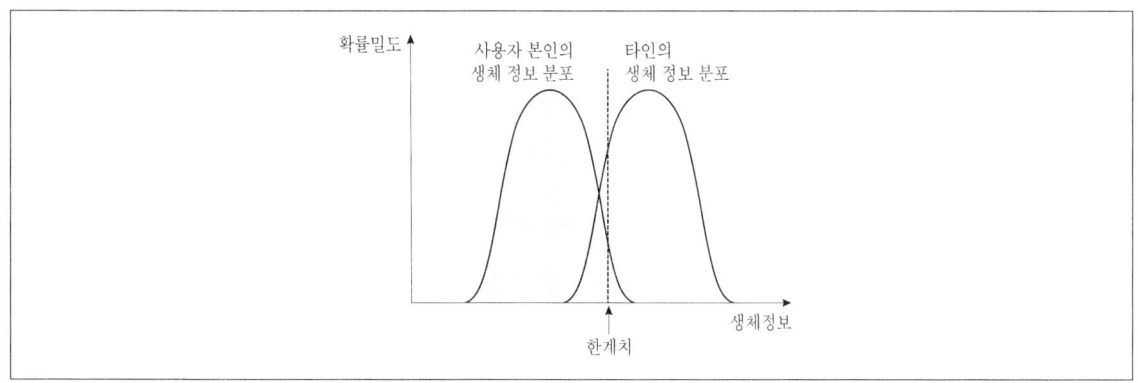

㉠ 타인을 본인으로 오인하는 허위 일치의 비율(false match rate, false acceptance rate)이 본인을 인식하지 못하고 거부하는 허위 불일치의 비율(false non-match rate, false rejection rate)보다 크다.
㉡ 한계치를 우측으로 이동시키면 보안성은 강화되지만 사용자 편리성은 저하된다.
㉢ 보안성이 높은 응용프로그램은 낮은 허위 일치 비율을 요구한다.
㉣ 가능한 용의자를 찾는 범죄학 응용프로그램의 경우 낮은 허위 일치 비율이 요구된다.

① ㉠, ㉢
② ㉠, ㉣
③ ㉡, ㉢
④ ㉡, ㉣

ANSWER 20.①

20 • 오인식률(FAR : False Acceptance Rate)과 오거부율(FRR : False Reject Rate)은 지문/홍채/얼굴 등의 모양으로 개인을 식별하는 바이오인식 기술의 수준을 평가하는데 쓰는 용어이다.
• 생체 인식의 정확성은 각 생체 특징이나 알고리즘에 따라 다르다. 망막, 정맥 등을 이용한 생체 인식 기술은 정확도가 매우 높으나, 얼굴, 음성 등을 이용한 생체 인식 기술은 비교적 정확도가 낮다.
• FAR(False Acceptance Rate)이 높을수록 사용자의 편의성은 높아지고, FRR(False Rejection Rate)이 낮을수록 보안성은 높아진다.
㉠ FRR(False Rejection Rate)
 • 정당한 사용자의 인증 요청이 실패하는 오류비율
 • 1종 오류 또는 위양성(false positive) 오류의 비율이다.
 • FRR이 낮을수록 사용자 편의성이 높아진다.
㉡ FAR(False Acceptance Rate)
 • 정당하지 않은 사용자의 인증 요청이 성공하는 오류비율
 • 2종 오류 또는 위음성(false negative) 오류의 비율이다.
 • FAR이 낮을수록 인증(또는 보안)의 강도가 높아진다.

정보보호론

2018. 5. 19. 제1회 지방직 시행

1 정보보호의 3대 요소 중 가용성에 대한 설명으로 옳은 것은?

① 권한이 없는 사람은 정보자산에 대한 수정이 허락되지 않음을 의미한다.
② 권한이 없는 사람은 정보자산에 대한 접근이 허락되지 않음을 의미한다.
③ 정보를 암호화하여 저장하면 가용성이 보장된다.
④ DoS(Denial of Service) 공격은 가용성을 위협한다.

2 ISO/IEC 27001에서 제시된 정보보안관리를 위한 PDCA 모델에서 ISMS의 지속적 개선을 위해 시정 및 예방 조치를 하는 단계는?

① Plan
② Do
③ Check
④ Act

ANSWER 1.④ 2.④

1 ㉠ **정보보호**: 데이터 및 시스템 즉 정보자산을 내 외부의 위협으로부터 기밀성, 무결성, 가용성을 확보하는 것으로 보안의 3요소라고 한다.
㉡ **가용성(Availability)**: 서비스가 원활하게 제공되는 것을 뜻하며 파괴로부터 보호하고 조직의 최우선이 보안의 목적이다. 위협요소는 Dos, DDoS 공격 등이 있다.

2 PDCA 모델 … 계획→실행→평가→개선을 반복해서 실행하여 목표 달성하고자 하는데 사용하는 기법
① Plan(계획): 사전 계획단계로 결과를 분석하고 예측
② Do(실행): 개선 계획을 실행하는 단계로 작은 조치부터 시작하면서 계획을 실행
③ Check(평가): 실행한 것을 바탕으로 결과를 분석하고 무엇이 개선 되었는지 확인
④ Act(개선): 이전 단계에서 평가된 것을 바탕으로 전체 사이클의 적합성을 평가하고 보완

3 보안 관리 대상에 대한 설명으로 ㉠~㉢에 들어갈 용어는?

- (㉠) – 시스템과 네트워크의 접근 및 사용 등에 관한 중요 내용이 기록되는 것을 말한다.
- (㉡) – 사용자와 시스템 또는 두 시스템 간의 활성화된 접속을 말한다.
- (㉢) – 자산에 손실을 초래할 수 있는 원치 않는 사건의 잠재적 원인이나 행위자를 말한다.

	㉠	㉡	㉢
①	로그	세션	위험
②	로그	세션	위협
③	백업	쿠키	위험
④	백업	쿠키	위협

4 유닉스 시스템에서 파일의 접근모드 변경에 사용되는 심볼릭 모드 명령어에 대한 설명으로 옳은 것은?

① chmod u-w : 소유자에게 쓰기 권한 추가
② chmod g+wx : 그룹, 기타 사용자에게 쓰기와 실행 권한 추가
③ chmod a+r : 소유자, 그룹, 기타 사용자에게 읽기 권한 추가
④ chmod o-w : 기타 사용자에게 쓰기 권한 추가

ANSWER 3.② 4.③

3
- 로그는 컴퓨터 시스템의 조작이나 처리에 관한 경시적인 기록
- 세션은 사용자 또는 컴퓨터 간의 대화를 위한 논리적 연결
- 위협은 자산에 손실을 발생 시키는 원인이나 행위 또는 보안에 해를 끼치는 행동이나 사건

4
- chmod : 파일이나 디렉토리 허가 권한 변경(r : 읽기, w : 쓰기, x : 실행)
  chmod[옵션](대상)(+/-/=)(rwx)(파일명)-심볼릭 형태
- chmod 명령어 심볼릭
  → 대상
  a : 모든 사용자 권한
  u : user의 권한
  g : group의 권한
  → +/-/=
  + : 해당 권한을 추가
  - : 해당 권한을 제거
  = : 해당 권한을 설정한 데로 변경

5 정보가 안전한 정도를 평가하는 TCSEC(Trusted Computer System Evaluation Criteria)의 보안등급 중에서 검증된 설계(Verified Design)를 의미하는 보안등급은?

① A 등급
② B 등급
③ C 등급
④ D 등급

6 다음에서 설명하는 공격 기술은?

> 암호 장비의 동작 과정 중에 획득 가능한 연산시간, 전력소모량, 전자기파 방사량 등의 정보를 활용하여 암호 알고리즘의 비밀 정보를 찾아내는 기술

① 차분 암호 분석 공격(Differential Cryptanalysis Attack)
② 중간자 공격(Man-In-The-Middle Attack)
③ 부채널 공격(Side-Channel Attack)
④ 재전송 공격(Replay Attack)

ANSWER 5.① 6.③

5 TCSEC(Trusted Computer System Evaluation Criteria) … 정보보호시스템을 일반 사용자가 신뢰하며 안전하게 사용할 수 있도록 제품의 신뢰성을 보증하기 위한 법/제도
→ 보안등급은 A로 갈수록, 같은 등급에서는 숫자가 클수록 강하다.

보안등급	의미	세부등급
A	검증된 보호, 정형화된 검증방법 사용	A1
B	경제적 보호, 보안 레이블의 무결성 보장	B3 B2 B1
C	임의적 보호, 검사기능을 통해 주체와 그들의 행위에 대한 책임 추적을 제공	C2 C1
D	최소한의 보호	없음

6 ③ 부채널 공격(Side-Channel Attack) : 알고리즘의 약점을 찾거나 무차별 공격을 하는 대신 암호 체계의 물리적인 구현 과정의 정보를 기반으로 하는 공격방법
예) 소요시간정보, 소비전력, 방출하는 전자기파 등

7 DoS(Denial of Service) 공격의 대응 방법에 대한 설명으로 ㉠, ㉡에 들어갈 용어는?

- 다른 네트워크로부터 들어오는 IP broadcast 패킷을 허용하지 않으면 자신의 네트워크가 (㉠) 공격의 중간 매개지로 쓰이는 것을 막을 수 있다.
- 다른 네트워크로부터 들어오는 패킷 중에 출발지 주소가 내부 IP 주소인 패킷을 차단하면 (㉡) 공격을 막을 수 있다.

	㉠	㉡
①	Smurf	Land
②	Smurf	Ping of Death
③	Ping of Death	Land
④	Ping of Death	Smurf

8 「전자서명법」상 용어의 정의로 옳지 않은 것은? (기출변형)

① '전자서명'이라 함은 서명자를 확인하고 서명자가 당해 전자문서에 서명을 하였음을 나타내는 데 이용하기 위하여 당해 전자문서에 첨부되거나 논리적으로 결합된 전자적 형태의 정보를 말한다.
② '인증서'라 함은 전자서명생성정보가 가입자에게 유일하게 속한다는 사실 등을 확인하고 이를 증명하는 전자적 정보를 말한다.
③ '가입자'란 전자서명인증사업자가 제공하는 전자서명인증서비스를 이용하는 자를 말한다.
④ '전자서명생성정보'라 함은 전자서명을 생성하기 위하여 이용하는 전자적 정보를 말한다.

ANSWER 7.① 8.③

7 서비스 거부공격(DoS, Denial of Service) 대응 방법 … 서버가 처리할 수 있는 능력 이상의 것을 요구하며, 다른 서비스를 정지 시키거나 시스템을 다운 시키는 것을 뜻하며 일반적으로는 네트워크 기능을 마비시키는 것이 주목적이다.
- Land 공격: 패킷을 전송할 때 출발지 IP주소와 목적지 IP 주소값을 똑같이 만들어서 공격 대상에서 보내는 것
- Smurf공격: ICMP 패킷과 네트워크에 존재하는 임의의 시스템들을 이용하여 패킷을 확장시켜서 서비스 거부 공격을 수행하는 방법으로 네트워크를 공격할 때 많이 사용함

8 ③ 전자서명법 제2조 제9호에 '가입자'란 전자서명생성정보에 대하여 전자서명인증사업자로부터 전자서명인증을 받은 자를 말한다.

9 「전자정부 SW 개발·운영자를 위한 소프트웨어 개발보안 가이드」상 설계단계 보안설계 기준과 구현단계 보안약점 제거 기준을 연결한 것으로 옳지 않은 것은? [기출변형]

분석·설계 단계 보안설계 기준	구현단계 보안약점 제거 기준
① DBMS 조회 및 결과 검증	SQL 삽입
② 디렉터리 서비스 조회 및 결과 검증	LDAP 삽입
③ 웹서비스 요청 및 결과 검증	크로스사이트 스크립트
④ 보안기능 입력값 검증	솔트 없이 일방향 해시함수 사용

ANSWER 9.④

9 ④ 솔트 없이 일방향 해시함수 사용은 보안 기능 중 암호연산 항목에 해당한다.
※ 전자정부 SW 개발·운영자를 위한 소프트웨어 개발보안 가이드

구현단계 기준과의 관계

구분	설계단계	구현단계
입력 데이터 검증 및 표현 (10개)	DBMS 조회 및 결과 검증	• SQL 삽입
	XML 조회 및 결과 검증	• XML 삽입 • 부적절한 XML 외부개체 참조
	디렉터리 서비스 조회 및 결과 검증	• LDAP 삽입
	시스템 자원 접근 및 명령어 수행 입력값 검증	• 코드 삽입 • 경로조작 및 자원삽입 • 서버사이드 요청 위조 • 운영체제 명령어 삽입
	웹 서비스 요청 및 결과 검증	• 크로스사이트 스크립트
	웹 기반 중요 기능 수행 요청 유효성 검증	• 크로스사이트 요청 위조
	HTTP 프로토콜 유효성 검증	• 신뢰되지 않은 URL 주소로 자동접속 연결 • HTTP 응답분할
	허용된 범위내 메모리 접근	• 포맷스트링 삽입 • 메모리 버퍼 오버플로우
	보안기능 입력값 검증	• 보안기능 결정에 사용되는 부적절한 입력값 • 정수형 오버플로우 • Null Pointer 역참조
	업로드·다운로드 파일검증	• 위험한 형식 파일 업로드 • 부적절한 전자서명 확인 • 무결성 검사 없는 코드 다운로드

10 개인정보 보호법령상 영업양도 등에 따른 개인정보의 이전 제한에 대한 내용으로 옳지 않은 것은?

① 영업양수자등은 영업의 양도·합병 등으로 개인정보를 이전받은 경우에는 이전 당시의 본래 목적으로만 개인정보를 이용하거나 제3자에게 제공할 수 있다.
② 영업양수자등이 과실 없이 서면 등의 방법으로 개인정보를 이전받은 사실 등을 정보주체에게 알릴 수 없는 경우에는 해당 사항을 인터넷 홈페이지에 10일 이상 게재하여야 한다.
③ 개인정보처리자는 영업의 전부 또는 일부의 양도·합병 등으로 개인정보를 다른 사람에게 이전하는 경우에는 미리 개인정보를 이전하려는 사실 등을 서면 등의 방법에 따라 해당 정보주체에게 알려야 한다.
④ 영업양수자등은 개인정보를 이전받았을 때에는 지체 없이 그 사실을 서면 등의 방법에 따라 정보주체에게 알려야 한다. 다만, 개인정보처리자가 「개인정보 보호법」 제27조 제1항에 따라 그 이전 사실을 이미 알린 경우에는 그러하지 아니하다.

ANSWER 10.②

10 「개인정보 보호법」 제27조
① 개인정보처리자는 영업의 전부 또는 일부의 양도·합병 등으로 개인정보를 다른 사람에게 이전하는 경우에는 미리 개인정보를 이전하려는 사실 등을 서면 등의 방법에 따라 해당 정보주체에게 알려야 한다.
② 영업양수자등은 개인정보를 이전받았을 때에는 지체 없이 그 사실을 서면 등의 방법에 따라 정보주체에게 알려야 한다. 다만, 개인정보처리자가 개인정보 보호법 제27조 제1항에 따라 그 이전 사실을 이미 알린 경우에는 그러하지 아니하다.
③ 영업양수자등은 영업의 양도·합병 등으로 개인정보를 이전받은 경우에는 이전 당시의 본래 목적으로만 개인정보를 이용하거나 제3자에게 제공할 수 있다. 이 경우 영업양수자등을 개인정보처리자로 본다.

11 대칭키 암호 알고리즘에 대한 설명으로 옳은 것만을 모두 고르면?

> ㉠ AES는 128/192/256 비트 키 길이를 지원한다.
> ㉡ DES는 16라운드 Feistel 구조를 가진다.
> ㉢ ARIA는 128/192/256 비트 키 길이를 지원한다.
> ㉣ SEED는 16라운드 SPN(Substitution Permutation Network) 구조를 가진다.

① ㉠, ㉣
② ㉡, ㉢
③ ㉠, ㉡, ㉢
④ ㉠, ㉡, ㉣

ANSWER 11.③

11 대칭키 암호 알고리즘 … 암호화에 사용되는 암호화키와 복호화에 사용되는 복호화키가 동일하며 이 키를 송신자와 수신자 이외에는 노출되지 않도록 비밀히 관리
  예 DES, IDEA, AES
  ※ 대칭키 암호 알고리즘

	AES	DES	ARIA	SEED
특징	Rijndael 알고리즘을 기반으로 한 미국의 연방 표준 알고리즘	NIST에서 표준으로 공포(1977)	경량 환경 및 하드웨어 구현을 위해 최적화된, Involutional SPN구조를 갖는 범용블록 암호 알고리즘	한국정보보호진흥원 주관으로 개발되어 현재 TTA 표준으로 제정
구조	SPN	Feistel	ISPN	Feistel
개발 국가	미국	미국	한국	한국
개발 연도	2000년	1972년	2004년	1999년
블록 크기	128	64	128	128
키의 길이	128,192,256	56	128,192,256	128
라운드 수	12,14,16	16	12,14,16	16

12 다음에서 설명하는 프로토콜은?

- 무선랜 통신을 암호화하는 프로토콜로서 IEEE 802.11 표준에 정의되었다.
- 암호화를 위해 RC4 알고리즘을 사용한다.

① AH(Authentication Header)
② SSH(Secure SHell)
③ WAP(Wireless Application Protocol)
④ WEP(Wired Equivalent Privacy)

13 기밀성을 제공하는 암호 기술이 아닌 것은?

① RSA
② SHA-1
③ ECC
④ IDEA

ANSWER 12.④ 13.②

12 ④ WEP(Wired Equivalent Privacy)
- 무선 랜 통신을 암호화 하는 가장 기본적인 방법으로 802.11b 프로토콜 적용
- 64,128비트 암호화방식을 사용하는 데 기본적으로 RC4 알고리즘 사용

13 ② SHA-1 : 1993년 미국 NIST에서 개발하고 전자서명 알고리즘에 적용하기 위해 메시지 다이제스트 방식으로 고안한 암호 알고리즘으로 MD4를 기반으로 설계
① RSA(Ron Rivest, Adi Shamir, Leonard Adleman) : RSA는 1977년에 Ron Rivest, Adi Shamir와 Leonard Adleman에 의해 개발된 알고리즘을 사용하는 인터넷 암호화 및 인증 시스템이다. RSA 알고리즘은 가장 보편적으로 사용되는 암호화 및 인증 알고리즘
③ ECC : 1985년 밀러와 코블리츠가 제안한 타원 곡선 기반 암호로서, 이산 대수에서 사용하는 유한체의 곱셈군을 타원 곡선군으로 대치한 암호 방식

14 SSL 프로토콜에 대한 설명으로 옳지 않은 것은?

① 전송계층과 네트워크계층 사이에서 동작한다.
② 인증, 기밀성, 무결성 서비스를 제공한다.
③ Handshake Protocol은 보안 속성 협상을 담당한다.
④ Record Protocol은 메시지 압축 및 암호화를 담당한다.

15 DSA(Digital Signature Algorithm)에 대한 설명으로 옳지 않은 것은?

① 기밀성과 부인방지를 동시에 보장한다.
② NIST에서 발표한 전자서명 표준 알고리즘이다.
③ 전자서명의 생성 및 검증 과정에 해시함수가 사용된다.
④ 유한체상의 이산대수문제의 어려움에 그 안전성의 기반을 둔다.

ANSWER 14.① 15.①

14 SSL 프로토콜(Secure Socket Layer)
- 넷스케이프사에서 전자상거래 등의 보안을 위해 개발된 이후 TLS(Transport Layer Security)라는 이름으로 표준화되었으며 전송계층(Transport Layer)의 암호화 방식이기 때문에 HTTP뿐만 아니라 NNTP, FTP, XMPP등 응용계층(Application Layer) 프로토콜의 종류에 상관없이 사용할 수 있는 장점이 있다.
- 일반적으로는 웹 트래픽 보안을 위해서 사용되며 기본적으로 인증(Authentication), 암호화(Encryption), 무결성(Integrity)를 보장한다.

※ SSL 프로토콜 스택
  ㉠ Record Protocol : 데이터를 암호화하고 압축하여 안전하게 전송하는 프로토콜로 SSL의 실제 데이터를 다루며, 데이터를 단편화하거나 압축하거나 MAC을 적용하고 암호화하여 이를 TCP에 전달하는 역할을 한다.
  ㉡ Handshake Protocol : SSL 세션 연결을 수립하는 역할로 클라이언트와 서버 간의 안전한 연결 수립을 위해서 클라이언트와 서버 간의 상호 인증을 수행하고 암호 메커니즘 등의 정보를 교환한다.

15 DSA(Digital Signature Algorithm) … 1991년 미국 NIST에서 표준안으로 개발된 공개키 기반의 알고리즘으로 보다 안전한 해쉬 알고리즘을 사용하면서 주어진 데이터에 자신만이 알고 있는 서명용 키를 사용하여 서명문을 생성하며 새로운 디지털 서명기술을 제공하기 위해 이산대수의 어려움에 기반을 두고 설계되었다.

16 무의미한 코드를 삽입하고 프로그램 실행 순서를 섞는 등 악성코드 분석가의 작업을 방해하는 기술은?

① 디스어셈블(Disassemble)
② 난독화(Obfuscation)
③ 디버깅(Debugging)
④ 언패킹(Unpacking)

17 윈도우즈용 네트워크 및 시스템 관리 명령어에 대한 설명으로 옳은 것은?

① ping - 원격 시스템에 대한 경로 및 물리 주소 정보를 제공한다.
② arp - IP 주소에서 물리 주소로의 변환 정보를 제공한다.
③ tracert - IP 주소, 물리 주소 및 네트워크 인터페이스 정보를 제공한다.
④ ipconfig - 원격 시스템의 동작 여부 및 RTT(Round Trip Time) 정보를 제공한다.

ANSWER 16.② 17.②

16 ② 난독화(Obfuscation) : 프로그램을 바꾸는 방법의 일종으로 코드를 읽기 어렵게 만들어 역공학을 통한 공격을 막는 기술
① 디스어셈블(Disassemble) : 코드만 볼 수 있으며 실행하지 않고 분석
③ 디버깅(Debugging) : 원시프로그램에서 목적프로그램으로 번역하는 과정에서 발생하는 오류를 찾아 수정하는 것
④ 언패킹(Unpacking) : 해킹하지 못하게 막는 것을 패킹이라고 하며 언패킹은 다시 해킹을 할 수 있게 푸는 것

17 ② arp : IP 주소와 MAC 주소를 매칭시켜 주는 테이블을 보여줌
① ping : 특정 시스템에 ICMP 패킷을 보내 네트워크의 연결 상태를 조사하는 기능을 수행, UDP방식
③ tracert : 알고자 하는 목적지까지의 경로를 출력해 주는 명령어
④ ipconfig : 네트워크의 정보를 확인하거나 새로운 값을 변경

18 정보자산에 대한 위험분석에서 사용하는 ALE(Annualized Loss Expectancy, 연간예상손실액), SLE(Single Loss Expectancy, 1회손실예상액), ARO(Annualized Rate of Occurrence, 연간발생빈도) 사이의 관계로 옳은 것은?

① ALE = SLE + ARO
② ALE = SLE × ARO
③ SLE = ALE + ARO
④ SLE = ALE × ARO

19 「개인정보 보호법」상 개인정보 보호 원칙으로 옳지 않은 것은?

① 개인정보처리자는 개인정보의 처리 목적을 명확하게 하여야 하고 그 목적에 필요한 범위에서 최소한의 개인정보만을 적법하고 정당하게 수집하여야 한다.
② 개인정보처리자는 개인정보의 처리 목적에 필요한 범위에서 적합하게 개인정보를 처리하여야 하며, 그 목적 외의 용도로 활용하여서는 아니 된다.
③ 개인정보처리자는 개인정보의 익명처리가 가능한 경우에는 익명에 의하여 처리될 수 있도록 하여야 한다.
④ 개인정보처리자는 개인정보 처리방침 등 개인정보의 처리에 관한 사항을 비밀로 하여야 한다.

ANSWER 18.② 19.④

18 정량적 위험분석 : 위험을 손실액과 같은 숫자값으로 표현함
- ALE(Annualized Loss Expectancy, 연간예상손실액)
  자산가치 × 노출계수 = 1회 손실 예상액(SLE)
  1회손실예상액 × 연간발생빈도(ARO) = 연간예상손실액(ALE)
  ALE = SLE × ARO
- SLE(Single Loss Expectancy, 1회손실예상액) : 각 위협에 따르는 금전적 손실
- ARO(Annualized Rate of Occurrence, 연간발생빈도) : 연간 위협의 실제 발생
- 연간 예상 손실액은 연간발생빈도(ARO)와 1회 손실 예상액의 곱으로 나타낼 수 있다.
  → ALE = SLE × ARO

19 ④ 「개인정보보호법」 제3조 제5항 개인정보처리자는 개인정보 처리방침 등 개인정보의 처리에 관한 사항을 공개하여야 하며, 열람청구권 등 정보주체의 권리를 보장하여야 한다.

20 다음에서 설명하는 블록암호 운용 모드는?

- 암·복호화 모두 병렬 처리가 가능하다.
- 블록 암호 알고리즘의 암호화 로직만 사용한다.
- 암호문의 한 비트 오류는 복호화되는 평문의 한 비트에만 영향을 준다.

① ECB　　　　　　　　　② CBC
③ CFB　　　　　　　　　④ CTR

ANSWER 20.④

20 ① ECB : 평문을 여러 블록으로 나누어 각각 암호화 하는 방식
　　　　- 암호화, 복호화 병렬 처리 가능, 반복공격 취약, 암호화/복호화 속도가 매우 빠름
　② CBC : 암호블록체인방식, 각 블록이 암호화 되기 전에 이전 블록이 암호화 값과 XOR 연산을 하는 것
　　　　- 무결성 요구, 복호화 병렬처리 가능
　③ CFB : 암호화는 물론이고 복호화에서도 암호화 과정으로 수행 가능
　　　　- 복호화는 병렬처리 가능, 문자나 비트단위 취급

정보보호론 / 2018. 6. 23. 제2회 서울특별시 시행

1 2009년 Moxie Marlinspike가 제안한 공격 방식이며, 중간자 공격을 통해 사용자와 서버 사이의 HTTPS 통신을 HTTP로 변경해서 비밀번호 등을 탈취하는 공격 방식으로 가장 옳은 것은?

① SSL stripping
② BEAST attack
③ CRIME attack
④ Heartbleed

2 XSS(Cross Site Scripting) 공격에 대한 설명으로 가장 옳지 않은 것은?

① 게시판 등의 웹페이지에 악의적인 코드 삽입이 가능하다는 취약점이 있다.
② 공격 코드를 삽입하는 부분에 따라 저장 XSS 방식과 반사 XSS 방식이 있다.
③ 악성코드가 실행되면서 서버의 정보를 유출하게 된다.
④ Javascript, VBScript, HTML 등이 사용될 수 있다.

ANSWER 1.① 2.③

1 ㉠ 중간자 공격(Man-in-the-middle Attack): 장치와 웹 서버 사이에서 데이터 전송이 이루어지는 동안 기술과 도구를 사용하여 공격자는 두 사이에 자신을 배치하고 데이터를 가로채는 것
㉡ SSL Stripping: 공격대상이 요청하고 서버에서 공격대상으로 향하는 모든 암호화된 https 데이터를 평문의 http로 변조하여 공격대상으로 전달
→ 클라이언트에서 인증서가 잘못되었다는 사실을 사용자에게 통보한다는 것이 기존 SSL Sniff의 한계점으로 대부분의 사용자들이 인증서 오류 여부에 관계없이 사이트에 접속하지만, 보다 주의 깊은 사용자들도 공격하기 위해 SSL Stripping 공격이 개발되었다.

2 XSS(Cross-site Scripting, 크로스사이트스크립팅) … 클라이언트에 대한 취약점을 이용해 자바스크립트와 HTML 언어를 사용한 불특정 다수에게 공격하는 기법으로 공격자가 작성한 악성 CSS(Cross-site Scripting)를 일반 사용자가 읽음으로써 실행되게 하는 공격

3 〈보기〉에서 설명하는 보안 목적으로 가장 옳은 것은?

> ─── 〈보기〉 ───
> 정보가 허가되지 않은 방식으로 바뀌지 않는 성질

① 무결성(Integrity)
② 가용성(Availability)
③ 인가(Authorization)
④ 기밀성(Confidentiality)

4 Feistel 암호 방식에 대한 설명으로 가장 옳지 않은 것은?

① Feistel 암호 방식의 암호 강도는 평문 블록의 길이, 키의 길이, 라운드의 수에 의하여 결정된다.
② Feistel 암호 방식의 복호화 과정과 암호화 과정은 동일하다.
③ AES 암호 알고리즘은 Feistel 암호 방식을 사용한다.
④ Feistel 암호 방식은 대칭키 암호 알고리즘에서 사용된다.

ANSWER 3.① 4.③

3 정보보호 : 데이터 및 시스템 즉, 정보자산을 내외부의 위협으로부터 기밀성, 무결성, 가용성을 확보하는 것
  ※ 정보보호의 3요소
    ㉠ 무결성(Integrity) : 비인가적 대상으로부터 정보의 변조, 삭제등을 막는 것
    ㉡ 가용성(Availability) : 서비스가 계속 유지가 되어 인가적인 대상에게 정보가 제공되는 것을 의미
    ㉢ 기밀성(Confidentiality) : 정보의 비밀이 누설되지 않고 유지가 지속적으로 이루어지는 것

4

Feistel 구조	SPN 구조 Substitution-permutation
• 입력되는 평문 블록을 좌, 우로 분할 후 좌측 블록을 파이스텔 함수라 불리는 라운드 함수를 적용하여 출력된 결과를 우측 블록에 적용하는 과정을 반복적으로 수행 • 장점 : 암·복호화 과정에서 역함수가 필요 없다. • 단점 : 구현시 스왑(Swap)단계 때문에 연산량이 많이 소요 되며 암호에 사용되는 라운드 함수를 안전하게 설계 • 암호 강도 : 평문 블록의 길이(최소 128bit), 키(K)의 길이(최소 128bit), 라운드의 수(16라운드 이상) • 대표적인 암호 : DES	• 고급 암호화 표준이라고 불리는 AES 암호 알고리즘은 DES를 대체한 암호 알고리즘이며 암호화와 복호화 과정에서 동일한 키를 사용하는 대칭키 알고리즘이다. • 장점 : 중간에 비트의 이동없이 한 번에 암·복호화가 가능하기 때문에 파이스텔 구조에 비해 효율적으로 설계 • 단점 : 암·복호화 과정에서 역함수가 필요하도록 설계 • 대표적인 암호 : AES

5 「개인정보 보호법」상 용어 정의로 가장 옳지 않은 것은?

① 개인정보 : 살아 있는 개인에 관한 정보로서 성명, 주민등록번호 및 영상 등을 통하여 개인을 알아볼 수 있는 정보
② 정보주체 : 처리되는 정보에 의하여 알아볼 수 있는 사람으로서 그 정보의 주체가 되는 사람
③ 처리 : 개인정보의 수집, 생성, 연계, 연동, 기록, 저장, 보유, 가공, 편집, 검색, 출력, 정정(訂正), 복구, 이용, 제공, 공개, 파기(破棄), 그 밖에 이와 유사한 행위
④ 개인정보관리자 : 업무를 목적으로 개인정보파일을 운용하기 위하여 스스로 또는 다른 사람을 통하여 개인정보를 처리하는 공공기관, 법인, 단체 및 개인

ANSWER 5.④

5 ④ 개인정보처리자란 업무를 목적으로 개인정보파일을 운용하기 위하여 스스로 또는 다른 사람을 통하여 개인정보를 처리하는 공공기관, 법인, 단체 및 개인 등을 말한다.

※ 「개인정보 보호법」 제2조(정의)
1. "개인정보"란 살아 있는 개인에 관한 정보로서 다음 각 목의 어느 하나에 해당하는 정보를 말한다.
   가. 성명, 주민등록번호 및 영상 등을 통하여 개인을 알아볼 수 있는 정보
   나. 해당 정보만으로는 특정 개인을 알아볼 수 없더라도 다른 정보와 쉽게 결합하여 알아볼 수 있는 정보. 이 경우 쉽게 결합할 수 있는지 여부는 다른 정보의 입수 가능성 등 개인을 알아보는 데 소요되는 시간, 비용, 기술 등을 합리적으로 고려하여야 한다.
   다. 가목 또는 나목을 제1호의2에 따라 가명처리함으로써 원래의 상태로 복원하기 위한 추가 정보의 사용·결합 없이는 특정 개인을 알아볼 수 없는 정보(이하 "가명정보"라 한다)
1의2. "가명처리"란 개인정보의 일부를 삭제하거나 일부 또는 전부를 대체하는 등의 방법으로 추가 정보가 없이는 특정 개인을 알아볼 수 없도록 처리하는 것을 말한다.
2. "처리"란 개인정보의 수집, 생성, 연계, 연동, 기록, 저장, 보유, 가공, 편집, 검색, 출력, 정정(訂正), 복구, 이용, 제공, 공개, 파기(破棄), 그 밖에 이와 유사한 행위를 말한다.
3. "정보주체"란 처리되는 정보에 의하여 알아볼 수 있는 사람으로서 그 정보의 주체가 되는 사람을 말한다.
4. "개인정보파일"이란 개인정보를 쉽게 검색할 수 있도록 일정한 규칙에 따라 체계적으로 배열하거나 구성한 개인정보의 집합물(集合物)을 말한다.
5. "개인정보처리자"란 업무를 목적으로 개인정보파일을 운용하기 위하여 스스로 또는 다른 사람을 통하여 개인정보를 처리하는 공공기관, 법인, 단체 및 개인 등을 말한다.
6. "공공기관"이란 다음 각 목의 기관을 말한다.
   가. 국회, 법원, 헌법재판소, 중앙선거관리위원회의 행정사무를 처리하는 기관, 중앙행정기관(대통령 소속 기관과 국무총리 소속 기관을 포함한다) 및 그 소속 기관, 지방자치단체
   나. 그 밖의 국가기관 및 공공단체 중 대통령령으로 정하는 기관
7. "고정형 영상정보처리기기"란 일정한 공간에 설치되어 지속적 또는 주기적으로 사람 또는 사물의 영상 등을 촬영하거나 이를 유·무선망을 통하여 전송하는 장치로서 대통령령으로 정하는 장치를 말한다.
7의2. "이동형 영상정보처리기기"란 사람이 신체에 착용 또는 휴대하거나 이동 가능한 물체에 부착 또는 거치(据置)하여 사람 또는 사물의 영상 등을 촬영하거나 이를 유·무선망을 통하여 전송하는 장치로서 대통령령으로 정하는 장치를 말한다.
8. "과학적 연구"란 기술의 개발과 실증, 기초연구, 응용연구 및 민간 투자 연구 등 과학적 방법을 적용하는 연구를 말한다.

6 디지털 서명에 대한 설명으로 옳은 것을 〈보기〉에서 모두 고른 것은?

〈보기〉
㉠ 디지털 서명은 부인방지를 위해 사용할 수 있다.
㉡ 디지털 서명 생성에는 개인키를 사용하고 디지털 서명 검증에는 공개키를 사용한다.
㉢ 해시 함수와 공개키 암호를 사용하여 생성된 디지털 서명은 기밀성, 인증, 무결성을 위해 사용할 수 있다.

① ㉠, ㉡
② ㉠, ㉢
③ ㉡, ㉢
④ ㉠, ㉡, ㉢

7 분산반사 서비스 거부(DRDoS) 공격의 특징으로 가장 옳지 않은 것은?

① TCP 프로토콜 및 라우팅 테이블 운영상의 취약성을 이용한다.
② 공격자의 추적이 매우 어려운 공격이다.
③ 악성 봇의 감염을 통한 공격이다.
④ 출발지 IP 주소를 위조하는 공격이다.

ANSWER 6.① 7.③

6 디지털 서명(digital signature) … 공개키 암호방식을 이용한 전자서명의 한 종류로 전자서명에 작성자로 기재된 자가 그 전자문서를 작성하였다는 사실과 작성내용이 송수신 과정에서 위조, 변조되지 않았다는 사실을 증명하고, 작성자가 그 전자문서 작성 사실을 나중에 부인할 수 없도록 한다.

7 분산 반사 서비스 거부(DRDoS) 공격 … DRDoS 공격은 공격자가 출발지 IP 주소를 공격 대상의 IP 주소로 위조해 정상적인 서비스를 제공하는 서버들에게 요청을 보내고, 그 응답을 공격 대상이 받게 되는 원리
  ※ DRDoS 공격의 특징
    ㉠ 출발지 IP 위조
    ㉡ 공격자 추적 불가
    ㉢ 봇 감염 불필요
    ㉣ 경우지 서버 목록 활용
    ㉤ TCP/IP의 취약점을 이용한 공격

8 침입탐지시스템의 비정상행위 탐지 방법에 대한 설명으로 가장 옳지 않은 것은?

① 정상적인 행동을 기준으로 하여 여기서 벗어나는 것을 비정상으로 판단한다.
② 정량적인 분석, 통계적인 분석 등을 사용한다.
③ 오탐률이 높으며 수집된 다양한 정보를 분석하는 데 많은 학습 시간이 소요된다.
④ 알려진 공격에 대한 정보 수집이 어려우며, 새로운 취약성정보를 패턴화하여 지식데이터베이스로 유지 및 관리하기가 쉽지 않다.

9 메모리 변조 공격을 방지하기 위한 기술 중 하나로, 프로세스의 중요 데이터 영역의 주소를 임의로 재배치하여 공격자가 공격 대상 주소를 예측하기 어렵게 하는 방식으로 가장 옳은 것은?

① canary
② ASLR
③ no-execute
④ Buffer overflow

ANSWER 8.④ 9.②

8 ㉠ 침입탐지시스템(IDS : Intrusion Detection System)은 컴퓨터 또는 네트워크에서 발생하는 이벤트들을 모니터링하고, 침입 발생여부를 탐지(Detection)하고, 대응(Response)하는 자동화된 시스템
㉡ 비정상행위 탐지 방식 : 비정상적인 행위나 CPU를 사용하는 것을 탐지하며 가장 쉽게 접근할 수 있는 방법이 통계적인 방법에 기반을 두는 것이고 정해진 모델을 벗어나는 경우 침입으로 간주하며 새로운 침입유형 탐지가 가능하나 오탐율이 높은 단점이 있다.

9 메모리 보호 … 컴퓨터 메모리의 사용을 제어하는 방법
※ 메모리 보호기법의 종류
　㉠ ASLR(Address Space Layout Randomization) : 실행 및 호출할 때 마다 주소배치를 무작위로 배정하는 기법
　㉡ DEP/NX(Data Execution Protection과 Non executable) : heap과 stack과 같이 buffer overflow 공격에 이용되는 메모리 공간에 있는 코드를 실행시키지 않는 기법
　㉢ ASCII-Armor : 라이브러리 함수의 상위 주소에 \x00인 NULL바이트를 삽입하는 기법
　㉣ Canary : buffer와 SFP(Stack Frame Pointer) 사이에 buffer overflow를 탐지하기 위한 임의의 데이터를 삽입하는 기법

10 퍼징(fuzzing)에 대한 설명으로 가장 옳은 것은?

① 사용자를 속여서 사용자의 비밀정보를 획득하는 방법이다.
② 실행코드를 난독화하여 안전하게 보호하는 방법이다.
③ 소프트웨어 테스팅 방법 중 하나로 난수를 발생시켜서 대상 시스템에 대한 결함이 발생하는 입력을 주입하는 방법이다.
④ 소스 코드를 분석하는 정적 분석 방법이다.

11 보안 측면에서 민감한 암호 연산을 하드웨어로 이동함으로써 시스템 보안을 향상시키고자 나온 개념으로, TCG 컨소시엄에 의해 작성된 표준은?

① TPM
② TLS
③ TTP
④ TGT

12 사회 공학적 공격 방법에 해당하지 않는 것은?

① 피싱
② 파밍
③ 스미싱
④ 생일 공격

ANSWER 10.③ 11.① 12.④

10 퍼징(fuzzing) … 소프트웨어의 테스트 기법으로 유효하지 않은 값이나 임의의 값을 프로그램에 입력하는 등의 과정을 통하여 소프트웨어에 잠재적으로 존재하는 보안상의 결함을 찾아내는 것

11 TCG(Trusted Computing Group) … 신뢰할 수 있는 컴퓨팅 플랫폼 표준을 개발하기 위한 산업 컨소시엄
① TPM(Trusted Platform Module) : 하드웨어 칩 기반의 암호화 처리 모듈에 대한 기술규격 표준 개발을 수행
② TLS : 인터넷상에서 데이터의 도청이나 변조를 막기 위해 사용되는 보안 소켓 계층
③ TTP : 사용자 인증, 부인방지, 키관리 등에서 당사자들로부터 신뢰를 얻고 중재, 인증, 증명, 관리 등을 하는 기관

12 사회 공학적 공격 방법 … 기술적인 방법이 아니라 사람들 간의 신뢰를 기반으로 하는 공격으로 통신망 보안 정보에 접근 권한이 있는 담당자와 신뢰를 쌓은 뒤 전화나 이메일을 통해 약점을 공략하거나, 공격 대상의 소홀한 보안 의식 등을 노린다.
① 피싱(phishing) : 유명기관 사칭 이메일 이용, 사용자를 유인하여 금융정보/개인정보 탈취
② 파밍(Pharming) : 정상적인 홈페이지 주소로 접속하여도 가짜(피싱)사이트로 유도되어 범죄자가 개인 금융 정보등을 몰래 빼가는 수법
③ 스미싱(Smishing) : 무료쿠폰 또는 돌잔치 등의 내용으로 하는 문자메시지나 인터넷주소를 클릭하면 악성코드가 설치되어 소액결제 피해 발생 또는 개인 금융정보를 탈취하는 수법

13 접근 제어 방식 중, 주체의 관점에서 한 주체가 접근 가능한 객체와 권한을 명시한 목록으로 안드로이드 플랫폼과 분산 시스템 환경에서 많이 사용되는 방식은?

① 접근 제어 행렬(Access Control Matrix)
② 접근 가능 목록(Capability List)
③ 접근 제어 목록(Access Control List)
④ 방화벽(Firewall)

14 WPA2를 공격하기 위한 방식으로, WPA2의 4-way 핸드셰이크(handshake) 과정에서 메시지를 조작하고 재전송하여 정보를 획득하는 공격 방식으로 가장 옳은 것은?

① KRACK
② Ping of Death
③ Smurf
④ Slowloris

ANSWER 13.② 14.①

13 접근 제어 방식 … 컴퓨터 시스템에 인가받은 접근은 허용하고, 인가받지 않은 접근은 허용하지 않는 하드웨어 및 소프트웨어의 특징 또는 운용 및 관리방식
  ② 접근 가능 목록(Capability List) : 임의의 사용자가 한 객체에서 수행할 수 있도록 허용된 작업들의 리스트

14 ① KRACK : 키 재설치 공격의 약자로, 일반적인 암호화 방법인 WPA2를 사용하는 모든 와이파이 연결에 영향을 주는 보안 결함이다.
  ② Ping of Death : 일반적으로 네트워크 관리에 사용되는 Ping 명령어를 이용해 DoS 공격을 시도하는 것
  ③ Smurf : 공격자가 ICMP를 조작하여 한 번에 많은 양의 ICMP Reply를 공격 대상에게 보내는 공격
  ④ Slowloris : 서버에 동시에 연결할 수 있는 접속자의 수를 모두 점유하는 공격

15 오일러 함수 ∅( )를 이용해 정수 n=15에 대한 ∅(n)을 구한 값으로 옳은 것은? (단, 여기서 오일러 함수 ∅( )는 RSA 암호 알고리즘에 사용되는 함수이다.)

① 1
② 5
③ 8
④ 14

Answer 15.③

15 오일러 함수 … 오일러 함수는 오일러 ∅함수 또는 오일러 토션트 함수라고 하며, 어떤 자연수 n에, n보다 작거나 같은 자연수 중 n과 서로소인 수의 개수를 대응시키는 함수이다. 컴퓨터를 이용하여 전송하는 정보의 보안에 활용되고 있는 암호 체계를 만드는 데 오일러의 정리를 이용하였으며 이 암호체계는 세 사람의 성의 첫글자를 따서 RSA 암호 체계라고 부른다.

[풀이]
- n은 두 소수인 p와 q의 곱이며 ∅(pq) = (p-1)(q-1)이다.
  n=15를 경우의 수로 나타냈을 때 p와 q를 3, 5 또는 5, 3으로 나타낼 수 있다.
  ∅(15) = (5-1)(3-1) = ∅(5)∅(3)
  ∅(15) = (4)(2) = 4*2 = 8이다.
  ∅(n)은 n = 1, 2인 경우를 제외하고는 항상 짝수가 됨을 알 수 있으며 몇 개의 자연수에 대해 오일러 ∅ 함수의 값을 구할 수 있다.
- 오일러 함수

∅(n)	n
1	1, 2
2	3, 4, 6
4	5, 8, 10, 12
6	7, 9, 14, 18
8	15, 16, 20, 24, 30
10	11, 22
12	13, 21, 26, 28, 36, 42
14	-
16	17, 32, 34, 40, 48, 60

16 능동적 공격으로 가장 옳지 않은 것은?

① 재전송　　　　　　　　　② 트래픽 분석
③ 신분위장　　　　　　　　④ 메시지 변조

17 무선랜 보안에 대한 설명으로 옳은 것을 〈보기〉에서 모두 고른 것은?

───────── 〈보기〉 ─────────
ⓘ WEP는 RC4 암호 알고리즘을 사용한다.
ⓛ WPA는 AES 암호 알고리즘을 사용한다.
ⓒ WPA2는 EAP 인증 프로토콜을 사용한다.

① ㉠, ㉡　　　　　　　　　② ㉠, ㉢
③ ㉡, ㉢　　　　　　　　　④ ㉠, ㉡, ㉢

ANSWER 16.② 17.②

16

특징	수동적 공격	능동적 공격
	전송적인 메시지를 도청이나 모니터링하는 공격 방법	전송되는 메시지를 변경하거나 새로운 정보를 생성해서 전달하는 공격 방식
공격유형	가로채기, 트래픽 분석	위장, 재전송, 메시지변조

※ 트래픽 분석…암호화되어 전송된 메시지를 도청하여 메시지의 내용을 파악하는 것이 불가능 하더라도, 메시지의 송신자와 수신자의 신원에 대한 정보를 파악하거나 존재자체에 대한 정보를 획득할 수 있는 것

17 ㉠ 1997년에 도입된 WEP(Wired Equivalent Privacy) 방식은 IEEE 802.11 초기 표준의 옵션 중 하나로, RC4 암호 알고리즘을 사용하여 당시 유선과 동등한 수준의 보안성을 가지게 할 의도로 만들어졌지만, RC4가 평문 공격에 취약하다는 등의 한계가 보고되면서 점차 WPA가 대체하기 시작했다.
㉡ WPA(Wi-Fi Protected Access) 방식의 기본 암호 알고리즘은 TKIP지만, 최근 무선기기들은 보안을 강화하기 위해 WPA라고 하더라도 WPA2에서 기본 암호 알고리즘으로 채택한 AES(Advanced Encryption Standard) 기반 CCMP(Counter Cipher Mode with block chaining message authentication code Protocol)를 함께 지원하기도 한다.
　※ ㉡ 보기는 논란이 있을 수 있는 표현이다.
㉢ WPA2는 확장 가능 인증 프로토콜인 EAP(Extensible Authentication Protocol, 802.1x) 인증 프로토콜을 사용한다.

18 BLP(Bell & La Padula) 모델에 대한 설명으로 가장 옳지 않은 것은?

① 다단계 등급 보안(Multi Level Security) 정책에 근간을 둔 모델이다.
② 기밀성을 강조한 모델이다.
③ 수학적 모델이다.
④ 상업용 보안구조 요구사항을 충족하는 범용 모델이다.

19 〈보기〉와 관련된 데이터베이스 보안 요구 사항으로 가장 옳은 것은?

―――――――――――― 〈보기〉 ――――――――――――
서로 다른 트랜잭션이 동일한 데이터 항목에 동시적으로 접근하여도 데이터의 일관성이 손상되지 않도록 하기 위해서는 로킹(locking) 기법 등과 같은 병행 수행 제어 기법 등이 사용되어야 한다.

① 데이터 기밀성　　　　　　　　② 추론 방지
③ 의미적 무결성　　　　　　　　④ 운영적 무결성

ANSWER 18.④　19.④

18		
		BLP(Bell & La Padula) 모델
	정의	정보의 불법적 유출을 방지하기 위한 <u>최초의 수학적 모델</u>로 미국방부의 <u>다중등급 보안정책을 정형화</u>해 개발한 보안
	특징	MAC, 기밀성, 높은 등급에서 낮은 등급으로 정보 유출

19 데이터베이스 보안 요구사항 … 일반적인 컴퓨터 시스템의 보안 요구사항으로 접근통제, 데이터베이스 무결성 보장, 사용자 인증, 감사, 비밀 데이터의 보호 및 관리 등이 포함
　㉠ **부적절한 접근 방지** : 승인된 사요자의 접근 요청을 DBMS에 의해 검사
　㉡ **추론방지** : 일반적 데이터로부터 비밀정보를 획득하는 추론 불가능
　㉢ **데이터베이스의 무결성 보장** : 데이터베이스의 일관성 유지를 위하여 모든 트랜잭션을 원자적이어야 하고, 복구 시스템은 로그파일을 이용하여 데이터에 수행된 작업
　㉣ **데이터의 운영적 무결성 보장** : 트랜잭션이 병행처리 동안에 데이터베이스 내의 데이터에 대한 논리적인 일관성을 보장
　㉤ **데이터의 의미적 무결성 보장** : 데이터베이스는 데이터에 대한 허용값을 통제함으로써 변경 데이터의 논리적 일관성을 보장
　㉥ **감사 기능** : 데이터베이스에 대한 모든 접근의 검사기록을 생성
　㉦ **사용자 인증** : DBMS는 운영체제의 사용자 인증보다 엄격한 인증 요구
　㉧ 비밀 데이터의 관리 및 보호
　㉨ **제한** : 시스템 프로그램간의 부적절한 정보 전송 방지

20 RSA에 대한 설명으로 가장 옳지 않은 것은?

① AES에 비하여 암, 복호화 속도가 느리다.
② 키 길이가 길어지면 암호화 및 복호화 속도도 느려진다.
③ 키 생성에 사용되는 서로 다른 두 소수(p, q)의 길이가 길어질수록 개인키의 안전성은 향상된다.
④ 중간자(man-in-the-middle) 공격으로부터 안전하기 위해서는 2,048비트 이상의 공개키를 사용하면 된다.

Answer 20.④

20 ㉠ 중간자(man-in-the-middle) 공격 : 권한이 없는 개체가 두 통신 시스템 사이에서 스스로를 배치하고 현재 진행 중인 정보의 전달을 가로채면서 발생
㉡ 대칭키와 공개키 비교

항목	대칭키	공개키
키의 관계	암호화키=복호화키	암호화키≠복호화키
안전한 키길이	256비트 이상	2048비트 이상
암호화키	비밀	공개
복호화키	비밀	비밀
비밀키 전송	필요	불필요
키 개수	n(n-1)/2	2n
암호화 속도	고속	저속
암호화할 수 있는 평문의 길이제한	제한없음	제한있음
경제성	높다	낮다
제공서비스	기밀성	기밀성, 부인방지, 인증, 무결성
목적	데이터 암호화	대칭키 교환
전자서명	복잡	간단
단점	키 교환 원리가 없다	중간자 공격에 취약
알고리즘	DES, 3DES, AES, IDEA	RSA, ECC, DSA

정보보호론 / 2019. 4. 6. 인사혁신처 시행

1 쿠키(Cookie)에 대한 설명으로 옳지 않은 것은?

① 쿠키는 웹사이트를 편리하게 이용하기 위한 목적으로 만들어졌으며, 많은 웹사이트가 쿠키를 이용하여 사용자의 정보를 수집하고 있다.
② 쿠키는 실행파일로서 스스로 디렉터리를 읽거나 파일을 지우는 기능을 수행한다.
③ 쿠키에 포함되는 내용은 웹 응용프로그램 개발자가 정할 수 있다.
④ 쿠키 저장 시 타인이 임의로 쿠키를 읽어 들일 수 없도록 도메인과 경로 지정에 유의해야 한다.

2 악성프로그램에 대한 설명으로 옳지 않은 것은?

① Bot - 인간의 행동을 흉내 내는 프로그램으로 DDoS 공격을 수행한다.
② Spyware - 사용자 동의 없이 설치되어 정보를 수집하고 전송하는 악성 소프트웨어로서 금융정보, 신상정보, 암호 등을 비롯한 각종 정보를 수집한다.
③ Netbus - 소프트웨어를 실행하거나 설치 후 자동적으로 광고를 표시하는 프로그램이다.
④ Keylogging - 사용자가 키보드로 PC에 입력하는 내용을 몰래 가로채 기록하는 행위이다.

ANSWER 1.② 2.③

1 쿠키(Cookie)는 웹사이트에 접속할 때 자동적으로 만들어지는 임시 파일로 이용자가 본 내용, 상품 구매 내역, 신용카드 번호, 아이디(ID), 비밀번호, IP주소 등의 정보를 담고 있는 일종의 정보파일이다.

2 • 트로이목마(Trojan horse) : 악성루틴이 숨어 있는 프로그램으로 겉보기에는 프로그램이 정상적으로 보이지만 실행 시 악성코드를 실행한다. '트로이 목마' 이야기에서 나온 유래로 겉보기에는 평범한 목마 안에 사람이 숨어 있었다는 것에 비유한 것이다.
• Netbus(넷버스) : 원격 공격자에게 피해 시스템에 대한 전체 권한을 부여하는 원격 조정 트로이 목마로서 파일 업로드, 응용 프로그램 실행, 문서 유출, 파일 삭제 등을 수행하며, 일반적으로 일단 실행되면 특정 시스템 폴더에 자신을 복사한 후 운영 체계를 시작할 때마다 트로이 목마가 실행되어 레지스트리 값을 만들면서 피해 시스템에 키로거 파일을 삽입하여 사용자가 입력한 사항을 감시하고 기록.

3 정보보호 서비스에 대한 설명으로 옳지 않은 것은?

① Authentication – 정보교환에 의해 실체의 식별을 확실하게 하거나 임의 정보에 접근할 수 있는 객체의 자격이나 객체의 내용을 검증하는 데 사용한다.
② Confidentiality – 온오프라인 환경에서 인가되지 않은 상대방에게 저장 및 전송되는 중요정보의 노출을 방지한다.
③ Integrity – 네트워크를 통하여 송수신되는 정보의 내용이 불법적으로 생성 또는 변경되거나 삭제되지 않도록 보호한다.
④ Availability – 행위나 이벤트의 발생을 증명하여 나중에 행위나 이벤트를 부인할 수 없도록 한다.

ANSWER 3.④

3 정보보호의 3요소(CIA)
- 기밀성(Confidentiality) : 온오프라인 환경에서 인가되지 않은 상대방에게 저장 및 전송되는 중요정보의 노출을 방지
- 무결성(Integrity) : 네트워크를 통하여 송수신되는 정보의 내용이 불법적으로 생성 또는 변경되거나 삭제되지 않도록 보호
- 가용성(Availability) : 서버, 네트워크 등의 정보 시스템이 장애 없이 정상적으로 요청된 서비스를 수행할 수 있는 능력
① 인증(Authentication) : 정보교환에 의해 실체의 식별을 확실하게 하거나 임의 정보에 접근할 수 있는 객체의 자격이나 객체의 내용을 검증.

4 다음에서 설명하는 스캔방법은?

> 공격자가 모든 플래그가 세트되지 않은 TCP 패킷을 보내고, 대상 호스트는 해당 포트가 닫혀 있을 경우 RST 패킷을 보내고, 열려 있을 경우 응답을 하지 않는다.

① TCP Half Open 스캔
② NULL 스캔
③ FIN 패킷을 이용한 스캔
④ 시간차를 이용한 스캔

ANSWER 4.②

4 ① TCP Half Open 스캔
　　SYN패킷 전송 후 SYN/ACK 패킷 수신 후 ACK 패킷을 보내지 않음
　　SYN/ACK 수신시 해당 시스템 on, RST 수신시 해당 시스템 off
　　– 반응 : 대상 포트가 열려 있을 경우 SYN/ACK 수신
　　　　　　대상 포트가 닫혀 있을 경우 RST/ACK 수신
② NULL 스캔
　　– 반응 : 대상 포트가 열려 있을 경우 응답이 없음
　　　　　　대상 포트가 닫혀 있을 경우 RST/ACK
③ FIN 패킷을 이용한 스캔
　　– 반응 : 대상 포트가 열려 있을 경우 응답이 없음
　　　　　　대상 포트가 닫혀 있을 경우 RST/ACK 수신

> ※ 헤더 정보
> • SYN – 접속요청
> • ACK – 응답
> • RST – 리셋
> • FIN – 종료
> • URG – 응급패킷
> • PSH – 버퍼 없이 바로 전송

5 SSL(Secure Socket Layer) 프로토콜에 대한 설명으로 옳지 않은 것은?

① ChangeCipherSpec – Handshake 프로토콜에 의해 협상된 암호규격과 암호키를 이용하여 추후의 레코드 계층의 메시지를 보호할 것을 지시한다.
② Handshake – 서버와 클라이언트 간 상호인증 기능을 수행하고, 암호화 알고리즘과 이에 따른 키 교환 시 사용된다.
③ Alert – 내부적 및 외부적 보안 연관을 생성하기 위해 설계된 프로토콜이며, Peer가 IP 패킷을 송신할 필요가 있을 때, 트래픽의 유형에 해당하는 SA가 있는지를 알아보기 위해 보안 정책 데이터베이스를 조회한다.
④ Record – 상위계층으로부터(Handshake 프로토콜, ChangeCipherSpec 프로토콜, Alert 프로토콜 또는 응용층) 수신하는 메시지를 전달하며 메시지는 단편화되거나 선택적으로 압축된다.

6 블록체인에 대한 설명으로 옳지 않은 것은?

① 금융 분야에만 국한되지 않고 분산원장으로 각 분야에 응용할 수 있다.
② 블록체인의 한 블록에는 앞의 블록에 대한 정보가 포함되어 있다.
③ 앞 블록의 내용을 변경하면 뒤에 이어지는 블록은 변경할 필요가 없다.
④ 하나의 블록은 트랜잭션의 집합과 헤더(header)로 이루어져 있다.

ANSWER 5.③ 6.③

5 SSL(Secure Socket Layer) … 웹 브라우저와 서버 간의 개인 메시지의 전송 상태인 인터넷 환경에서 안전한 정보 교환을 위해 개발된 보안 프로토콜
  • SSL을 구성하는 서브 프로토콜로서 Handshake 프로토콜, Change Cipher Spec 프로토콜, Alert 프로토콜, Record 프로토콜 등이 있다.
    – Record 프로토콜 : 암호화, 메시지인증, 프로토콜 캡슐화
    – Handshake 프로토콜 : 세션정보와 연결 정보를 공유
    – Change Cipher Spec 프로토콜 : 서버와 클라이언트 상호간의 cipher spec 확인
    – Alert 프로토콜 : 메시지의 암호화 오류, 인증서 오류 전달

6 블록체인(Block Chain)
  • 블록체인은 거래 내용이 담긴 블록(Block)을 사슬처럼 연결(chain)한 것이라 하여 붙여진 이름으로 네트워크에 참여하는 모든 사용자가 관리 대상이 되는 모든 데이터를 분산하여 저장하는 데이터 분산처리기술.
  • 거래 정보가 담긴 원장을 거래 주체나 특정 기관에서 보유하는 것이 아니라 네트워크 참여자 모두가 나누어 가지는 기술이라는 점에서 '분산원장기술(DLC ; distributed ledger technology)' 또는 '공공거래장부'라고도 한다.
  • 거래할 때마다 거래 정보가 담긴 블록이 생성되어 계속 연결되면서 모든 참여자의 컴퓨터에 분산 저장되는데, 이를 해킹하여 임의로 변경하거나 위조 또는 변조하려면 전체 참여자의 1/2 이상의 거래 정보를 동시에 수정하여야 하기 때문에 사실상 불가능하다. 따라서 접근을 차단함으로써 거래 정보를 보호·관리하는 기존의 금융 시스템과는 전혀 다른 모든 거래 정보를 모두 열람할 수 있도록 공개한 상태에서 은행 같은 공신력 있는 제3자의 보증 없이 당사자 간에 안전하게 블록체인에서는 거래가 이루어진다.

7 다음의 결과에 대한 명령어로 옳은 것은?

```
Thu Feb 7 20:33:56 2019 1 198.188.2.2 861486 /tmp/12-67-ftp1.bmp b _ o r freeexam
ftp 0 * c 861486 0
```

① cat /var/adm/messages
② cat /var/log/xferlog
③ cat /var/adm/loginlog
④ cat /etc/security/audit_event

8 무선 LAN 보안에 대한 설명으로 옳지 않은 것은?

① WPA2는 RC4 알고리즘을 암호화에 사용하고, 고정 암호키를 사용한다.
② WPA는 EAP 인증 프로토콜(802.1x)과 WPA-PSK를 사용한다.
③ WEP는 64비트 WEP 키가 수분 내 노출되어 보안이 매우 취약하다.
④ WPA-PSK는 WEP보다 훨씬 더 강화된 암호화 세션을 제공한다.

ANSWER 7.② 8.①

7 • xferlog는 ftp 서버의 데이터 전송관련 로그로 데몬을 통하여 송수신되는 모든 파일에 대한 기록을 제공하여 접속시간과 remote 시스템의 적정성 및 로그인 사용자, 송수신한 파일이 해킹툴이나 주요 자료인지 여부를 집중적으로 조사
• messages : 가장 기본적인 로그파일, 시스템 전반적인 사항에 대한 로그파일
• loginlog : 5번 이상 로그인 시도에 실패한 기록을 담고 있음
• audit_event : 감사 기록을 생성하는 시스템에 의해 내부적으로 발견된 행위

8 WPA2는 AES 알고리즘을 사용하며, 가변길이 암호키를 사용

9 다음 설명에 해당하는 DoS 공격을 옳게 짝 지은 것은?

> ⊙ 공격자가 공격대상의 IP 주소로 위장하여 중계 네트워크에 다량의 ICMP Echo Request 패킷을 전송하며, 중계 네트워크에 있는 모든 호스트는 많은 양의 ICMP Echo Reply 패킷을 공격 대상으로 전송하여 목표시스템을 다운시키는 공격
> ⓒ 공격자가 송신자 IP 주소를 존재하지 않거나 다른 시스템의 IP 주소로 위장하여 목적 시스템으로 SYN 패킷을 연속해서 보내는 공격
> ⓒ 송신자 IP 주소와 수신자 IP 주소, 송신자 포트와 수신자 포트가 동일하게 조작된 SYN 패킷을 공격 대상에 전송하는 공격

	⊙	ⓒ	ⓒ
①	Smurf Attack	Land Attack	SYN Flooding Attack
②	Smurf Attack	SYN Flooding Attack	Land Attack
③	SYN Flooding Attack	Smurf Attack	Land Attack
④	Land Attack	Smurf Attack	SYN Flooding Attack

ANSWER 9.②

9 서비스 거부 공격(DoS : Denial of Service) … 컴퓨터 자원(Resource)을 고갈 시키기 위한 공격으로 특정 서비스를 계속적으로 호출하여 CPU, Memory, Network 등의 자원을 고갈시키며 DoS 공격은 소프트웨어 취약점을 이용하는 공격과 IP Header를 변조하여 공격하는 로직 공격(Logic Attack), 무작위로 패킷을 발생시키는 플러딩 공격(Flooding Attack)으로 구분
① Smurf Attack : 목표 사이트에 응답 패킷의 트래픽이 넘쳐서 다른 사용자로부터 접속을 받아들일 수 없게 만드는 것
② SYN Flooding Attack : 서버별로 한정되어 있는 접속 가능 공간에 존재하지 않는 클라이언트가 접속 한 것처럼 속여 다른 사용자가 서비스를 제공받지 못하게 하는 것
③ Land Attack : IP Header를 변조하여 인위적으로 송신자 IP 주소 및 Port 주소를 수신자의 IP 주소와 Port 주소로 설정하여 트래픽을 전송하는 공격 기법

10 사용자 A가 사용자 B에게 해시함수를 이용하여 인증, 전자서명, 기밀성, 무결성이 모두 보장되는 통신을 할 때 구성해야 하는 함수로 옳은 것은?

> K: 사용자 A와 B가 공유하고 있는 비밀키
> KSa: 사용자 A의 개인키
> KPa: 사용자 A의 공개키
> H: 해시함수
> E: 암호화
> M: 메시지
> ||: 두 메시지의 연결

① EK[M || H(M)]
② M || EK[H(M)]
③ M || EKSa[H(M)]
④ EK[M || EKSa[H(M)]]

Answer 10.④

10 ㉠ 무결성 보장을 위해 해시함수를 이용하여 해시값을 만들고 해시값으로 ksa로 암호화→ EKSa[H(M)]]
  ㉡ 메시지와 암호화된 해시값은 연결→M || EKSa[H(M)]
  ㉢ 기밀성 보장 위해 메시지와 해시값을 공유비밀키 K로 암호화→EK[M || EKSa[H(M)]]
  • 부인방지(non-repudiation) : 메시지의 송수신이나 교환 후, 또는 통신이나 처리가 실행된 후에 그 사실을 증명함으로써 사실 부인을 방지하는 보안기술
  • 인증(authentication) : 시스템이 각 사용자를 정확히 식별하고자 할 때 사용하는 방법
  • 전자 서명(Digital Signature) : 인터넷 환경에서 특정 사용자를 인증(Authentication)하려고 사용
  • 기밀성(Confidentiality) : 인가(authorization)된 사용자만 정보 자산에 접근할 수 있는 것을 의미
  • 무결성(integrity) : 정밀성, 정확성, 완전성, 유효성의 의미로 사용되며, 데이터 베이스의 정확성을 보장하는 문제를 의미

11 다음 알고리즘 중 공개키 암호 알고리즘에 해당하는 것은?

① SEED 알고리즘
② RSA 알고리즘
③ DES 알고리즘
④ AES 알고리즘

12 정보보안 관련 용어에 대한 설명으로 옳지 않은 것은?

① 부인방지(Non-repudiation) - 사용자가 행한 행위 또는 작업을 부인하지 못하는 것이다.
② 최소권한(Least Privilege) - 계정이 수행해야 하는 작업에 필요한 최소한의 권한만 부여한다.
③ 키 위탁(Key Escrow) - 암호화 키가 분실된 경우를 대비하여 키를 보관하는 형태를 의미한다.
④ 차분 공격(Differential Attack) - 대용량 해쉬 테이블을 이용하여 충분히 작은 크기로 줄여 크래킹 하는 방법이다.

Answer 11.② 12.④

11 ② RSA 알고리즘 : 공개키 암호시스템(비공개키 방식)의 하나로, 전자서명이 가능한 최초의 알고리즘. RSA의 전자서명 기능은 전자 상거래 등의 광범위한 활용이 가능하며 RSA 암호의 안정성은 큰 숫자를 소인수분해하기 어렵다는 점에 기반한다.
① SEED 알고리즘 : SEED 알고리즘은 전자상거래, 금융, 무선통신 등에서 전송되는 개인정보와 같은 중요한 정보를 보호하기 위해, 1999년 2월 한국인터넷진흥원과 국내 암호전문가들이 순수 국내기술로 개발한 128비트 블록의 암호 알고리즘이다.
③ DES(Data Encryption Standard) 알고리즘 : 평문을 64비트로 나누어 56비트의 키를 이용해 다시 64비트의 암호문을 만들어 내는 암호화 방식으로 대칭형 블록 암호화 방식이다. '블록 암호'란 단순한 함수를 반복하여 암호문을 생성해 내는 방식을 말한다. 이 때 반복되는 함수를 '라운드 함수'라고 하며, 라운드 함수에 사용되는 키 값은 '라운드 키'라고 한다.
④ AES(Advanced Encryption Standard Algorithm) 알고리즘 : DES의 안정성을 해치는 공격 기법들이 발견되면서 1998년 'AES'가 만들어 졌으며 평문을 128비트로 나누고 128 비트, 192비트, 256비트 중의 한 가지 종류의 키를 선택하여 암호화 하는 블록 암호 방식이다.

12 ④ 차분 공격(Differential Attack) : 암호해독의 한 방법으로 입력값의 변화에 따른 출력값의 변화를 이용하는 방법

13 공통평가기준은 IT 제품이나 특정 사이트의 정보시스템의 보안성을 평가하는 기준이다. '보안기능 요구사항'과 '보증요구사항'을 나타내는 보호프로파일(PP), 보호목표명세서(ST)에 대한 설명으로 옳지 않은 것은?

① 보호프로파일은 구현에 독립적이고, 보호목표명세서는 구현에 종속적이다.
② 보호프로파일은 보호목표명세서를 수용할 수 있고, 보호목표명세서는 보호프로파일을 수용할 수 있다.
③ 보호프로파일은 여러 시스템·제품을 한 개 유형의 보호프로파일로 수용할 수 있으나, 보호목표명세서는 한 개의 시스템·제품을 한 개의 보호목표명세서로 수용해야 한다.
④ 보호프로파일은 오퍼레이션이 완료되지 않을 수 있으나, 보호목표명세서는 모든 오퍼레이션이 완료되어야 한다.

14 방화벽 구축 시 내부 네트워크의 구조를 외부에 노출하지 않는 방법으로 적절한 것은?

① Network Address Translation
② System Active Request
③ Timestamp Request
④ Fragmentation Offset

ANSWER 13.② 14.①

13

	보호프로파일 (PP : Protection Profile)	보호목표명세서 (ST : Security Target)
정의	정보보호 제품별 표준 평가기준 및 절차를 제시한 것으로 보호 프로파일은 정보 보호 시스템 사용 환경에서 보안문제를 해결하기 위한 보안 요구사항을 국제 공통 평가기준(CC)에서 선택해 작성한 제품이나 시스템 군별 보안 기능과 보안 요구사항	평가를 신청하려는 정보보호시스템에 해당하는 PP의 보안요구사항을 기초로 시스템 사용환경, 보안환경, 보안요구사항, 보안기능 명세 등을 서술한 문서
차이점	• 정보보호시스템에 대한 개략적 서술 • 보안요구사항을 정의한 문서	• 시스템에 기초한 상세한 기술 • 시스템 구현에 대한 명세서 • 소비자의 요구를 직접적으로 만족

14 NAT(Network Address Translation)
㉠ 컴퓨터 네트워크 용어로서, IP패킷의 TCP/UDP 포트 숫자와 소스 및 목적지의 IP주소를 재기록 하면서 라우터를 통해 네트워크 트래픽을 주고 받는 기술. 외부에 공개된 공인(Public)IP와 내부에서 사용하는 사설(Private)IP가 다른 경우에 네트워크를 전송시 두 IP주소를 매핑하는 기술
㉡ NAT의 장점
• 공인(Public)IP를 전체 사용자에게 할당하지 않아도 되기 때문에 IP주소 부족이 해결됨
• 외부에서 내부 네트워크의 정보를 알 수 없기 때문에 보안성이 강함

15 「개인정보 보호법」 시행령 상 개인정보 영향평가의 대상에 대한 규정의 일부이다. ㉠, ㉡에 들어갈 내용으로 옳은 것은?

> 제35조(개인정보 영향평가의 대상) 개인정보 보호법 제33조제1항에서 "대통령령으로 정하는 기준에 해당하는 개인정보파일"이란 개인정보를 전자적으로 처리할 수 있는 개인정보파일로서 다음 각 호의 어느 하나에 해당하는 개인정보파일을 말한다.
> 1. 구축·운용 또는 변경하려는 개인정보파일로서 (㉠) 이상의 정보주체에 관한 민감정보 또는 고유식별정보의 처리가 수반되는 개인정보파일
> 2. 구축·운용하고 있는 개인정보파일을 해당 공공기관 내부 또는 외부에서 구축·운용하고 있는 다른 개인정보파일과 연계하려는 경우로서 연계 결과 50만 명 이상의 정보주체에 관한 개인 정보가 포함되는 개인정보파일
> 3. 구축·운용 또는 변경하려는 개인정보파일로서 (㉡) 이상의 정보주체에 관한 개인정보파일

	㉠	㉡
①	5만 명	100만 명
②	10만 명	100만 명
③	5만 명	150만 명
④	10만 명	150만 명

ANSWER 15.①

15 개인정보 보호법 시행령 제35조(개인정보 영향평가의 대상) … 법 제33조 제1항에서 "대통령령으로 정하는 기준에 해당하는 개인정보파일"이란 개인정보를 전자적으로 처리할 수 있는 개인정보파일로서 다음 각 호의 어느 하나에 해당하는 개인정보파일을 말한다.
1. 구축·운용 또는 변경하려는 개인정보파일로서 5만 명 이상의 정보주체에 관한 민감정보 또는 고유식별정보의 처리가 수반되는 개인정보파일
2. 구축·운용하고 있는 개인정보파일을 해당 공공기관 내부 또는 외부에서 구축·운용하고 있는 다른 개인정보파일과 연계하려는 경우로서 연계 결과 50만 명 이상의 정보주체에 관한 개인정보가 포함되는 개인정보파일
3. 구축·운용 또는 변경하려는 개인정보파일로서 100만 명 이상의 정보주체에 관한 개인정보파일
4. 법 제33조 제1항에 따른 개인정보 영향평가(이하 "영향평가"라 한다)를 받은 후에 개인정보 검색체계 등 개인정보파일의 운용체계를 변경하려는 경우 그 개인정보파일. 이 경우 영향평가 대상은 변경된 부분으로 한정한다.

16 버퍼 오버플로우(Buffer Overflow) 공격에 대한 대응으로 해당하지 않는 것은?

① 안전한 함수 사용
② Non-Executable 스택
③ 스택 가드(Stack Guard)
④ 스택 스매싱(Stack Smashing)

17 블록체인(Blockchain) 기술과 암호화폐(Cryptocurrency) 시스템에 대한 설명으로 옳지 않은 것은?

① 블록체인에서는 각 트랜잭션에 한 개씩 전자서명이 부여된다.
② 암호학적 해시를 이용한 어려운 문제의 해를 계산하여 블록체인에 새로운 블록을 추가할 수 있고 일정량의 암호화폐로 보상받을 수도 있다.
③ 블록체인의 과거 블록 내용을 조작하는 것은 쉽다.
④ 블록체인은 작업증명(Proof-of-work)과 같은 기법을 이용하여 합의에 이른다.

Answer 16.④ 17.③

16 • 버퍼 오버플로우(Buffer Overflow) 공격에 대한 대응책 : 버퍼 오버플로우에 취약한 함수 사용금지 및 최신 운영체제를 사용 권장한다. 운영체제는 발전하면서 Non-Executable Stack, 스택 가드(Stack Guard), 스택 쉴드(Stack Shield)와 같이 운영체제 내에서 해커의 공격코드가 실행되지 않도록 하는 여러 가지 장치를 가진다.

17 • 블록체인(Blockchain) : 암호화폐의 거래내역이 저장되는 공간이며 블록들이 순서대로 연결되어 있어 블록체인이라 하며 이는 위조·변조가 불가능
• 암호화폐(Cryptocurrency) : 컴퓨터 등에 정보 형태로 남아 실물없이 사이버 상으로만 거래되는 전자화폐의 일종

18 「정보통신기반 보호법」상 주요정보통신기반시설의 보호체계에 대한 설명으로 옳지 않은 것은?

① 주요정보통신기반시설 관리기관의 장은 정기적으로 소관 주요정보통신시설의 취약점을 분석·평가하여야 한다.
② 중앙행정기관의 장은 소관분야의 정보통신기반시설을 필요한 경우 주요정보통신기반시설로 지정할 수 있다.
③ 지방자치단체의 장이 관리·감독하는 기관의 정보통신기반시설은 지방자치단체의 장이 주요정보통신기반시설로 지정한다.
④ 과학기술정보통신부장관과 국가정보원장등은 특정한 정보통신기반시설을 주요정보통신기반시설로 지정할 필요가 있다고 판단하면 중앙행정기관의 장에게 해당 정보동신기반시설을 주요정보통신기반 시설로 지정하도록 권고할 수 있다.

ANSWER 18.③

18 주요정보통신기반시설의 지정 등〈정보통신기반 보호법 제8조〉
　① 중앙행정기관의 장은 소관분야의 정보통신기반시설중 다음 각 호의 사항을 고려하여 전자적 침해행위로부터의 보호가 필요하다고 인정되는 정보통신기반시설을 주요정보통신기반시설로 지정할 수 있다.
　　1. 해당 정보통신기반시설을 관리하는 기관이 수행하는 업무의 국가사회적 중요성
　　2. 제1호에 따른 기관이 수행하는 업무의 정보통신기반시설에 대한 의존도
　　3. 다른 정보통신기반시설과의 상호연계성
　　4. 침해사고가 발생할 경우 국가안전보장과 경제사회에 미치는 피해규모 및 범위
　　5. 침해사고의 발생가능성 또는 그 복구의 용이성
　② 중앙행정기관의 장은 제1항에 따른 지정 여부를 결정하기 위하여 필요한 자료의 제출을 해당 관리기관에 요구할 수 있다.
　③ 관계중앙행정기관의 장은 관리기관이 해당 업무를 폐지·정지 또는 변경하는 경우에는 직권 또는 해당 관리기관의 신청에 의하여 주요정보통신기반시설의 지정을 취소할 수 있다.
　④ 지방자치단체의 장이 관리·감독하는 기관의 정보통신기반시설에 대하여는 행정안전부장관이 지방자치단체의 장과 협의하여 주요정보통신기반시설로 지정하거나 그 지정을 취소할 수 있다.
　⑤ 중앙행정기관의 장이 제1항 및 제3항에 따라 지정 또는 지정 취소를 하고자 하는 경우에는 위원회의 심의를 받아야 한다. 이 경우 위원회는 제1항 및 제3항에 따라 지정 또는 지정취소의 대상이 되는 관리기관의 장을 위원회에 출석하게 하여 그 의견을 들을 수 있다.
　⑥ 중앙행정기관의 장은 제1항 및 제3항에 따라 주요정보통신기반시설을 지정 또는 지정 취소한 때에는 이를 고시하여야 한다. 다만, 국가안전보장을 위하여 필요한 경우에는 위원회의 심의를 받아 이를 고시하지 아니할 수 있다.
　⑦ 주요정보통신기반시설의 지정 및 지정취소 등에 관하여 필요한 사항은 이를 대통령령으로 정한다.
주요정보통신기반시설의 지정 권고〈정보통신기반 보호법 제8조의2〉
　① 과학기술정보통신부장관과 국가정보원장등은 특정한 정보통신기반시설을 주요정보통신기반시설로 지정할 필요가 있다고 판단되는 경우에는 중앙행정기관의 장에게 해당 정보통신기반시설을 주요정보통신기반시설로 지정하도록 권고할 수 있다. 이 경우 지정 권고를 받은 중앙행정기관의 장은 위원회의 심의를 거쳐 지정 여부를 결정하여야 한다.
취약점의 분석·평가〈정보통신기반 보호법 제9조〉
　① 관리기관의 장은 대통령령으로 정하는 바에 따라 정기적으로 소관 주요정보통신기반시설의 취약점을 분석·평가하여야 한다.

19 업무연속성(BCP)에 대한 설명으로 옳지 않은 것은?

① 업무연속성은 장애에 대한 예방을 통한 중단 없는 서비스 체계와 재난 발생 후에 경영 유지.복구 방법을 명시해야 한다.
② 재해복구시스템의 백업센터 중 미러 사이트(Mirror Site)는 백업센터 중 가장 짧은 시간 안에 시스템을 복구한다.
③ 콜드 사이트(Cold Site)는 주전산센터의 장비와 동일한 장비를 구비한 백업 사이트이다.
④ 재난복구서비스인 웜 사이트(Warm Site)는 구축 및 유지비용이 콜드 사이트(Cold Site)에 비해서 높다.

ANSWER 19.③

19 업무 연속성 계획(BCP;Business Continuity Planning) … 어떠한 재난이 발생하더라도 데이터는 손실되지 않아야 하며, 서비스는 중단 없이 계속돼야만 한다는 것.
- 콜드 사이트(Cold Site) : 재해 발생을 대비하여 평상시 주기적으로 주요 데이터를 백업해 보관하거나 소산해 두고 재해 발생 시에 시스템 운용을 재개할 수 있도록 별도의 물리적인 공간과 전원 및 배전 설비, 통신 설비 등을 이용하는 복구 방식.
- 웜 사이트(Warm Site) : 메인 센터와 동일한 수준의 정보 기술 자원을 보유하는 대신 중요성이 높은 기술 자원만 부분적으로 보유하는 방식으로 실시간 미러링을 수행하지 않으며 데이터의 백업 주기가 수 시간~1일(RTO) 정도로 핫사이트에 비해 다소 길다.
- 미러 사이트(Mirror Site) : 메인 센터와 동일한 수준의 정보 기술 자원을 원격지에 구축하고, 메인 센터와 재해 복구 센터 모두 액티브 상태로 실시간 동시 서비스를 하는 방식으로 RTO(복구 소요 시간)은 이론적으로 '0'이다.

20 「개인정보 보호법 시행령」의 내용으로 옳지 않은 것은?

① 공공기관의 영상정보처리기기는 재위탁하여 운영할 수 없다.
② 개인정보처리자가 전자적 파일 형태의 개인정보를 파기하여야 하는 경우 복원이 불가능한 형태로 영구 삭제하여야 한다.
③ 개인정보처리자는 개인정보의 처리에 대해서 전화를 통하여 동의 내용을 정보주체에게 알리고 동의 의사표시를 확인하는 방법으로 동의를 받을 수 있다.
④ 공공기관이 개인정보를 목적 외의 용도로 이용하는 경우에는 '이용하거나 제공하는 개인정보 또는 개인정보파일의 명칭'을 개인정보의 목적 외 이용 및 제3자 제공 대장에 기록하고 관리하여야 한다.

ANSWER 20.①

20 제26조(공공기관의 고정형 영상정보처리기기 설치·운영 사무의 위탁)
① 법 제25조 제8항 단서에 따라 공공기관이 고정형 영상정보처리기기의 설치·운영에 관한 사무를 위탁하는 경우에는 다음 각 호의 내용이 포함된 문서로 하여야 한다.
 1. 위탁하는 사무의 목적 및 범위
 2. 재위탁 제한에 관한 사항
 3. 영상정보에 대한 접근 제한 등 안전성 확보 조치에 관한 사항
 4. 영상정보의 관리 현황 점검에 관한 사항
 5. 위탁받는 자가 준수하여야 할 의무를 위반한 경우의 손해배상 등 책임에 관한 사항
② ①에 따라 사무를 위탁한 경우에는 규정에 따른 안내판 등에 위탁받는 자의 명칭 및 연락처를 포함시켜야 한다.

정보보호론

2019. 6. 15. 제1회 지방직 시행

1 정보통신망 등의 침해사고에 대응하기 위해 기업이나 기관의 업무 관할 지역 내에서 침해사고의 접수 및 처리 지원을 비롯해 예방, 피해 복구 등의 임무를 수행하는 조직은?

① CISO
② CERT
③ CPPG
④ CPO

2 취약한 웹 사이트에 로그인한 사용자가 자신의 의지와는 무관하게 공격자가 의도한 행위(수정, 삭제, 등록 등)를 일으키도록 위조된 HTTP 요청을 웹 응용 프로그램에 전송하는 공격은?

① DoS 공격
② 취약한 인증 및 세션 공격
③ SQL 삽입 공격
④ CSRF 공격

ANSWER 1.② 2.④

1 ① 정보보호 최고 책임자(CISO) : 기업에서 정보보안을 위한 기술적 대책과 법률 대응까지 총괄 책임을 지는 최고 임원.
③ 개인정보 관리사(CPPG) : 개인정보 보호정책과 대처 방법론에 대한 지식이나 능력을 갖춘 사람.
④ 개인정보 보호책임자(CPO) : 개인정보를 안전하게 보호 관리하기 위해 개인정보 처리 업무를 총괄해서 관리하는 최고 책임자.

2 ① DoS 공격 : 대상 네트워크나 웹 자원에 대한 합법적인 사용자의 접근을 방해하는 데 사용되는 방법
② 취약한 인증 및 세션 공격 : 다른 계정 도용 또는 권한 탈취 등 권한과 관련된 취약점을 악용하는 기법
③ SQL 삽입 공격 : 전송되는 인수에 추가적인 실행을 위한 코드를 넣는 것.

3 OECD 개인정보보호 8개 원칙 중 다음에서 설명하는 것은?

> 개인정보 침해, 누설, 도용을 방지하기 위한 물리적·조직적·기술적인 안전조치를 확보해야 한다.

① 수집 제한의 원칙(Collection Limitation Principle)
② 이용 제한의 원칙(Use Limitation Principle)
③ 정보 정확성의 원칙(Data Quality Principle)
④ 안전성 확보의 원칙(Security Safeguards Principle)

ANSWER 3.④

3 〈개인정보보호에 관한 OECD 8원칙〉
  1. 수집제한의 원칙
     무차별적인 개인정보를 수집하지 않도록 제한, 정보 수집을 위해서는 정보주체의 인지 또는 동의가 최소한의 요건 (범죄 수사 활동 등은 예외)
  2. 정보정확성의 원칙
     개인정보가 사용될 목적에 부합하고, 이용목적에 필요한 범위 안에서 정확하고, 완전하며, 최신의 것
  3. 목적 명확화의 원칙
     수집 목적이 수집 시점까지는 명확할(알려질) 것, 목적 변경시 명시될 것
  4. 이용 제한의 원칙
     목적 명확화 원칙에 의거 명시된 목적 외 공개, 이용 등 제한
  5. 정보의 안전한 보호 원칙
     개인정보 유실, 불법접근, 이용, 수정, 공개 등 위험에 대한 적절한 보안유지 조치에 의해 보호
  6. 공개의 원칙
     개인정보 관련 제도 개선, 실무, 정책 등에 대해 일반적 정책 공개 개인정보 존재, 성격, 주요이용목적, 정보처리자의 신원 등을 즉시 파악할 수 있는 장치 마련
  7. 개인 참가의 원칙
     개인은 자신과 관련한 정보를 정보처리자가 보유하고 있는지 여부에 대해 정보처리자로부터 확인받을 권리, 요구 거부 이유를 요구하고, 거부에 대해 이의 제기 권리
  8. 책임의 원칙
     정보처리자가 보호 원칙 시행조치 이행하는데 책임성

4 스테가노그래피에 대한 설명으로 옳지 않은 것은?

① 스테가노그래피는 민감한 정보의 존재 자체를 숨기는 기술이다.
② 원문 데이터에 비해 더 많은 정보의 은닉이 가능하므로 암호화보다 공간효율성이 높다.
③ 텍스트·이미지 파일 등과 같은 디지털화된 데이터에 비밀 이진(Binary) 정보가 은닉될 수 있다.
④ 고해상도 이미지 내 각 픽셀의 최하위 비트들을 변형하여 원본의 큰 손상 없이 정보를 은닉하는 방법이 있다.

5 다음 중 OSI 7계층 모델에서 동작하는 계층이 다른 것은?

① L2TP
② SYN 플러딩
③ PPTP
④ ARP 스푸핑

ANSWER 4.② 5.②

4 스테가노그래피(steganography) … 메시지가 전송되고 있다는 사실을 숨기는 기술 및 내용을 숨기기 위해 은닉 채널이나 보이지 않는 잉크를 사용하는 것과 같은 기술로 이미지 및 오디오 파일과 같이 다양한 디지털 매체를 통해 메시지를 숨겨 전송

5 • Layer2 : 데이터링크 계층
 – 데이터링크 계층은 오류 탐지 및 교정을 전담하는 계층으로 MAC 주소를 기반으로 통신을 하고 있다.
 – 프로토콜 : L2TP, PPTP, ARP 스푸핑
• Layer4 : 전송계층
 – 전송계층은 호스트들 사이에 메시지를 전송하는 계층으로, 이때 전달되는 메시지를 세그먼트라고 부른다.
 – 프로토콜 : TCP, UDP, SPX, 상호인증, 암호화, 무결성
• 위협 및 대응책
 – 위협
  SYN 플러딩
  포트 스캐닝
 – 대응책
  SYN 프락시
  허니팟

6 해시 함수의 충돌에 대한 설명으로 옳은 것은?

① 해시 함수의 입력 메시지가 길어짐에 따라 생성되는 해시 값이 길어지는 것을 의미한다.
② 서로 다른 해시 함수가 서로 다른 입력 값에 대해 동일한 출력 값을 내는 것을 의미한다.
③ 동일한 해시 함수가 서로 다른 두 개의 입력 값에 대해 동일한 출력 값을 내는 것을 의미한다.
④ 동일한 해시 함수가 동일한 입력 값에 대해 다른 출력 값을 내는 것을 의미한다.

7 암호화 기법들에 대한 설명으로 옳지 않은 것은?

① Feistel 암호는 전치(Permutation)와 대치(Substitution)를 반복시켜 암호문에 평문의 통계적인 성질이나 암호키와의 관계가 나타나지 않도록 한다.
② Kerckhoff의 원리는 암호 해독자가 현재 사용되고 있는 암호 방식을 알고 있다고 전제한다.
③ AES는 암호키의 길이를 64비트, 128비트, 256비트 중에서 선택한다.
④ 2중 DES(Double DES) 암호 방식은 외형상으로는 DES에 비해 2배의 키 길이를 갖지만, 중간일치공격 시 키의 길이가 1비트 더 늘어난 효과밖에 얻지 못한다.

ANSWER 6.③ 7.③

6 **해시 충돌** … 해시 함수가 서로 다른 두 개의 입력값에 대해 동일한 출력값을 내는 상황을 의미하며 해시 함수가 무한한 가짓수의 입력값을 받아 유한한 가짓수의 출력값을 생성하는 경우, 비둘기집 원리에 의해 해시 충돌은 항상 존재한다.
- 해시 충돌은 해시 함수를 이용한 자료구조나 알고리즘의 효율성을 떨어뜨린다.
- 해시 함수는 해시 충돌이 자주 발생하지 않도록 구성하며 암호학적 해시 함수의 경우 해시 함수의 안전성을 깨뜨리는 충돌 공격이 가능할 수 있기에 의도적인 해시 충돌을 만드는 것이 어렵도록 해야 한다.

7 ③ AES는 DES를 대신하여 새로운 표준이 된 대칭 알고리즘으로 SPN 구조이며 입력블록은 128, 키사이즈는 128, 192, 256비트이고 그에 따라서 라운드 수는 각각 10, 12, 14이다.
① Feistel 암호는 암호방식의 설계가 암호학적으로 다른 암호방식보다 강하도록 두 개 이상의 기본 암호가 연속적으로 수행되는 방식을 말하며 전치와 대치를 번갈아 수행하는 방식이다.
② Kerckhoff의 원리는 암호시스템의 안전성은 암호 알고리즘의 비밀을 지키는데 의존되어서는 안되고, 키의 비밀을 지키는데 의존되어야 한다는 원리를 말한다.
④ 2중 DES(Double DES) 암호 방식은 관측된 평문과 암호문이 주어지고 중간충돌 공격을 하면 2중 DES가 단일 DES에 비하여 안전성이 증대하지 않음을 알 수 있음(암호 해독 시간이 단일 DES의 2배가 안됨)

8 디지털 포렌식에 대한 설명에서 ㉠, ㉡에 들어갈 용어는?

> (㉠) 공간은 물리적으로 파일에 할당된 공간이지만 논리적으로 사용할 수 없는 낭비 공간이기 때문에, 공격자가 의도적으로 정보를 은닉할 가능성이 있다. 또한, 이전에 저장되었던 데이터가 남아 있을 가능성이 있어 파일 복구와 삭제된 파일의 파편 조사에 활용할 수 있다. 이 때, 디지털 포렌식의 파일 (㉡) 과정을 통해 디스크 내 비구조화된 데이터 스트림을 식별하고 의미 있는 내용을 추출할 수 있다.

	㉠	㉡
①	실린더(Cylinder)	역어셈블링(Disassembling)
②	MBR(Master Boot Record)	리버싱(Reversing)
③	클러스터(Cluster)	역컴파일(Decompiling)
④	슬랙(Slack)	카빙(Carving)

ANSWER 8.④

8
- **디지털포렌식(Digital Forensic)** : PC나 노트북, 휴대폰 등 각종 저장매체 또는 인터넷 상에 남아 있는 각종 디지털 정보를 분석해 범죄 단서를 찾는 수사기법을 말한다.
- **슬랙공간(slack space area)** : 저장 매체의 물리적인 구조와 논리적인 구조의 차이로 발생하는 낭비공간으로 물리적으로 할당되어 있으나 논리적으로 할당되어 있지 않기 때문에 사용 불가능한 공간이며 정보 은닉 가능하다.
- **파일 카빙(File Carving)** : 데이터 영역에 존재하는 파일 자체 정보(시그니처, 논리구조, 형식 등 고유특성)를 이용하는 방법으로 디스크의 비할당 영역을 대상으로 처음부터 끝까지 스캔하여 삭제된 파일을 찾아보고 특정 파일의 포맷이 탐지 될 경우 이를 복원하는 방식

9 버퍼 오버플로우 공격 대응 방법 중 ASLR(Address Space Layout Randomization)에 대한 설명으로 옳은 것은?

① 함수의 복귀 주소 위조 시, 공격자가 원하는 메모리 공간의 주소를 지정하기 어렵게 한다.
② 함수의 복귀 주소와 버퍼 사이에 랜덤(Random) 값을 저장하여 해당 주소의 변조 여부를 탐지한다.
③ 스택에 있는 함수 복귀 주소를 실행 가능한 임의의 libc 영역 내 주소로 지정하여 공격자가 원하는 함수의 실행을 방해한다.
④ 함수 호출 시 복귀 주소를 특수 스택에 저장하고 종료 시 해당 스택에 저장된 값과 비교하여 공격을 탐지한다.

10 국내의 기관이나 기업이 정보 및 개인정보를 체계적으로 보호할 수 있도록 통합된 관리체계 인증제도는?

① PIPL-P
② ISMS-I
③ PIMS-I
④ ISMS-P

ANSWER 9.① 10.④

9 ASLR(Address Space Layout Randomization) … 프로세스의 가상주소공간에 어떤 객체가 매핑될 때, 그 위치를 프로그램 실행시마다 랜덤하게 변경하는 보안기법.
 • ASLR은 사용자 어플리케이션의 힙, 스택, 공유 라이브러리(예:libc, libpthread 등)를 처리의 가상 주소공간에 mapping 시키는 위치를 매 실행시마다 랜덤 하게 배치하는 것이며 이미 메모리 위치가 runtime에 결정되는 동적객체 들은 ASLR 개념을 적용할 필요가 없다고 할수 있다.

10 ISMS-P(Personal Information&Information Security Management System)
 • 정보보호 및 개인정보보호를 위한 일련의 조치와 활동이 인증기준에 적합함을 인터넷진흥원 또는 인증기관이 증명하는 제도
 • 'ISMS(정보보호 관리체계 인증, Information Security Management System) 인증'와 'PIMS(개인정보보호 관리체계 인증, Personal Information Security Mamagement System) 인증'의 중복을 해소하고자 만들어진 통합인증 제도

11 다음의 블록 암호 운용 모드는?

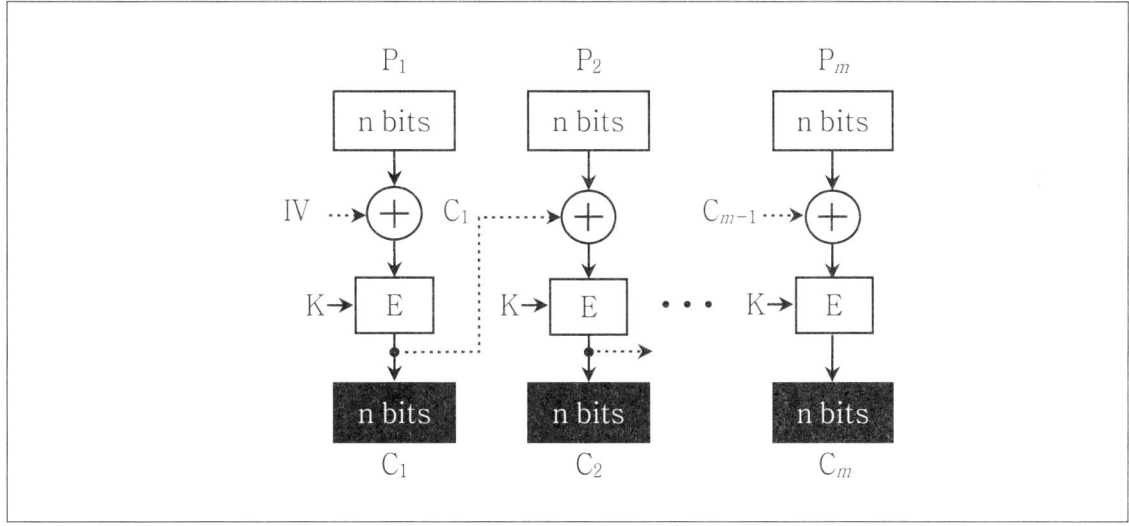

E: 암호화　　　　　　　　　　　K: 암호화 키
P1, P2,..., Pm: 평문 블록　　　　C1, C2,..., Cm: 암호 블록
IV: 초기화 벡터　　　　　　　　⊕ : XOR

① 전자 코드북 모드(Electronic Code Book Mode)
② 암호 블록 연결 모드(Cipher Block Chaining Mode)
③ 암호 피드백 모드(Cipher Feedback Mode)
④ 출력 피드백 모드(Output Feedback Mode)

Answer 11.②

11 ② 암호 블록 연결 모드(Cipher Block Chaining Mode) : 암호문 블록을 마치 체인처럼 연결시키기 때문에 붙여진 이름으로 CBC 모드에서는 1 단계 앞에서 수행되어 결과로 출력된 암호문 블록에 평문 블록을 XOR 하고 나서 암호화를 수행한다. 따라서 생성되는 각각의 암호문 블록은 단지 현재 평문 블록 뿐만 아니라 그 이전의 평문 블록들의 영향도 받게 된다.
　※ CBC 모드에서는 한 단계 전에 수행되어 결과로 출력된 암호문 블록에 평문 블록을 XOR하고 나서 암호화를 수행한다. 따라서 생성되는 각각의 암호문 블록은 현재 평문 블록뿐만 아니라 그 이전의 평문 블록들의 영향도 받게 된다.

12 무결성을 위협하는 공격이 아닌 것은?

① 스누핑 공격(Snooping Attack)
② 메시지 변조 공격(Message Modification Attack)
③ 위장 공격(Masquerading Attack)
④ 재전송 공격(Replay Attack)

13 다음에서 설명하는 접근 제어 모델은?

> 군사용 보안구조의 요구사항을 충족시키기 위해 개발된 최초의 수학적 모델로 알려져 있다. 불법적 파괴나 변조보다는 정보의 기밀성 유지에 초점을 두고 있다. '상위레벨 읽기금지 정책(No-Read-Up Policy)'을 통해 인가받은 비밀 등급이 낮은 주체는 높은 보안 등급의 정보를 열람할 수 없다. 또한, 인가받은 비밀 등급 이하의 정보 수정을 금지하는 '하위레벨 쓰기금지 정책(No-Write-Down Policy)'을 통해 비밀 정보의 유출을 차단한다.

① DAC(Discretionary Access Control) 모델
② Bell-LaPadula 모델
③ Biba 모델
④ RBAC(Role-Based Access Control) 모델

Answer 12.① 13.②

12 보안공격의 3가지 형태
㉠ 기밀성 위협 : 허가된, 인가된 사람만 시스템에 접근 가능하다.(소극적 공격)
 • 스누핑 공격
 • 트래픽분석
㉡ 무결성 위협 : 정보의 내용이 불법적으로 생성 또는 변경되거나 삭제되지 않도록 해야 한다.(적극적 공격)
 • 변조(메시지 수정)
 • 위장
 • 재전송
 • 부인
㉢ 가용성 위협 : 정보는 사용자가 필요로 하는 시점에 접근 가능해야 한다는 원칙이다.(적극적 공격)

13 ① DAC(Discretionary Access Control) 모델 : 임의적 접근통제로 어떤 사용자든지 임의적으로 다른 객체에 접근할 수 있도록 허용하는 기법
③ Biba 모델 : 무결성을 통제하기 위해 개발된 보안 모델
④ RBAC(Role-Based Access Control) 모델 : 역할기반접근통제로 사용자에게 할당된 역할에 기반하여 접근 통제하는 기법

14 유럽의 일반개인정보보호법(GDPR)에 대한 설명으로 옳은 것은?

① EU 회원국들 간 개인정보의 자유로운 이동을 금지하기 위한 목적을 갖는다.
② 그 자체로는 EU의 모든 회원국에게 직접적인 법적 구속력을 갖지 않는다.
③ 중요한 사항 위반 시 직전 회계연도의 전 세계 매출액 4% 또는 2천만 유로 중 높은 금액이 최대한도 부과 금액이다.
④ 만 19세 미만 미성년자의 개인정보 수집 시 친권자의 동의를 얻어야 한다.

ANSWER 14.③

14 GDPR … 2018년 5월 25일부터 시행되고 있는 EU(유럽연합)의 개인정보보호 법령

제정 목적	• 디지털 단일시장에 적합한 통일되고 단순화된 프레임워크 -단일 개인정보보호법 적용 -원스톱샵 메커니즘 • 권리와 의무 강화 -정보주체 권리 확대 -기업의 책임성 강화 • 현대화된 개인정보보호 거버넌스 체제 마련 -개인정보 감독기구간 협력 강화 -신뢰할 수 있고 비례적인 제재 부과 -법 적용의 일관성을 보장하기 위한 European Data Protection Board 설립
적용대상 및 범위	• 적용대상 기업 -EU 내에 사업장(establishment)을 운영하며, 개인정보 처리 -EU 거주자에게 재화나 서비스를 제공 -EU 거주자의 EU 內 행동을 모니터링 • '국적'이 아닌, 'EU 거주자'에 해당하는 지 고려 • '명백히' EU 시장을 염두에 두고 있을 때 적용, 단순 접근 가능성은 GDPR 적용의 근거가 되지 않음
정보주체의 권리	• 정보를 제공받을 권리 • 정보주체의 열람권 • 정정권 • 삭제권(잊힐권리) • 처리 제한권 • 개인정보 이동권 • 반대권 • 프로파일링을 포함한 자동화된 의사결정
기업의 책임성	• DPO(Data Protection Officer) 지정 • DPbD(Data Protection by Design and by Default) • 개인정보 영향평가(DPIA) • 처리 활동의 기록 • 기술적 관리적 보호조치
과징금 부과	• 일반 위반 : 전세계 연간 매출액 2% 미만 또는 1천만 유로 중 높은 금액(최대 과징금의 경우) • 심각한 위반 : 전세계 연간 매출액 4% 또는 2천만 유로 중 높은 금액(최대 과징금의 경우)

15 IPsec의 캡슐화 보안 페이로드(ESP) 헤더에서 암호화되는 필드가 아닌 것은?

① SPI(Security Parameter Index)
② Payload Data
③ Padding
④ Next Header

16 SSL 프로토콜에 대한 설명으로 옳지 않은 것은?

① 서버와 클라이언트 간 양방향 통신에 동일한 암호화 키를 사용한다.
② 웹 서비스 이외에 다른 응용 프로그램에도 적용할 수 있다.
③ 단편화, 압축, MAC 추가, 암호화, SSL 레코드 헤더 추가의 과정으로 이루어진다.
④ 암호화 기능을 사용하면 주고받는 데이터가 인터넷상에서 도청되는 위험성을 줄일 수 있다.

17 KCMVP에 대한 설명으로 옳은 것은?

① 보안 기능을 만족하는 신뢰도 인증 기준으로 EAL1부터 EAL7까지의 등급이 있다.
② 암호 알고리즘이 구현된 프로그램 모듈의 안전성과 구현 적합성을 검증하는 제도이다.
③ 개인정보 보호활동을 체계적·지속적으로 수행하기 위한 관리체계의 구축과 이행 여부를 평가한다.
④ 조직의 정보자산을 효과적으로 보호하고 있는지 평가하여 일정 수준 이상의 기업에 인증을 부여한다.

Answer 15.① 16.① 17.②

15 IPSec 보안 페이로드 캡슐화(ESP : Encapsulating Security Payload) : ESP의 주요 역할은 IP 데이터그램을 암호화하여 프라이버시를 보장하는 것
※ ESP 필드
  ㉠ ESP 헤더
    • SPI와 Sequence Number라는 두 필드를 포함하며, 암호화된 데이터 앞에 온다.
  ㉡ ESP 트레일러
    • 암호화된 데이터 뒤에 위치하며, 패딩과 패딩 길이 필드를 이용하여 암호화된 데이터를 32비트로 맞춘다.
    • ESP 트레일러는 ESP의 다음 헤더 필드도 포함한다.
  ㉢ ESP 인증 데이터
    • AH 프로토콜과 유사한 방식으로 계산되는 ICV를 포함한다.
    • ESP의 선택적 인증 기능이 적용될 때 사용된다.

16 SSL은 클라이언트와 서버간 통신하는 데이터를 안전하게 보호하기 위해 사용하며 이를 위해 사용자 인증 및 비밀키 암호 (DES, 3DES, RC4)를 사용하여 데이터를 보호한다.

17 암호모듈검증제도(Korea Cryptographic Module Validation Program: KCMVP) : 전자정부법 시행령 제69조와 암호모듈 시험 및 검증지침에 의거, 국가 및 공공기관 정보통신망에서 소통되는 자료 중에서 비밀로 분류되지 않은 중요 정보의 보호를 위해 사용되는 암호 모듈의 안전성과 구현 적합성을 검증하는 제도이다.

18 「개인정보 보호법」상 개인정보 분쟁조정위원회에 대한 설명으로 옳지 않은 것은? [기출변형]

① 분쟁조정위원회는 위원장 1명을 포함한 30명 이내의 위원으로 구성한다.
② 위원장은 행정안전부·방송통신위원회·금융위원회 및 개인정보보호위원회의 고위공무원단에 속하는 일반직공무원 중에서 위촉한다.
③ 분쟁조정위원회는 재적위원 과반수의 출석으로 개의하며 출석위원 과반수의 찬성으로 의결한다.
④ 위원은 자격정지 이상의 형을 선고받거나 심신상의 장애로 직무를 수행할 수 없는 경우를 제외하고는 그의 의사에 반하여 면직되거나 해촉되지 아니한다.

ANSWER 18.②

18 ④ 위원장은 위원 중에서 공무원이 아닌 사람으로 보호위원회 위원장이 위촉한다.
※ 제7장 개인정보 분쟁조정위원회 제40조(설치 및 구성)
① 개인정보에 관한 분쟁의 조정(調停)을 위하여 개인정보 분쟁조정위원회(이하 "분쟁조정위원회"라 한다)를 둔다.
② 분쟁조정위원회는 위원장 1명을 포함한 30명 이내의 위원으로 구성하며, 위원은 당연직위원과 위촉위원으로 구성한다.
③ 위촉위원은 다음 각 호의 어느 하나에 해당하는 사람 중에서 보호위원회 위원장이 위촉하고, 대통령령으로 정하는 국가기관 소속 공무원은 당연직위원이 된다.
　1. 개인정보 보호업무를 관장하는 중앙행정기관의 고위공무원단에 속하는 공무원으로 재직하였던 사람 또는 이에 상당하는 공공부문 및 관련 단체의 직에 재직하고 있거나 재직하였던 사람으로서 개인정보 보호업무의 경험이 있는 사람
　2. 대학이나 공인된 연구기관에서 부교수 이상 또는 이에 상당하는 직에 재직하고 있거나 재직하였던 사람
　3. 판사·검사 또는 변호사로 재직하고 있거나 재직하였던 사람
　4. 개인정보 보호와 관련된 시민사회단체 또는 소비자단체로부터 추천을 받은 사람
　5. 개인정보처리자로 구성된 사업자단체의 임원으로 재직하고 있거나 재직하였던 사람
④ 위원장은 위원 중에서 공무원이 아닌 사람으로 보호위원회 위원장이 위촉한다.
⑤ 위원장과 위촉위원의 임기는 2년으로 하되, 1차에 한하여 연임할 수 있다.
⑥ 분쟁조정위원회는 분쟁조정 업무를 효율적으로 수행하기 위하여 필요하면 대통령령으로 정하는 바에 따라 조정사건의 분야별로 5명 이내의 위원으로 구성되는 조정부를 둘 수 있다. 이 경우 조정부가 분쟁조정위원회에서 위임받아 의결한 사항은 분쟁조정위원회에서 의결한 것으로 본다.
⑦ 분쟁조정위원회 또는 조정부는 재적위원 과반수의 출석으로 개의하며 출석위원 과반수의 찬성으로 의결한다.
⑧ 보호위원회는 분쟁조정 접수, 사실 확인 등 분쟁조정에 필요한 사무를 처리할 수 있다.
⑨ 이 법에서 정한 사항 외에 분쟁조정위원회 운영에 필요한 사항은 대통령령으로 정한다.

19 전자화폐 및 가상화폐에 대한 설명으로 옳지 않은 것은?

① 전자화폐는 전자적 매체에 화폐의 가치를 저장한 후 물품 및 서비스 구매 시 활용하는 결제 수단이며, 가상화폐는 전자화폐의 일종으로 볼 수 있다.
② 전자화폐는 발행, 사용, 교환 등의 절차에 관하여 법률에서 규정하고 있으나, 가상화폐는 별도로 규정하고 있지 않다.
③ 가상화폐인 비트코인은 분산원장기술로 알려진 블록체인을 이용한다.
④ 가상화폐인 비트코인은 전자화폐와 마찬가지로 이중 지불(Double Spending)문제가 발생하지 않는다.

20 X.509 인증서(버전 3)의 확장(Extensions) 영역에 포함되지 않는 항목은?

① 인증서 정책(Certificate Policies)
② 기관 키 식별자(Authority Key Identifier)
③ 키 용도(Key Usage)
④ 서명 알고리즘 식별자(Signature Algorithm Identifier)

ANSWER 19.④ 20.④

19 이중지불(double spending) : 만일 악의를 가진 사람이 동시에 각각 다른 유저에게 암호화폐(비트코인, 이더리움등)를 사용할 경우 이를 '이중 지불'이라 한다. 이중 지불의 문제를 해결하는 것이 암호화폐의 핵심 기능이라 할 수 있다. 비트코인 채굴과 블록체인은 이중지불을 방지하는 데 그 목적이 있으며, 이로써 네트워크가 어떤 비트코인 거래들이 유효한 것인지를 확인하고 합의할수 있다.

20 ④ 서명 알고리즘 식별자(Signature Algorithm Identifier)은 인증서의 기본영역에 해당한다.
　㉠ 인증서의 기본 영역
　　• 버전 : 인증서의 형식 구분(우리가 사용하는 대부분의 공인인증서는 버전3이다.)
　　• 일련번호 : 인증서를 발급한 인증기관 내의 인증서 일련번호
　　• 서명 알고리즘 : 인증서를 발급할 때 사용한 알고리즘
　　• 발급자 : 인증서를 발급한 인증기관의 DN(Distinguish Name)
　　• 유효 기간(시작, 끝) : 인증서를 사용할 수 있는 기간(시작일과 만료일을 기록하며 초 단위까지 표기됨).
　　• 주체 : 인증서 소유자의 DN(Distinguish Name)
　　• 공개키 : 인증서의 모든 영역을 해시해서 인증기관의 개인키로 서명한 값
　㉡ 인증서의 확장 영역
　　• 기관 키 식별자 : 인증서를 확인할 때 사용할 인증기관 공개키의 유일 식별자
　　• 주체 키 식별자 : 인증서 소유자의 공개키에 대한 유일 식별자
　　• 주체 대체 이름 : 인증서 사용자의 이름 혹은 또 다른 별개의 이름에 대한 부가정보로 사용자 ID, E-mail, IP 주소, DNS 이름 등을 표시(버전3에서는 x.500DN 이외에 하나의 대체 이름을 가질 수 있다.)
　　• CRL 배포 지점 : 인증서의 폐기 여부를 확인하기 위한 인증서 폐기 목록(CRL)이 있는 위치
　　• 기관 정보 액세스
　　• 키 사용 용도 : 인증서에 포함된 공개키의 용도를 나타냄
　　　예 전자서명, 부인 방지, 키 암호화, 데이터 암호화, 키 동의, 인증서 서명 등
　　• 인증서 정책
　　• 손도장 알고리즘
　　• 손도장

정보보호론

2019. 6. 15. 제2회 서울특별시 시행

1 해시와 메시지 인증코드에 대한 〈보기〉의 설명에서 ㉠, ㉡에 들어갈 말을 순서대로 나열한 것은?

―――――――― 〈보기〉 ――――――――
해시와 메시지 인증코드는 공통적으로 메시지의 (㉠)을 검증할 수 있지만, 메시지 인증코드만 (㉡) 인증에 활용될 수 있다.

	㉠	㉡
①	무결성	상호
②	무결성	서명자
③	비밀성	상호
④	비밀성	서명자

ANSWER 1.①

1 • 해쉬함수의 응용
  - 해쉬함수는 전자서명에 사용된다고 했는데, 이것은 서명자가 특정 문서에 자신의 개인키를 이용하여 연산함으로써 데이터의 무결성과 서명자의 인증성을 함께 제공하는 방식이다. 메시지 전체에 직접 서명하는 것은 공개키 연산을 모든 메시지 블록마다 반복해야 하기 때문에 매우 비효율적이며 메시지에 대한 해쉬값을 계산한 후, 이것에 서명함으로써 매우 효율적으로 전자서명을 생성할 수 있다.
  - 서명자는 메시지 자체가 아니라 해쉬값에 대해 서명을 하였지만, 같은 해쉬값을 가지는 다른 메시지를 찾아내는 것이 어렵기 때문에 이 서명은 메시지에 대한 서명이라고 인정된다.
  - 송신자의 신분인증이 필요없고 데이터가 통신 중 변조되지 않았다는 무결성만 필요할 때, 해쉬함수를 메시지 인증코드(MAC : Message Authentication Code)라는 형태로 사용할 수 있다. 송신자와 수신자가 비밀키를 공유하고 있으면 송신자는 메시지와 공유된 비밀키를 입력으로 하여 해쉬값을 계산하면 메시지 인증코드가 된다. 메시지와 메시지 인증코드를 보내면 수신자는 메시지가 통신 도중 변조되지 않았다는 확신을 가질 수 있다.

2 바이러스의 종류 중에서 감염될 때마다 구현된 코드의 형태가 변형되는 것은?

① Polymorphic Virus
② Signature Virus
③ Generic Decryption Virus
④ Macro Virus

3 침입탐지시스템(IDS)에 대한 설명으로 가장 옳지 않은 것은?

① 오용탐지는 새로운 침입 유형에 대한 탐지가 가능하다.
② 기술적 구성요소는 정보 수집, 정보 가공 및 축약, 침입 분석 및 탐지, 보고 및 조치 단계로 이루어진다.
③ 하이브리드 기반 IDS는 호스트 기반 IDS와 네트워크 기반 IDS가 결합한 형태이다.
④ IDS는 공격 대응 및 복구, 통계적인 상황 분석 보고 기능을 제공한다.

ANSWER 2.① 3.①

2 ① Polymorphic Virus(다형성 바이러스) : 파일을 감염시킬 때마다 자신의 이름이나 모습을 바꾸는 바이러스
② Signature Virus(바이러스 서명) : 바이러스의 고유한 비트열이나 이진수의 패턴, 특정 바이러스를 검색, 식별하기 위해 사용되는 지문과 같은 것
④ Macro Virus(매크로 바이러스) : 매크로 명령을 사용하는 프로그램의 데이터에 감염되는 컴퓨터 바이러스

3 침입탐지시스템(IDS, Intrusion Detection System) … 일반적으로 시스템에 대한 원치 않는 조작을 탐지.
• 침입탐지 기법은 비정상적인 컴퓨터의 비정상적인 행위나 사용에 근거한 침입을 탐지하고 새로운 공격이 탐지 가능한 비정상 탐지 모델과 시스템이나 응용 소프트웨어의 약점을 통하여 시스템에 침입할 수 있는 공격형태로 새로운 공격에 대해서 탐지가 불가능한 오용탐지 모델이 있다.

4 〈보기〉에서 블록암호 모드 중 초기 벡터(Initialization Vector)가 필요하지 않은 모드를 모두 고른 것은?

―――――――――――――――――〈보기〉―――――――――――――――――
  ㉠ CTR 모드   ㉡ CBC 모드   ㉢ ECB 모드

① ㉠
② ㉢
③ ㉡, ㉢
④ ㉠, ㉡, ㉢

ANSWER 4.②

4 블록암호 운용모드 : 블록암호를 반복적으로 안전하게 이용하는 절차에 대한 방식으로 가변길이 데이터를 암호화하기 위해 블록 단위로 나눈 후, 그 블록들을 어떤 방식으로 암호화 처리를 할지를 정해주는 것으로 초기화 벡터와 패딩이 있다.
  ㉠ 초기화 벡터(IV) : 첫 블록을 암호화 할 때 사용되는 값으로 일반적으로 블록암호의 경우 블록크기와동일하며 CTR 등의 일부 운용 방식에서는 초기화 벡터라는 용어 대신 nonce라는 용어를 사용
  ㉡ 패딩(Padding) : 데이터를 블록단위로 맞추기 위해서 부족한 부분을 특정 값으로 채워 넣는 것
  • ECB mode(전자코드북)
    - 운용방식 중 간단한 구조를 가지며 암호화 하려는 메시지를 여러 블록으로 나누어 각각 암호화 하는 방식이다.
    - 블록 암호의 가장 기본적인 형태라고 볼수 있으며 순수하게 입력 블록단위로 부가적인 것 없이 암호 알고리즘만 수행한다.
    - 장점 : 병렬 처리가 가능, 빠른 연산이 가능, 초기화 벡터를 거의 사용하지 않으며 같은 메시지에 대해서 암호화를 진행한다면 동일한 암호문이 나오게 된다.
  • CBC mode(암호블록 체인)
    - 1976년 IBM에 의해 개발되었으며 ECB mode의 같은 블록에 대한 암호문이 같은 취약점을 개선하였다. 첫 블록의 경우 초기화 벡터와 xor 연산이 적용된 후 암호화가 진행되며 각 블록의 암호화 연산으로 나온 결과값을 다시 초기화 벡터로 사용하여 다음 블록이 암호화 되는 방식이다.
  • CTR mode (카운터)
    - 블록암호 방식을 스트림 암호로 바꾸는 구조로 카운터 값을 이용해서 각 블록마다 현재 블록이 몇 번째 인지 정하고 그 카운터 값과 nonce 값을 결합하여 블록암호의 입력값으로 사용한다.

5 스트림 암호(Stream Cipher)에 대한 설명으로 가장 옳지 않은 것은?

① Key Stream Generator 출력값을 입력값(평문)과 AND 연산하여, 암호문을 얻는다.
② 절대 안전도를 갖는 암호로 OTP(One-Time Pad)가 존재한다.
③ LFSR(Linear Feedback Shift Register)로 스트림 암호를 구현할 수 있다.
④ Trivium은 현대적 스트림 암호로 알려져 있다.

6 〈보기〉에서 설명하는 DRM 구성요소는?

〈보기〉

DRM의 보호 범위에서 유통되는 콘텐츠의 배포 단위로서 암호화된 콘텐츠 메타 데이터, 전자서명 등의 정보로 구성되어 있다. 또한, MPEG - 21 DID 규격을 따른다.

① 식별자
② 클리어링 하우스
③ 애플리케이션
④ 시큐어 컨테이너

ANSWER 5.① 6.④

5 스트림 암호(Stream Cipher)는 대칭 키 암호의 구조 중 하나로, 유사난수를 연속적(스트림)으로 생성하여 암호화하려는 자료와 결합하려는 구조를 가진다. 이진 수열 발생기로 평문을 일련의 비트열로 취급하여 한 번에 1비트씩(혹은 바이트/워드 단위) 암호화시키는 암호 시스템이다.
스트림 암호는 빠르게 디자인될 수 있고 실제로 어떠한 블록 암호보다도 빠르기 때문에 무선통신 기기에 주로 사용된다. 블록 암호는 큰 블록 데이터를 사용하지만 스트림 암호는 일반적으로 평문의 작은 단위인 비트를 사용하며 암호화는 일반적으로 비트 단위 배타적 논리합(XOR) 연산으로 평문과 키 스트림과의 결합에 의해서 생성된다.

6 DRM의 구성요소
- 패키저(Packager) : 콘텐츠를 메타 데이터와 함께 배포 가능한 단위로 묶는 기능
- 보안 컨테이너(Secure Container) : 원본을 안전하게 유통하기 위한 전자적 보안 장치
- 클리어링 하우스 : 콘텐츠 배포 정책 및 라이선스의 발급을 관리
- 컨트롤러 : 배포된 콘텐츠의 이용 권한을 통제

7 이더넷(Ethernet)상에서 전달되는 모든 패킷(Packet)을 분석하여 사용자의 계정과 암호를 알아내는 것은?

① Nessus
② SAINT
③ Sniffing
④ IPS

8 리눅스 시스템에서 패스워드 정책이 포함되고, 사용자 패스워드가 암호화되어 있는 파일은?

① /etc/group
② /etc/passwd
③ /etc/shadow
④ /etc/login.defs

ANSWER 7.③ 8.③

7 ① 네서스(Nessus)는 서비스 취약점 자동 분석 도구이며, 취약한 버전을 사용하고 있는 시스템, 네트워크, 웹 애플리케이션의 취약점을 빠르게 분석하여 보안위협을 파악
④ 침입차단시스템(Intrusion Prevention System, IPS)은 외부 네트워크로부터 내부 네트워크로 침입하는 네트워크 패킷을 찾아 제어하는 기능을 가지는 소프트웨어 또는 하드웨어로 일반적으로 내부 네트워크로 들어오는 모든 패킷이 지나가는 경로에 설치

8 ① /etc/group : 로그인 사용자의 그룹권한 관리를 위한 파일
② /etc/passwd : 시스템에 로그인과 계정에 관련된 권한 관리를 위한 파일
④ /etc/login.defs : 사용자 계정의 설정과 관련된 기본값을 정의한 파일

9 타원곡선 암호에 대한 설명으로 가장 옳지 않은 것은?

① 타원곡선 암호의 단점은 보안성 향상을 위하여 키 길이가 길어진다는 것이다.
② 타원곡선에서 정의된 연산은 덧셈이다.
③ 타원곡선을 이용하여 디피-헬먼(Diffie-Hellman) 키 교환을 수행할 수 있다.
④ 타원곡선은 공개키 암호에 사용된다.

10 영지식 증명(Zero-Knowledge Proof)에 대한 설명으로 가장 옳지 않은 것은?

① 영지식 증명은 증명자(Prover)가 자신의 비밀 정보를 노출하지 않고 자신의 신분을 증명하는 기법을 의미한다.
② 영지식 증명에서 증명자 인증 수단으로 X.509 기반의 공개키 인증서를 사용할 수 있다.
③ 최근 블록체인상에서 영지식 증명을 사용하여 사용자의 프라이버시를 보호하고자 하며, 이러한 기술로 zk-SNARK가 있다.
④ 영지식 증명은 완정성(Completeness), 건실성(Soundness), 영지식성(Zero-Knowledgeness) 특성을 가져야 한다.

ANSWER 9.① 10.②

9 타원곡선 암호 … 타원곡선 시스템을 이용한 공개키 암호방식으로 짧은 키 사이즈로 높은 안전성이 확보되고, 또한 서명할 때의 계산을 고속으로 할 수 있는 것이 특징이며 스마트 카드(IC카드) 등의 정보처리능력이 그다지 높지 않은 기기에서 이용하기에 적합한 암호화 방식

- 1985년 워싱턴대학교의 수학교수인 닐 코블리츠(Neal Koblitz)와 IBM연구소의 빅터 밀러(Victor Miller)가 거의 동시에, 독립적으로 고안한 공개키 형식의 암호화 방식으로 타원곡선이라고 불리는 수식에 의해서 정의되는 특수한 가산법을 기반으로 하여 암호화·복호화를 하는 암호화 방식이다.
- 이 방식으로 만든 암호를 해독하는 것은 타원곡선상의 이산대수 문제를 푸는 것과 거의 같은 정도로 어렵다. 이를 해독하는 방법은 아직 발견되지 않았다. 다만, 일부 곡선에서는 약점이 발견되고 있어, 실제로 이 방식을 적용할 때에는 이것을 피해 갈 연구가 필요하며 짧은 키 사이즈로 높은 안전성이 확보되고, 또한 서명할 때의 계산을 고속으로 할 수 있는 것이 특징이다. 스마트카드(IC카드) 등의 정보처리능력이 그다지 높지 않은 기기에서 이용하기에 적합한 암호화 방식이다.

10
- 영지식 증명(Zero-Knowledge Proof)은 두 사용자 간의 상호작용을 통하여 비밀정보를 노출하지 않고도 그 정보를 가지고 있다는 것을 상대방에게 증명하는 방법으로 복잡한 과정을 거쳐야 하는 프로토콜 수행에서 매 단계가 원래의 약속대로 잘 진행된다는 것을 확신하게 하는 데 이용한다.
- zk-SNARK(영지식 증명에 필요한 핵심 기술)는 "Zero-Knowledge Succinct Non-Interactive Argument of Knowledge"을 의미하며, 한 사람이 정보를 공개하지 않고 인증자와 검증자 사이의 직접적인 상호작용 없이 비밀키를 소유할 수 있는 증명 구성을 나타낸다.

11 「개인정보 보호법」상 주민등록번호의 처리에 대한 설명으로 가장 옳지 않은 것은? [기출변형]

① 개인정보처리자는 주민등록번호가 분실, 도난, 유출, 위조, 변조 또는 훼손되지 아니하도록 암호화 조치를 통하여 안전하게 보관하여야 한다.
② 개인정보처리자가 개인정보를 파기하지 아니하고 보존하여야 하는 경우에는 해당 개인정보 또는 개인정보파일을 다른 개인정보와 분리하여서 저장·관리하여야 한다.
③ 개인정보처리자는 정보주체가 인터넷 홈페이지를 통하여 회원으로 가입하는 단계에서는 주민등록번호를 사용하지 아니하고도 회원으로 가입할 수 있는 방법을 제공하여야 한다.
④ 개인정보처리자로부터 주민등록번호를 제공받은 자는 개인정보 보호 위원회의 심의·의결을 거쳐 제공받은 주민등록번호를 목적 외의 용도로 이용하거나 이를 제3자에게 제공할 수 있다.

ANSWER 11.④

11 ④ 개인정보처리자로부터 개인정보를 제공받은 자는 다음 각 호의 어느 하나에 해당하는 경우를 제외하고는 개인정보를 제공받은 목적 외의 용도로 이용하거나 이를 제3자에게 제공하여서는 아니 된다〈개인정보 보호법 제19조〉.
  1. 정보주체로부터 별도의 동의를 받은 경우
  2. 다른 법률에 특별한 규정이 있는 경우
① 개인정보처리자는 제24조 제3항에도 불구하고 주민등록번호가 분실·도난·유출·위조·변조 또는 훼손되지 아니하도록 암호화 조치를 통하여 안전하게 보관하여야 한다〈개인정보 보호법 제24조의2 제2항 전단〉.
② 개인정보처리자가 개인정보를 파기하지 아니하고 보존하여야 하는 경우에는 해당 개인정보 또는 개인정보파일을 다른 개인정보와 분리하여서 저장·관리하여야 한다〈개인정보 보호법 제21조 제3항〉.
③ 개인정보처리자는 제1항 각 호에 따라 주민등록번호를 처리하는 경우에도 정보주체가 인터넷 홈페이지를 통하여 회원으로 가입하는 단계에서는 주민등록번호를 사용하지 아니하고도 회원으로 가입할 수 있는 방법을 제공하여야 한다〈개인정보 보호법 제24조의2 제3항〉.

12 〈보기〉의 설명에 해당되는 공격 유형으로 가장 적합한 것은?

―――――――――――― 〈보기〉 ――――――――――――
SYN 패킷을 조작하여 출발지 IP 주소와 목적지 IP 주소를 일치시켜서 공격 대상에 보낸다. 이때 조작된 IP 주소는 공격 대상의 주소이다.

① Smurf Attack
② Land Attack
③ Teardrop Attack
④ Ping of Death Attack

ANSWER 12.②

12 ② Land Attack(Local Area Network Denial Attack) : IP스푸핑을 이용한 SYN 공격으로 공격자는 공격대상 시스템의 IP주소로 출발지주소를 변경한(spoofed) TCP SYN 패킷을 보내며 패킷을 받은 시스템은 TCP SYN-ACK을 자신에게 보내게 되고 유휴시간제한(Idle timeout)까지 빈 연결을 만들게 된다. 이 과정을 반복하게 되면 시스템에는 빈 연결이 계속해서 쌓여 시스템 버퍼가 범람하게 되고, 결과적으로 서비스거부(DoS) 상태가 된다.
① Smurf Attack : 패킷을 전송할 때 스푸핑을 활용하여 출발지 주소를 공격대상의 IP주소로 설정하고 브로드캐스트 대역으로 전송하게 되면 목적지를 찾지 못한 시스템은 패킷을 전송하였던 출발지의 주소로 패킷을 다시 전송하게 되는 원리이다.
③ Teardrop Attack : 서비스 거부 공격(DOS)의 하나. 공격 대상 컴퓨터에 헤더가 조작된 일련의 IP 패킷 조각(IP fragments)들을 전송함으로써 컴퓨터의 OS를 다운시키는 공격이다. 주로 MS 윈도우나 리눅스 2.0.32와 2.1.63 이전 버전의 OS에 영향을 준다.
④ Ping of Death Attack(죽음의 핑) : 규정 크기 이상의 ICMP 패킷으로 시스템을 마비시키는 공격. 프로토콜 허용범위 이상의 ICMP Echo Request 패킷을 원격 IP주소에 송신하게 되면 허용범위 이상의 응답을 받게 되면서 버퍼 오버플로우를 발생시켜 공격대상의 IP스택을 넘치게 만드는 원리이다.

13 TLS 및 DTLS 보안 프로토콜에 대한 설명으로 가장 옳지 않은 것은?

① TLS 프로토콜에서는 인증서(Certificate)를 사용 하여 인증을 수행할 수 있다.
② DTLS 프로토콜은 MQTT 응용 계층 프로토콜의 보안에 사용될 수 있다.
③ TLS 프로토콜은 Handshake, Change Cipher Spec, Alert 프로토콜과 Record 프로토콜 등으로 구성되어 있다.
④ TCP 계층 보안을 위해 TLS가 사용되며, UDP 계층 보안을 위해 DTLS가 사용된다.

ANSWER 13.②

13
- DTLS(Datagram Transport Layer Security) : TLS(Transport Layer Security) 프로토콜을 기반으로 하여 암호화된 데이터 그램을 전송할 수 있도록 해주는 UDP(User Datagram Protocol)를 위한 보안 프로토콜.
- TLS(Transport Layer Security) : 인터넷에서 통신하고 있는 애플리케이션과 그 사용자들 간에 프라이버시를 지키기 위한 프로토콜.
- CoAP(Constrained Application Protocol) : 인터넷에서 사물인터넷 디바이스처럼 제한된 컴퓨팅 성능을 갖는 디바이스들의 통신을 위해 IETF의 CoRE(Constrained RESTful Environment) 워킹그룹에서 표준화한 프로토콜.
- MQTT(Message Queueing Telemetry Transport) : CoAP와 유사하게 모바일 기기나 낮은 대역폭의 소형 디바이스들에 최적화된 메시징 프로토콜.
- ※ 사물인터넷 응용 프로토콜 … 인터넷의 핵심 기술은 IP이지만 인터넷을 폭발적으로 성장시킨 기술은 TCP/IP 위에서 웹의 세상을 연 HTTP이다.
- HTTP는 FTP, DNS, SMTP 등과 같은 인터넷 응용 프로토콜 중의 하나로 인터넷 응용 프로토콜의 공통점은 각각이 먼저 사용하는 포트 번호 (인터넷의 수송계층 프로토콜인 TCP, UDP 프로토콜의 헤더에 존재)를 가진다는 것이다. 사물인터넷의 디바이스들을 위해 제한적인 환경을 위해 HTTP와 유사한 목적으로 사용하도록 만들어진 기술로 대표적인 것이 CoAP(Constrained Application Protocol), MQTT(Message Queueing Telemetry Transport)이다.

대표적인 인터넷 공식 포트번호		
Port 번호	적용되는 수송 프로토콜	응용 (프로토콜) 이름
20, 21	TCP	FTP
23	TCP	Telnet
25	TCP	이메일 (SMTP)
53	TCP/UDP	도메인(DNS)
80	TCP/UDP	웹(HTTP)
110	TCP	이메일 가져오기(POP3)
443	TCP/UDP/SCTP	암호화 웹(HTTPS)
1883	TCP/UDP	MQTT
5683	UDP	CoAP

14 무선 통신 보안 기술에 대한 설명으로 가장 옳지 않은 것은?

① 무선 네트워크 보안 기술에 사용되는 WPA2 기술은 AES/CCMP를 사용한다.
② 무선 네트워크에서는 인증 및 인가, 과금을 위해 RADIUS 프로토콜을 사용할 수 있다.
③ 무선 AP의 SSID값 노출과 MAC 주소 기반 필터링 기법은 공격의 원인이 된다.
④ 무선 네트워크 보안 기술인 WEP(Wired Equivalent Privacy) 기술은 유선 네트워크 수준의 보안성을 제공 하므로 기존의 보안 취약성 문제를 극복했다.

15 서비스 거부 공격(DoS)에 대한 설명으로 가장 옳지 않은 것은?

① 공격자가 임의로 자신의 IP 주소를 속여서 다량으로 서버에 보낸다.
② 대상 포트 번호를 확인하여 17, 135, 137번, UDP 포트 스캔이 아니면, UDP Flooding 공격으로 간주한다.
③ 헤더가 조작된 일련의 IP 패킷 조각들을 전송한다.
④ 신뢰 관계에 있는 두 시스템 사이에 공격자의 호스트를 마치 하나의 신뢰 관계에 있는 호스트인 것처럼 속인다.

Answer 14.④ 15.④

14. WEP(Wired Equivalent Privacy) : 무선랜 표준을 정의하는 IEEE 802.11 규약의 일부분으로 무선 LAN 운용간의 보안을 위해 사용되는 기술로서 유선랜에서 제공하는 것과 유사한 수준의 보안 및 기밀 보호를 무선랜에 제공하기 위하여 Wi-Fi 표준에 정의되어 있는 보안 프로토콜

15 서비스 거부 공격(DoS) : 시스템을 악의적으로 공격해 해당 시스템의 자원을 부족하게 하여 원래 의도된 용도로 사용하지 못하게 하는 공격으로 특정 서버에게 수많은 접속 시도를 만들어 다른 이용자가 정상적으로 서비스 이용을 하지 못하게 한다.

16 윈도우 운영체제에서의 레지스트리(Registry)에 대한 설명으로 가장 옳은 것은?

① 레지스트리 변화를 분석함으로써 악성코드를 탐지할 수 있다.
② 레지스트리는 운영체제가 관리하므로 사용자가 직접 조작할 수 없다.
③ 레지스트리 편집기를 열었을 때 보이는 다섯 개의 키를 하이브(Hive)라고 부른다.
④ HKEY_CURRENT_CONFIG는 시스템에 로그인하고 있는 사용자와 관련된 시스템 정보를 저장한다.

ANSWER 16.①

16 레지스트리(Registry) : 윈도우 운영체제에서 가장 핵심적인 역할을 담당하고 있으며 시스템의 모든 설정 데이터를 모아두는 중앙 저장소로서 레지스트리에는 윈도우가 작동되는 구성값과 설정 그리고 프로그램과 관련된 모든 정보가 저장되어 있다. 따라서 윈도우의 부팅과정에서부터 로그인, 응용프로그램의 실행에 이르기까지 윈도우에서 행해지는 모든 작업이 레지스트리에 기록된 정보를 바탕으로 진행된다.

- 레지스트리의 루트키
  - HKEY_CLASSES_ROOT
    시스템에 등록된 파일 확장자와 그 파일의 어플리케이션 정보에 대해 제공
  - HKEY_CURRENT_USER
    HKEY_USERS의 항목중에서 현재 로그인한 사용자의 항목에 대한 단축경로
  - HKEY_LOCAL_MACHINE
    하드웨어와 소프트웨어의 정보를 저장
  - HKEY_USERS
    시스템에 있는 모든 사용자 정보와 그룹에 관한 정보
  - HKEY_CURRENT_CONFIG
    부팅시 사용되는 소프트웨어와 하드웨어 정보
- 레지스트리 구성
  - 이름 : 레지스트리값의 이름
  - 종류(데이터 유형) : 레지스트리 키에 값을 저장하기 위해 사용하는 데이터 형식
  - 데이터(내용) : 레지스트리 값의 실질적인 내용. 레지스트리 값의 종류에 따라 값의 내용이 정해짐
  - 기본값 : 모든 레지스트리 키가 하나씩 가지고 있는 기본 요소. 응용프로그램은 레지스트리 키에서(기본값)을 통해 다른 값에 접근할 수 있기 때문에 이름이 정해져 있든 없든 기본값을 지워서는 안된다.

17 침입차단시스템에 대한 설명으로 가장 옳은 것은?

① 스크린드 서브넷 구조(Screened Subnet Architecture)는 DMZ와 같은 완충 지역을 포함하며 구축 비용이 저렴하다.
② 스크리닝 라우터 구조(Screening Router Architecture)는 패킷을 필터링하도록 구성되므로 구조가 간단하고 인증 기능도 제공할 수 있다.
③ 이중 네트워크 호스트 구조(Dual-homed Host Architecture)는 내부 네트워크를 숨기지만, 베스천 호스트가 손상되면 내부 네트워크를 보호할 수 없다.
④ 스크린드 호스트 게이트웨이 구조(Screened Host Gateway Architecture)는 서비스 속도가 느리지만, 베스천 호스트에 대한 침입이 있어도 내부 네트워크를 보호할 수 있다.

18 최근 알려진 Meltdown 보안 취약점에 대한 설명으로 가장 옳은 것은?

① CPU가 사용하는 소비 전력 패턴을 사용하여 중요한 키 값이 유출되는 보안 취약점이다.
② CPU의 특정 명령어가 실행될 때 소요되는 시간을 측정하여 해당 명령어와 주요한 키 값이 유출될 수 있는 보안 취약점이다.
③ SSL 설정 시 CPU 실행에 영향을 미쳐 CPU 과열로 인해 오류를 유발하는 보안 취약점이다.
④ CPU를 고속화하기 위해 사용된 비순차적 명령어 처리(Out-of-Order Execution) 기술을 악용한 보안 취약점이다.

Answer 17.③ 18.④

17 ① 스크린드 서브넷 구조(Screened Subnet Architecture) : 스크리닝 라우터들 사이에 듀얼홈드 게이트 웨이가 위치하는 구조로 인터넷 내부와 네트워크 사이에 DMZ라는 네트워크 완충지역 역할을 하는 서브넷을 운영하는 방식
② 스크리닝 라우터 구조(Screening Router Architecture) : 라우터를 이용해 각 인터페이스에 들어오고 나가는 패킷을 필터링하여 내부 서버로의 접근을 가려냄
④ 스크린드 호스트 게이트웨이 구조(Screened Host Gateway Architecture) : 듀얼홈드와 스크리닝 라우터를 결합한 형태. 내부 네트워크에 놓여 있는 베스천 호스트와 외부 네트워크 사이에 스크리닝 라우터를 설치하여 구성하며 패킷 필터링 또는 스크리닝 라우터의 한 포트를 외부 네트워크에 연결, 다른 포트를 네트워크에 연결하는 구조

18 멜트다운(Meltdown) … 각자 격리돼 있는 커널 메모리 운영체계를 교란시켜 응용프로그램이 권한 없는 데이터까지 접근할 수 있도록 하는 방식.
• 멜트다운은 '비순차적 명령어 처리(Out of order execution)' 설계에서부터 발생한다. 비순차적 명령어 처리 방식이란 CPU가 처리 속도를 최적화하기 위해 처리하기 어려운 명령어를 캐시 메모리에 저장해두는 것을 말한다. 기본적인 명령어 처리 방식에선 특정 응용프로그램이 커널 메모리를 통해 내부 메모리 접근을 시도할 때, 커널 메모리는 필요한 데이터에 대해 통로 역할을 해주게 된다. 이는 각 메모리에 대해 권한이 없는 응용프로그램의 접근이 막혀 있다는 뜻이다. 하지만 멜트다운은 비순차적 명령어 처리가 이뤄지는 과정에서 해당 보안 구조가 무너져내리는 상태를 가리킨다.

19 〈보기〉는 TCSEC(Trusted Computer System Evaluation Criteria)에 의하여 보안 등급을 평가할 때 만족해야 할 요건들에 대한 설명이다. 보안 등급이 높은 것부터 순서대로 나열된 것은?

―――――――――〈보기〉―――――――――
㉠ 강제적 접근 제어가 구현되어야 한다.
㉡ 정형화된 보안 정책을 일정하게 유지하여야 한다.
㉢ 사용자가 자신의 파일에 대한 접근 권한을 설정할 수 있어야 한다.

① ㉠ - ㉡ - ㉢
② ㉠ - ㉢ - ㉡
③ ㉡ - ㉠ - ㉢
④ ㉡ - ㉢ - ㉠

ANSWER 19.③

19 TCSEC(Trusted Computer System Evaluation Criteria) … 안전한 컴퓨터 시스템을 위하여 기밀성이 강조된 오렌지 북이라고 불리우는 평가 지침서.
- TCSEC 평가 기준은 미국의 정보보호시스템 평가 표준으로 채택되었고 세계 최초의 보안 시스템 평가기준으로 다른 평가기준의 모체가 되었으며 각 보안 등급을 평가하기 위해 크게 네 가지 범주에 해당하는 요구사항을 가지고 있으며 각각 보안정책, 책임성, 보증, 문서화 등이다.
  - **보안정책**: 정보를 보호하려는 조직을 위한 기본 적인 요구사항으로 임의적 접근제어, 강제적 접근제어, 레이블, 레이블된 정보의 유출, 사람이 읽을수 있는 출력 형태로 레이블, 장치 레이블 등이 있다.
  - **책임성**: 시스템이 DAC와 MAC를 지원하기 위한 기능으로 식별 및 인증, 감사 및 신뢰성 있는 경로 기능 등을 제공한다.
  - **보증**: 시스템의 보안기능이 올바르게 작동하는가를 검사하여 시스템의 신뢰성을 제공하는 요구사항으로 시스템 구조, 시스템의 무결성, 시스템 시험, 설계 명세서 및 검증, 형상관리, 비밀채널의 분석등이 있다.
  - **문서화**: 매우 어렵고 시간이 많이 걸리는 작업이지만 평가를 위해 꼭 필요한 작업이며 문서에는 사용자를 위한 보안 지침서, 관리자를 위한 보안 특성 지침서, 시험문서, 설계문서 등이 있다.

20 정보보호 및 개인정보보호 관리체계인증(ISMS-P)에 대한 설명으로 가장 옳지 않은 것은?

① 정보보호 관리체계 인증만 선택적으로 받을 수 있다.
② 개인정보 제공 시뿐만 아니라 파기 시의 보호조치도 포함한다.
③ 위험 관리 분야의 인증기준은 보호대책 요구사항 영역에서 규정한다.
④ 관리체계 수립 및 운영 영역은 Plan, Do, Check, Act의 사이클에 따라 지속적이고 반복적으로 실행되는지 평가한다.

ANSWER 20.③

20 정보보호 및 개인정보보호 관리체계인증(ISMS-P) … 정보통신망의 안정성 확보 및 개인정보 보호를 위해 조직이 수립한 일련의 조치와 활동이 인증기준에 적합함을 인증기관이 평가하여 인증을 부여하는 제도.

• 인증범위

구분		내용
ISMS-P	정보보호 및 개인정보보호 관리체계 인증	• 정보서비스의 운영 및 보호에 필요한 조직, 물리적 위치, 정보자산 • 개인정보 처리를 위한 수집, 보유, 이용, 제공, 파기에 관여하는 개인정보처리 시스템, 취급자를 포함.
ISMS	정보보호 관리체계인증	• 정보서비스의 운영 및 보호에 필요한 조직, 물리적 위치, 정보자산을 포함

• 관리체계 수립 및 운영 영역은 관리체계 기반 마련, 관리체계 운영, 관리체계 점검 시 개선의 4개 분야 16개 인증 기준으로 구성되어 있으며 관리체계 수립 및 운영은 정보보호 및 개인정보보호 관리체계를 운영하는 동안 Plan, Do, Check, Act의 사이클에 따라 지속적이고 반복적으로 실행되어야 한다.

정보보호론

2020. 6. 13. 제1회 지방직 / 제2회 서울특별시 시행

1 전자 서명(digital signature) 보안 메커니즘이 제공하는 보안 서비스가 아닌 것은?

① 근원 인증
② 메시지 기밀성
③ 메시지 무결성
④ 부인 방지

2 AES(Advanced Encryption Standard)에 대한 설명으로 옳은 것은?

① DES(Data Encryption Standard)를 대신하여 새로운 표준이 된 대칭 암호 알고리즘이다.
② Feistel 구조로 구성된다.
③ 주로 고성능의 플랫폼에서 동작하도록 복잡한 구조로 고안되었다.
④ 2001년에 국제표준화기구인 IEEE가 공표하였다.

ANSWER 1.② 2.①

1 ㉠ 전자 서명(digital signature) : 서명 알고리즘을 통해 송신자는 메시지에 송신자 개인키를 이용해 서명하며 수신자는 메시지와 서명을 받고 송신자의 공개키를 이용해 검증한다.
㉡ 특징 : 무결성, 인증, 부인방지
• 근원 인증 : 전자 서명의 서명자를 누구든지 검증할 수 있음
• 메시지 무결성 : 메시지 전송 중에 메시지의 내용이 부당하게 변경되었는지를 확인해 주는 기능
• 부인 방지 : 서명행위 이후 서명한 사실을 부인할 수 없음

2 AES(Advanced Encryption Standard) 알고리즘 … AES 알고리즘은 DES의 암호화 강도가 점점 약해지면서 새롭게 개발된 알고리즘이다. 기존 DES 알고리즘은 대칭키 암호 방식으로 56비트의 매우 짧은 길이를 가지고 있어 공격에 취약한 약점이 있었다. 안정성 및 알고리즘의 변경 없이도 128비트 암호화 블록, 다양한 키의 길이(128/192/256비트)의 블록 크기로 확장이 가능하며 2000년 10월 최종 선정되었다.

3 침입탐지시스템(IDS)에 대한 설명으로 옳지 않은 것은?

① 호스트 기반 IDS와 네트워크 기반 IDS로 구분한다.
② 오용 탐지 방법은 알려진 공격 행위의 실행 절차 및 특징 정보를 이용하여 침입 여부를 판단한다.
③ 비정상 행위 탐지 방법은 일정 기간 동안 사용자, 그룹, 프로토콜, 시스템 등을 관찰하여 생성한 프로파일이나 통계적 임계치를 이용하여 침입 여부를 판단한다.
④ IDS는 방화벽처럼 내부와 외부 네트워크 경계에 위치해야 한다.

4 RSA 암호 알고리즘에서 두 소수, p = 17, q = 23과 키 값 e = 3을 선택한 경우, 평문 m = 8에 대한 암호문 c로 옳은 것은?

① 121
② 160
③ 391
④ 512

ANSWER 3.④ 4.①

3 침입탐지시스템(IDS) … 네트워크에서 백신과 유사한 역할을 하는 것으로 네트워크를 통한 공격을 탐지하기 위한 장비이다.

4 ㉠ RSA 암호 알고리즘 : 리베스트, 샤미르, 에이들먼이 1977년에 개발한 암호체계로 처음으로 사용화되었고 지금도 널리 쓰이는 대표적인 공개키 암호체계로 안정성은 매우 큰 정수의 소인수 분해가 어렵다는 점에 기반하고 있다.
〈Alice는 Bob이 자신에게 암호문을 보낼 수 있도록 암호화 키와 복호화 키를 구성한다.〉
• 키생성
두 개의 서로 다른 소수 p와 q를 선택하여 곱해 n=pq를 계산
n=17*23
오일러 함수의 값 $\varnothing(pq)=(p-1)(q-1)$과 서로소인 적당한 자연수 e를 선택
e=3
(p-1)(q-1)에 대한 e의 역원 d, 즉 ed=1(mod(p-1)(q-1))을 만족하는 d를 구한다.
Alice는 호제법을 이용하여 d의 값을 간단히 구할 수 있지만 Alice 이외의 사람이 n의 두 소인수 p와 q를 모른 채 d를 알아내기는 거의 불가능하다.
Alice는 n과 e를 공개→공개키
　　　　p, q, d 는 비밀→비밀키
1. p=17과 q=23
2. n=pq=391을 계산
㉡ RSA 암호화/ 복호화
• 암호화
　평문 : m
　암호문 : c = me mod n
• 복호화
　암호문 : c
　평문 : m=cd mod n
c = 8^{3}mod 391 (391 = 17 × 23, n = p × q)
c = 512mod 391 = 121

5 IEEE 802.11i RSN(Robust Security Network)에 대한 설명으로 옳은 것은?

① TKIP는 확장형 인증 프레임워크이다.
② CCMP는 데이터 기밀성 보장을 위해 AES를 CTR 블록 암호 운용 모드로 이용한다.
③ EAP는 WEP로 구현된 하드웨어의 펌웨어 업데이트를 위해 사용한다.
④ 802.1X는 무결성 보장을 위해 CBC-MAC를 이용한다.

6 CC(Common Criteria) 인증 평가 단계를 순서대로 바르게 나열한 것은?

> 가. PP(Protection Profile) 평가
> 나. ST(Security Target) 평가
> 다. TOE(Target Of Evaluation) 평가

① 가→나→다
② 가→다→나
③ 나→가→다
④ 다→나→가

ANSWER 5.② 6.①

5 IEEE 802.11i RSN(Robust Security Network) 보안규격 … 802.1x 기반 인증인 포트 기반 접근제어를 이용해 사용자 인증과 무선 네트워크 접근을 제어하며 802.1x, EAP와 함께 AES를 이용하며 기기가 적법한 기기인지 판단하기 위해 대규모 패스워드, MAC주소, 하드웨어 ID 데이터베이스 등을 관리할 필요가 없다.
  • 인증 : 사용자와 AS 간에 상호 인증, 클라이언트와 AP 간에 사용할 임시키 생성을 정의
  • 접근제어 : 인증기능 사용, 적절한 메시지 라우팅, 키 교환을 통해 구현, 다양한 인증 프로토콜로 구현됨
  • 메시지 무결성을 통한 프라이버시
  ※ 서비스와 프로토콜
    • CBC-MAC : 암호블록 체인 메시지 인증 코드
    • CCM : 암호블록 체인 메시지 인증 코드를 갖는 카운터 모드
    • CCMP : 암호블록 체인 MAC 프로토콜을 갖는 카운터 모드
    • TKIP : 임시 키 무결성 프로토콜
  ※ EAP : 인증을 위해 최적화된 전송 프로토콜로서, MD5, TLS, TTLS 등 다양한 하부 인증 메커니즘을 수용할 수 있도록 확장 기능
  ※ 802.1X : 유무선 네트워크에 대한 인증된 네트워크 접속을 제공하는 IEEE 표준으로 중앙 사용자 ID, 인증, 동적키 관리 및 계정을 지원하며 포트에 기반하여 네트워크 액세스를 제어한다.

6 CC(Common Criteria) 인증 … IT제품의 보안성을 평가하는 기준으로 보안과 관련된 기능성 측면에서 보안성을 평가하는 기준이라 하며 PP, ST, TOE가 평가 대상이다.
  ※ 평가 : 보호프로파일, 보안목표명세서, TOE가 정의된 기준을 만족하는지 사정하는 것
    →보호프로파일과 보안목표명세서가 평가 대상이 되는 이유는 이 문서들이 TOE로 표현되는 평가 대상의 보안 기능성을 정의하고 있으며 PP와 ST가 올바로 정의되어 작성되었는지 먼저 검증하고, 이에 따라 TOE가 정의된 보안 기능성을 구현했는지 검증하는 순서로 평가가 진행

7 SQL 삽입 공격에 대한 설명으로 옳지 않은 것은?

① 사용자 요청이 웹 서버의 애플리케이션을 거쳐 데이터베이스에 전달되고 그 결과가 반환되는 구조에서 주로 발생한다.
② 공격이 성공하면 데이터베이스에 무단 접근하여 자료를 유출하거나 변조시키는 결과가 초래될 수 있다.
③ 사용자의 입력값으로 웹 사이트의 SQL 질의가 완성되는 약점을 이용한 것이다.
④ 자바스크립트와 같은 CSS(Client Side Script) 기반 언어로 사용자 입력을 필터링하는 방법으로 공격에 대응하는 것이 바람직하다.

8 유닉스/리눅스의 파일 접근 제어에 대한 설명으로 옳지 않은 것은?

① 접근 권한 유형으로 읽기, 쓰기, 실행이 있다.
② 파일에 대한 접근 권한은 소유자, 그룹, 다른 모든 사용자에 대해 각각 지정할 수 있다.
③ 파일 접근 권한 변경은 파일에 대한 쓰기 권한이 있으면 가능하다.
④ SetUID가 설정된 파일은 실행 시간 동안 그 파일의 소유자의 권한으로 실행된다.

ANSWER 7.④ 8.③

7 SQL 삽입 공격 … 악의적인 사용자가 보안상의 취약점을 이용하여 임의의 SQL 문을 주입하고 실행되게 하여 데이터베이스가 비정상적인 동작을 하도록 조작하는 행위로, 공격이 비교적 쉬운 편이고 공격에 성공할 경우 큰 피해를 입힐 수 있는 공격이다.

8 파일 접근 권한 보호 … 리눅스는 파일에 무단으로 접근하는 것을 방지하고 보호하는 기능을 제공한다. 사용자는 자신의 파일과 디렉토리 중에서 다른 사용자가 접근해도 되는 것과 그렇지 않은 것을 구분하여 접근 권한을 제한한다.
㉠ 접근 권한의 종류: 읽기, 쓰기, 실행, 권한없음(-)
㉡ 접근 권한의 표기 방법: 파일의 종류, 소유자, 그룹, 기타 사용자
㉢ 특수 접근 권한
  • SetUID : 맨앞자리가 4
  • 해당 파일이 실행되는 동안에는 파일을 실행한 사용자의 권한이 아니라 파일 소유자의 권한으로 실행, passwd가 대표적 설정되면 소유자의 실행권한에 s가 표시

9 IPSec에 대한 설명으로 옳지 않은 것은?

① 전송(transport) 모드에서는 전송 계층에서 온 데이터만을 보호하고 IP 헤더는 보호하지 않는다.
② 인증 헤더(Authentication Header) 프로토콜은 발신지 호스트를 인증하고 IP 패킷으로 전달되는 페이로드의 무결성을 보장하기 위해 설계되었다.
③ 보안상 안전한 채널을 만들기 위한 보안 연관(Security Association)은 양방향으로 통신하는 호스트 쌍에 하나만 존재한다.
④ 일반적으로 호스트는 보안 연관 매개변수들을 보안 연관 데이터베이스에 저장하여 사용한다.

ANSWER 9.③

9 IPSec(Internet Protocol Security) … 모든 트래픽을 IP 계층에서 암호화하거나 무결성을 보호함으로써 상위 계층 패킷에 대한 보안성을 향상시키는 방법으로 응용프로그램과 사용자에게 투명성을 제공하는 네트워크 계층의 보안통신규약이다.
→ 강한 보안성 제공, 방화벽 통과하여 원격지 호스트에 접속하는 것 허용
→ 전송모드
IPSec Header 필드가 IP와 TCP header 사이에 위치하며 전송모드는 IP 패킷의 payload까지만 보호
※ IPSec(Internet Protocol Security) 프로토콜의 구조
  ㉠ 인증헤더(AH)
    • 데이터 무결성과 IP패킷(발신지 인증)의 인증을 제공하며 패킷을 암호화하지 않음
    • 보안 페이로드 캡슐화(ESP) - 기밀성까지 제공
      AH와는 달리 메시지 내용에 대한 기밀성과 관련된 서비스를 제공, 옵션에 따라 AH와 동일한 인증 서비스를 할 수 있음
  ㉡ 키관리 프로토콜 : IPSec을 위한 SA을 생성하며, 그에 따른 키 관리를 수행하는 복합 프로토콜
  ㉢ 보안 연관(Security Association) : IPSec으로 통신하기 전에 단말 간 가상의 연결이 필요하며 IPSec을 사용하는 노드 간 필요한 값을 주고받기 위해 연결된 논리적 선로이며 보안 연관(Security Association)은 단방향이기 때문에 노드가 양방향 통신을 한다면 두 개의 보안 연관(Security Association)이 연결되어야 한다.

10 「클라우드컴퓨팅 발전 및 이용자 보호에 관한 법률」제25조(침해사고 등의 통지 등), 제26조(이용자 보호 등을 위한 정보 공개), 제27조(이용자 정보의 보호)에 명시된 것으로 옳지 않은 것은?

① 클라우드컴퓨팅서비스 제공자는 이용자 정보가 유출된 때에는 즉시 그 사실을 과학기술정보통신부장관에게 알려야 한다.
② 이용자는 클라우드컴퓨팅서비스 제공자에게 이용자 정보가 저장되는 국가의 명칭을 알려 줄 것을 요구할 수 있다.
③ 클라우드컴퓨팅서비스 제공자는 법원의 제출명령이나 법관이 발부한 영장에 의하지 아니하고는 이용자의 동의 없이 이용자 정보를 제3자에게 제공하거나 서비스 제공 목적 외의 용도로 이용할 수 없다. 클라우드컴퓨팅서비스 제공자로부터 이용자 정보를 제공받은 제3자도 또한 같다.
④ 클라우드컴퓨팅서비스 제공자는 이용자와의 계약이 종료되었을 때에는 이용자에게 이용사 정보를 반환하여야 하고 클라우드컴퓨팅서비스 제공자가 보유하고 있는 이용자 정보를 파기할 수 있다.

11 인증기관이 사용자의 공개키에 대한 인증을 수행하기 위해 X.509 형식의 인증서를 생성할 때 서명에 사용하는 키는?

① 인증기관의 공개키
② 인증기관의 개인키
③ 사용자의 개인키
④ 인증기관과 사용자 간의 세션키

ANSWER 10.④ 11.②

10 ④ 클라우드컴퓨팅서비스 제공자는 이용자와의 계약이 종료되었을 때에는 이용자에게 이용자 정보를 반환하여야 하고 클라우드컴퓨팅서비스 제공자가 보유하고 있는 이용자 정보를 파기하여야 한다〈「클라우드컴퓨팅 발전 및 이용자 보호에 관한 법률」제27조 제3항 전단〉.
① 제25조 제2항 ② 제26조 제2항 ③ 제27조 제1항

11 ㉠ 인증기관(CA : Certificate Authority) : 지정된 신뢰기관으로 사용자의 공개키에 전자서명을 수행하여 인증서를 발급하는 기관
㉡ 인증서 전자 서명 생성
• 메시지(공개키)를 지정된 해시 알고리즘으로 암호화→메시지 다이제스트(Message Digest) 생성
• 생성된 메시지 다이제스트를 인증기관(CA)의 개인키로 암호화→전자 서명
㉢ 공개키(public key) : 지정된 인증기관에 의해 제공되는 키 값으로서 이 공개키로부터 개인키와 함께 결합되어 메시지 및 전자서명의 암호화와 복원에 효과적으로 사용
• 공개키와 개인키를 결합하는 방식은 비대칭 암호작성법이라 한다.
• 공개키를 사용하는 시스템을 공개키 기반구조(PKI)라고 한다.
㉣ 개인키(private or secret key) : 암호 작성 및 해독기법에서, 개인키란 암호/복호를 위해 비밀 메시지를 교환하는 당사자만이 알고 있는 키
㉤ x.509 : 공개키 인증서와 인증 알고리즘의 표준 가운데에서 공개키 기반(pki)의 ITU-T 표준이다.

12 하이브리드 암호 시스템에 대한 설명으로 옳지 않은 것은?

① 메시지는 대칭 암호 방식으로 암호화한다.
② 일반적으로 대칭 암호에 사용하는 세션키는 의사 난수 생성기로 생성한다.
③ 생성된 세션키는 무결성 보장을 위하여 공개키 암호 방식으로 암호화한다.
④ 메시지 송신자와 수신자가 사전에 공유하고 있는 비밀키가 없어도 사용할 수 있다.

13 해시함수의 충돌저항성을 위협하는 공격 방법은?

① 생일 공격
② 사전 공격
③ 레인보우 테이블 공격
④ 선택 평문 공격

ANSWER 12.③ 13.①

12 하이브리드 암호 시스템
- 대칭 암호와 공개키 암호의 장점을 조합한 방법
- 메시지의 기밀성 : 고속의 대칭 암호
- 대칭 암호 키의 기밀성 : 공개 키 암호

13 충돌저항성 … 해시 값의 충돌은 앞서 말했던 것처럼 서로 다른 메시지들이 같은 해시 값을 내는 것 또는 그러한 메시지들을 말한다.
→ 충돌찾기
충돌 찾는 게 더 빠름 → 생일 공격(birthday attack)
N개의 메시지와 그 만큼의 해시 값이 주어졌을 때, 두 해시 값의 쌍들을 점검해서 최대 N × (N-1) / 2개의 잠재적 충돌을 만들 수 있다.
→ 생일 공격으로 충돌을 찾는 가장 간단한 방법이지만 상당히 많은 메모리가 필요하다.
② **사전 공격**(Dictionary attack) : 패스워드 공격 방법의 하나로 비밀키 암호 알고리즘의 키를 사용할 경우 적용 가능한 공격 방법
③ **레인보우 테이블 공격**(Rainbow Table Attack) : 해시 테이블과 R함수의 반복 수행을 통해 일치하는 해시 값으로 비밀번호를 찾는 패스워드 크래킹 방법
④ **선택 평문 공격**(Chosen Plaintext Attack) : 암호 분석가가 임의로 선택한 평문과 그것에 대응한 암호문에서 암호 키를 알아내기 위해 시도하는 공격

14 블록 암호 운용 모드에 대한 설명으로 옳지 않은 것은?

① CFB는 블록 암호화를 병렬로 처리할 수 없다.
② ECB는 IV(Initialization Vector)를 사용하지 않는다.
③ CBC는 암호문 블록에 오류가 발생한 경우 복호화 시 해당 블록만 영향을 받는다.
④ CTR는 평문 블록마다 서로 다른 카운터 값을 사용하여 암호문 블록을 생성한다.

15 「개인정보 보호법」상 공개된 장소에 고정형 영상정보처리기기를 설치·운영할 수 있는 경우가 아닌 것은? [기출변형]

① 범죄의 예방 및 수사를 위하여 필요한 경우
② 공공기관의 장이 허가한 경우
③ 교통정보의 수집·분석 및 제공을 위하여 정당한 권한을 가진 자가 설치·운영하는 경우
④ 시설의 안전 및 관리, 화재 예방을 위하여 정당한 권한을 가진 자가 설치·운영하는 경우

ANSWER 14.③ 15.②

14 블록 암호의 운용 모드
- ECB(전자코드북) : 가장 단순하며 기본적인 모드
- 암호화하려는 메시지를 여러 블록으로 나누어 각각 암호화 하는 방식
- CBC(암호블록체인) : 가장 보안성이 높은 모드로 가장 많이 사용
- 각 블록은 암호화되기 전에 이전 블록의 암호화한 결과가 XOR되며, 첫 블록의 경우에는 초기화 벡터가 사용됨.
- CFB(암호 피드백) : CBC의 변형인 모드로 동일 평문이 동일한 암호문이 되지 않도록 하며, 블록 암호가 스트링 암호처럼 구성하여 평문과 암호문의 길이가 같다(==패딩이 필요 없음).
- CBC와 마찬가지로 암호화는 순차적이고 복호화는 병렬적으로 처리 가능
- OFB(암호 피드백) : 암호 알고리즘의 출력을 암호 알고리즘의 입력으로 피드백
- 블록 암호가 스트링 암호처럼 구성하여 평문과 암호문의 길이가 같다(==패딩이 필요 없음).
- 암호화 방법과 복호화 방법이 동일하기 때문에 암호문을 한번 더 암호화 하면 평문이 나온다(복호화 시 암호화).
- CTR(카운터) : OFB와 같이 블록 암호를 스트림 암호처럼 사용하기 위한 목적으로 사용(==패딩이 필요 없음. 암호화와 복호화가 같은 구조)

15 개인정보보호법 제25조(고정형 영상정보처리기기의 설치·운영제한) 제1항…누구든지 다음 각 호의 경우를 제외하고는 공개된 장소에 고정형 영상정보처리 기기를 설치·운영하여서는 아니 된다.
1. 법령에서 구체적으로 허용하고 있는 경우
2. 범죄의 예방 및 수사를 위하여 필요한 경우
3. 시설의 안전 및 관리, 화재 예방을 위하여 정당한 권한을 가진 자가 설치·운영하는 경우
4. 교통단속을 위하여 정당한 권한을 가진 자가 설치·운영하는 경우
5. 교통정보의 수집·분석 및 제공을 위하여 정당한 권한을 가진 자가 설치·운영하는 경우
6. 촬영된 영상정보를 저장하지 아니하는 경우로서 대통령령으로 정하는 경우

16 SMTP 클라이언트가 SMTP 서버의 특정 사용자를 확인함으로써 계정 존재 여부를 파악하는 데 악용될 수 있는 명령어는?

① HELO
② MAIL FROM
③ RCPT TO
④ VRFY

17 다음 법 조문의 출처는?

> 제47조(정보보호 관리체계의 인증) ① 과학기술정보통신부장관은 정보통신망의 안정성·신뢰성 확보를 위하여 관리적·기술적·물리적 보호조치를 포함한 종합적 관리체계(이하 "정보보호 관리체계"라 한다)를 수립·운영하고 있는 자에 대하여 제4항에 따른 기준에 적합한지에 관하여 인증을 할 수 있다.

① 국가정보화 기본법
② 개인정보 보호법
③ 정보통신망 이용촉진 및 정보보호 등에 관한 법률
④ 정보통신산업진흥법

ANSWER 16.④ 17.③

16 SMTP(Simple Mail Transfer Protocol) … 인터넷상에서 전자우편을 전송할 때 이용하게 되는 표준 통신 규약
  ④ VRFY : SMTP 클라이언트가 SMTP 서버에 특정 아이디에 대한 메일이 있는지 검증하기 위해 보내는 명령어
  ① HELO : SMTP 세션을 초기화하고 식별할 수 있는 데이터를 교환함.
  ② MAIL FROM : 송신자의 메일 주소를 통지
  ③ RCPT TO : 수신자 메일 주소 통지

17 정보통신망 이용촉진 및 정보보호 등에 관한 법률 제1조(목적) … 이 법은 정보통신망의 이용을 촉진하고 정보통신서비스를 이용하는 자를 보호함과 아울러 정보통신망을 건전하고 안전하게 이용할 수 있는 환경을 조성하여 국민생활의 향상과 공공복리의 증진에 이바지함을 목적으로 한다.

18 위조된 출발지 주소에서 과도한 양의 TCP SYN 패킷을 공격 대상 시스템으로 전송하는 서비스 거부 공격에 대응하기 위한 방안의 하나인, SYN 쿠키 기법에 대한 설명으로 옳은 것은?

① SYN 패킷이 오면 세부 정보를 TCP 연결 테이블에 기록한다.
② 요청된 연결의 중요 정보를 암호화하고 이를 SYN-ACK 패킷의 응답(acknowledgment) 번호로 하여 클라이언트에게 전송한다.
③ 클라이언트가 SYN 쿠키가 포함된 ACK 패킷을 보내오면 서버는 세션을 다시 열고 통신을 시작한다.
④ TCP 연결 테이블에서 연결이 완성되지 않은 엔트리를 삭제하는 데까지의 대기 시간을 결정한다.

19 ISO/IEC 27001:2013 보안관리 항목을 PDCA 모델에 적용할 때, 점검(check)에 해당하는 항목은?

① 성과평가(performance evaluation)
② 개선(improvement)
③ 운영(operation)
④ 지원(support)

ANSWER 18.③ 19.①

18 SYN 쿠키 기법
• 클라이언트에서 연결 요청이 있을 경우 SYN/ACK 패킷에 특별한 쿠키 값을 담아 보낸다.
• ACK이 올 경우 쿠키값을 검증하여 제대로 된 값인 경우 연결을 형성한다.

19 PDCA 모델 … 일반적으로 업무현장에서 Plan(계획), Do(실행), Check(평가), Action(개선)을 반복함으로써, 생산 관리 및 품질 관리 등의 업무를 지속적으로 개선해 나가는 방법
• Plan(계획) : 목표를 설정하고 업무 계획을 작성하는 단계
• Do(실행) : P단계에서 세운 계획을 실제로 해 보는 단계
• Check(평가) : 계획에 따라 실행되어 있었는지 평가하는 단계
• Action(개선) : 실시 결과를 검토하고 업무 개선을 할 단계
→ P로 계획하고 D에서 테스트한 결과를 C로 평가하고 마지막 A에서 실행

20 다음에서 설명하는 블록체인 합의 알고리즘은?

- 비트코인에서 사용하는 방식이 채굴 경쟁으로 과도한 자원 소비를 발생시킨다는 문제를 해결하기 위한 대안으로 등장하였다.
- 채굴 성공 기회를 참여자에 따라 차등적으로 부여한다.
- 다수결로 의사 결정을 해서 블록을 추가하는 방식이 아니므로 불특정 다수가 참여하는 환경에서 유효하다.

① Paxos
② PoW(Proof of Work)
③ PoS(Proof of Stake)
④ PBFT(Practical Byzantine Fault Tolerance)

Answer 20.③

20 ㉠ 지분증명_PoS(Proof of Stake) : 암호화폐를 보유한 지분율에 비례하여 의사결정 권한을 주는 합의 알고리즘으로 노드가 보유한 자산을 기준으로 권한을 분배하여 합의하고 보상을 분배한다.
㉡ 작업증명_PoW(Proof of Work) : 블록체인 시스템에서 가장 보편적으로 사용하는 합의 알고리즘

정보보호론 — 2020. 7. 11. 인사혁신처 시행

1 정보보호 위험관리에 대한 설명으로 옳지 않은 것은?

① 자산은 조직이 보호해야 할 대상으로 정보, 하드웨어, 소프트웨어, 시설 등이 해당한다.
② 위험은 자산에 손실이 발생할 가능성과 관련되어 있으나 이로 인한 부정적인 영향을 미칠 가능성과는 무관하다.
③ 취약점은 자산이 잠재적으로 가진 약점을 의미한다.
④ 정보보호대책은 위협에 대응하여 자산을 보호하기 위한 관리적, 기술적, 물리적 대책을 의미한다.

2 공개키 암호화에 대한 설명으로 옳지 않은 것은?

① ECC(Elliptic Curve Cryptography)와 Rabin은 공개키 암호 방식이다.
② RSA는 소인수 분해의 어려움에 기초를 둔 알고리즘이다.
③ 전자서명 할 때는 서명하는 사용자의 공개키로 암호화한다.
④ ElGamal은 이산대수 문제의 어려움에 기초를 둔 알고리즘이다.

ANSWER 1.② 2.③

1 ㉠ 위험관리(Risk Management) : 조직의 자산에 대한 위험을 감수할 수 있는 수준으로 유지하기 위하여 자산에 대한 위험을 분석하고 이러한 위험으로부터 자산을 보호하기 위한 비용 대비 효과적인 보호대책을 마련하는 일련의 과정
㉡ 위험(risk) : 원하지 않는 사건이 발생하여 손실 또는 부정적인 영향을 미칠 가능성

2 전자서명 … 암호기술의 인증기능을 이용해 전자문서에 서명이 가능하게 하는 것

3 X.509 인증서 형식 필드에 대한 설명으로 옳은 것은?

① Issuer name – 인증서를 사용하는 주체의 이름과 유효기간 정보
② Subject name – 인증서를 발급한 인증기관의 식별 정보
③ Signature algorithm ID – 인증서 형식의 버전 정보
④ Serial number – 인증서 발급 시 부여된 고유번호 정보

4 일방향 해시함수를 사용하여 비밀번호를 암호화할 때 salt라는 난수를 추가하는 이유는?

① 비밀번호 사전공격(Dictionary attack)에 취약한 문제를 해결할 수 있다.
② 암호화된 비밀번호 해시 값의 길이를 줄일 수 있다.
③ 비밀번호 암호화의 수행 시간을 줄일 수 있다.
④ 비밀번호의 복호화를 빠르게 수행할 수 있다.

ANSWER 3.④ 4.①

3 X.509 … 1988sus ITU-T에 의해 표준으로서 제안된 공개키 인증서 형식으로 전자서명을 위한 인증서에 대한 기본 형식을 정의한 규격
① Issuer name – 발행자의 이름
② Subject name – 소유자의 이름
③ Signature algorithm ID – 서명 알고리즘 식별자

4 ㉠ 일방향 해시함수 : 무결성을 확인하기 위한 방법으로서 메시지의 내용이 변조되지 않았다는 것을 보장하는 것
• 해시함수 : 수학적인 연산을 통해 원본 메시지를 변환하여 암호화된 메시지인 다이제스트를 생성하는 기법
• 일방향성 : 원본 메시지를 알면 암호화된 메시지를 구하기는 쉽지만 암호화된 메시지로는 원본 메시지를 구할 수 없는 것
㉡ 솔트(salt) : 소금을 친다라는 의미로 해시함수로 도출된 데이터에 특정한 값을 추가하여 보안성을 한층 더 강화하는 기법으로 일방향 해시함수도 솔트(salt)값 없이 저장한다면 공격자에게 쉽게 보안 노출이 가능하여 솔트(salt)값의 추가 여부에 따라서 패스워드의 노출 가능서이 크게 차이가 남

5 윈도우 운영체제에서 TPM(Trusted Platform Module)에 대한 설명으로 옳지 않은 것은?

① TPM의 공개키를 사용하여 플랫폼 설정정보에 서명함으로써 디지털 인증을 생성한다.
② TPM은 신뢰 컴퓨팅 그룹(Trusted Computing Group)에서 표준화된 개념이다.
③ TPM은 키 생성, 난수 발생, 암복호화 기능 등을 포함한 하드웨어 칩 형태로 구현할 수 있다.
④ TPM의 기본 서비스에는 인증된 부트(authenticated boot), 인증, 암호화가 있다.

6 키 k에 대한 블록 암호 알고리즘 E_k, 평문블록 M_i, Z_0는 초기벡터, $Z_i = E_k(Z_{i-1})$가 주어진 경우, 이때 i = 1, 2, ..., n에 대해 암호블록 C_i를 $C_i = Z_i \oplus M_i$로 계산하는 운영모드는? (단, ⊕는 배타적 논리합이다)

① CBC ② ECB
③ OFB ④ CTR

7 정보보호 시스템 평가 기준에 대한 설명으로 옳은 것은?

① ITSEC의 레인보우 시리즈에는 레드 북으로 불리는 TNI(Trusted Network Interpretation)가 있다.
② ITSEC은 None부터 B2까지의 평가 등급으로 나눈다.
③ TCSEC의 EAL2 등급은 기능시험 결과를 의미한다.
④ TCSEC의 같은 등급에서는 뒤에 붙는 숫자가 클수록 보안 수준이 높다.

ANSWER 5.① 6.③ 7.④

5 TPM(Trusted Platform Module) … 암호화된 키, 패스워드, 디지털 인증서 등을 저장하는 안전한 저장 공간을 제공하는 보안 모듈

6 블록 암호 운영 모드 … 긴 평문을 전부 암호화하기 위해서 블록 암호 알고리즘을 반복 사용해야 하는데 반복 사용하는 방법을 블록 암호의 모드라고 한다.
① CBC : 암호화 알고리즘의 결과를 평문 블록과 XOR 하고 나서 암호화를 수행
② ECB : 평문 블록을 암호화한 것을 그대로 암호 블록으로 사용
③ OFB : 출력 피드백 모드로 평문 블록과 암호 알고리즘의 출력을 XOR 해서 암호문 블록을 만듦
④ CTR : 1씩 증가하는 카운터를 암호화해서 키 스트림을 만드는 스트림 암호

7 TCSEC 평가기준
• 미국의 정보보호 시스템 평가표준으로 채택되었고 세계 최초의 보안 시스템 평가기준으로 다른 평가 기준의 모체
• TCSEC는 D, C, B, A의 네 등급으로 분류하며 세부적으로는 D, C1, C2, B1, B2, B3, A1의 등급으로 나눈다. A등급이 가장 높은 보안 등급이며 D등급은 보안에 대한 요구사항이 없는 최소한의 보안 등급을 의미한다.

8 SSL(Secure Socket Layer)의 Handshake 프로토콜에서 클라이언트와 서버 간에 논리적 연결 수립을 위해 클라이언트가 최초로 전송하는 ClientHello 메시지에 포함되는 정보가 아닌 것은?

① 세션 ID
② 클라이언트 난수
③ 압축 방법 목록
④ 인증서 목록

9 소수 p = 13, 원시근 g = 2, 사용자 A와 B의 개인키가 각각 3, 2일 때, Diffie-Hellman 키 교환 알고리즘을 사용하여 계산한 공유 비밀키는?

① 6
② 8
③ 12
④ 16

ANSWER 8.④ 9.③

8 ㉠ SSL(Secure Socket Layer): 1994년 넷스케이프사의 웹브라우저를 위한 보안 프로토콜로 처음 제안
㉡ Handshake Protocol: SSL 프로토콜에서 가장 복잡한 부분으로 클라이언트와 서버의 상호 인증, 암호 알고리즘, 암호 키, MAC 알고리즘 등의 속성을 사전 합의

9 ㉠ 디피 헬만 키 교환 방식: 1976년 Diffie와 Hellman이 개발한 최초의 공개키 알고리즘으로써 제한된 영역에서 멱의 계산에 비하여 이산대수로그 문제의 계산이 어렵다는 이론에 기초를 둔다. 이 알고리즘은 메세지를 암/복호화하는 데 사용되는 알고리즘이 아니라 암/복호화를 위해 사용되는 키의 분배 및 교환에 주로 사용되는 알고리즘이다.
㉡ A와 B의 개인키가 각각 3, 2를 사용하여 비밀키 공유
g^{ab} mod p = 2^{23} mod 13 = 26 mod 13 = 12
(mod는 나머지를 구하는 함수이므로 몫은 4이고 나머지는 12이므로 답은 12이다.)

10 「개인정보 보호법」상 기본계획에 대한 조항의 일부이다. ㉠, ㉡에 들어갈 내용을 바르게 연결한 것은?

> 제9조(기본계획)
> ① 보호위원회는 개인정보의 보호와 정보주체의 권익 보장을 위하여 (㉠)년마다 개인정보 보호 기본계획(이하 "기본계획"이라 한다)을 관계 중앙행정기관의 장과 협의하여 수립한다.
> ② 기본계획에는 다음 각 호의 사항이 포함되어야 한다.
>   1. 개인정보 보호의 기본목표와 추진방향
>   2. 개인정보 보호와 관련된 제도 및 법령의 개선
>   3. 개인정보 침해 방지를 위한 대책
>   4. (㉡   )
>   5. 개인정보 보호 교육·홍보의 활성화
>   6. 개인정보 보호를 위한 전문인력의 양성
>   7. 그 밖에 개인정보 보호를 위하여 필요한 사항

	㉠	㉡
①	1	개인정보 보호 자율규제의 활성화
②	3	개인정보 보호 자율규제의 활성화
③	1	개인정보 활용·폐지를 위한 계획
④	3	개인정보 활용·폐지를 위한 계획

ANSWER 10.②

10 개인정보 보호법 제9조(기본계획)
① 보호위원회는 개인정보의 보호와 정보주체의 권익 보장을 위하여 3년마다 개인정보 보호 기본계획(이하 "기본계획"이라 한다)을 관계 중앙행정기관의 장과 협의하여 수립한다.
② 기본계획에는 다음 각 호의 사항이 포함되어야 한다.
  1. 개인정보 보호의 기본목표와 추진방향
  2. 개인정보 보호와 관련된 제도 및 법령의 개선
  3. 개인정보 침해 방지를 위한 대책
  4. 개인정보 보호 자율규제의 활성화
  5. 개인정보 보호 교육·홍보의 활성화
  6. 개인정보 보호를 위한 전문인력의 양성
  7. 그 밖에 개인정보 보호를 위하여 필요한 사항
③ 국회, 법원, 헌법재판소, 중앙선거관리위원회는 해당 기관(그 소속 기관을 포함한다)의 개인정보 보호를 위한 기본계획을 수립·시행할 수 있다.

11 NIST의 AES(Advanced Encryption Standard) 표준에 따른 암호화 시 암호키(cipher key) 길이가 256비트일 때 필요한 라운드 수는?

① 8
② 10
③ 12
④ 14

12 IPsec의 ESP(Encapsulating Security Payload)에 대한 설명으로 옳지 않은 것은?

① 인증 기능을 포함한다.
② ESP는 암호화를 통해 기밀성을 제공한다.
③ 전송 모드의 ESP는 IP 헤더를 보호하지 않으며, 전송계층으로부터 전달된 정보만을 보호한다.
④ 터널 모드의 ESP는 Authentication Data를 생성하기 위해 해시 함수와 공개키를 사용한다.

ANSWER 11.④ 12.④

11 AES(Advanced Encryption Standard) … 고급 암호화 표준(Advanced Encryption Standard)이라고 불리는 AES 암호 알고리즘은 DES를 대체한 암호 알고리즘이며 암호화와 복호화 과정에서 동일한 키를 사용하는 대칭 키 알고리즘이다. DES에 비해서 키 사이즈가 자유롭다. 즉, 가변 길이의 블록과 가변 길이의 키 사용이 가능하다.(128bit, 192bit, 256bit)

	key length	block length	number of rounds
AES-128	4	4	10
AES-192	6	4	12
AES-256	8	4	14

12 ㉠ IPsec : 통신 세션의 각 IP 패킷을 암호화하고 인증하는 안전한 인터넷 프로토콜(IP) 통신을 위한 OSI 3계층 보안 프로토콜
㉡ ESP(Encapsulating Security Payload)
 • 전송 모드 : IP 페이로드와 ESP 트레일러를 암호화하고 암호화된 데이터와 ESP 헤더를 인증

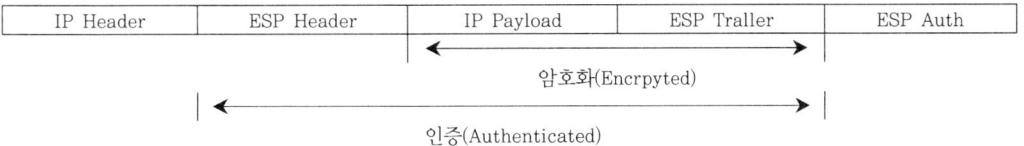

 • 터널 모드 : 원본 IP 패킷 전체와 ESP 트레일러를 암호화하고 암호화된 데이터와 ESP 헤더를 인증

13 네트워크나 컴퓨터 시스템의 자원 고갈을 통해 시스템 성능을 저하시키는 공격에 해당하는 것만을 모두 고르면?

> ㉠ Ping of Death 공격　　　　　㉡ Smurf 공격
> ㉢ Heartbleed 공격　　　　　　㉣ Sniffing 공격

① ㉠, ㉡
② ㉠, ㉢
③ ㉡, ㉢
④ ㉡, ㉣

ANSWER 13.①

13 ㉠ Ping of Death 공격 : ICMP 패킷의 크기를 정상적인 크기보다 크게 만들어 전송하는 공격
　㉡ Smurf 공격 : 웜이 네트워크를 공격할 때 많이 사용하는 것으로 ICMP 패킷 이용
　㉢ Heartbleed 공격 : OpenSSL버전에서 클라이언트와 웹서버 간 암호화 통신이 제대로 이뤄지는지 검증하기 위해 사용되는 프로토콜인 하트비트(HeartBeat)에서 발견된 취약점
　㉣ Sniffing 공격 : (소극적 공격)네트워크의 중간에서 남의 패킷 정보를 도청하는 해킹 유형의 하나로 수동적 공격에 해당하며 도청할 수 있도록 설치되는 도구를 스니퍼라고 한다.
　※ 네트워크 공격 종류
　　• 네트워크 공격 : 네트워크 패킷 도/감청
　　　종류) 스니핑, 스푸핑, 세션 하이재킹
　　• 서비스거부 공격 : 서버의 자원을 소비시켜 시스템을 다운
　　　종류) SYN Flooding, UDP Flooding, Land 공격, Ping of Death, Smurf 공격, Tear Drop, Tiny Fragment 공격, Fragment overlap 공격
　　• 네트워크 스캐닝 공격 : 공격 전 취약점 파악
　　　종류) TCP Scan, UDP Scan

14 다음 설명에 해당하는 위험분석 및 평가 방법을 옳게 짝 지은 것은?

> ㉠ 전문가 집단의 토론을 통해 정보시스템의 취약성과 위협 요소를 추정하여 평가하기 때문에 시간과 비용을 절약할 수 있지만, 정확도가 낮다.
> ㉡ 이미 발생한 사건이 앞으로 발생한다는 가정하에 수집된 자료를 통해 위험 발생 가능성을 예측하며, 자료가 많을수록 분석의 정확도가 높아진다.
> ㉢ 어떤 사건도 기대하는 대로 발생하지 않는다는 사실에 근거하여 일정 조건에서 위협에 대해 발생 가능한 결과들을 예측하며, 적은 정보를 가지고 전반적인 가능성을 추론할 수 있다.

	㉠	㉡	㉢
①	순위 결정법	과거자료 분석법	기준선 접근법
②	순위 결정법	점수법	기준선 접근법
③	델파이법	과거자료 분석법	시나리오법
④	델파이법	점수법	시나리오법

ANSWER 14.③

14 ③ 정성적 위험분석 및 평가 방법 중 델파이법과 시나리오법, 정량적 위험분석 및 평가 방법 중 과거자료 분석법에 대한 설명이다.

15 「정보통신망 이용촉진 및 정보보호 등에 관한 법률 시행령」 제19조(국내대리인 지정 대상자의 범위)에 명시된 자가 아닌 것은?

① 전년도(법인인 경우에는 전(前) 사업연도를 말한다) 매출액이 1,000억 원 이상인 자
② 정보통신서비스 부문 전년도(법인인 경우에는 전 사업연도를 말한다) 매출액이 100억 원 이상인 자
③ 전년도(법인인 경우에는 전(前) 사업연도를 말한다) 매출액이 1조 원 이상인 자
④ 이 법을 위반하여 정보통신서비스 이용의 안전성을 현저히 해치는 사건·사고가 발생하였거나 발생할 가능성이 있는 경우로서 법 제64조 제1항에 따라 방송통신위원회로부터 관계 물품·서류 등을 제출하도록 요구받은 자

16 커버로스(Kerberos) 프로토콜에 대한 설명으로 옳지 않은 것은?

① 양방향 인증방식의 문제점을 보완하여 신뢰하는 제3자 인증 서비스를 제공한다.
② 사용자의 패스워드를 추측하거나 캡처하지 못하도록 일회용 패스워드를 제공한다.
③ 버전 5에서는 이전 버전과 달리 DES가 아닌 다른 암호 알고리즘을 사용할 수 있다.
④ 클라이언트는 사용자의 식별정보를 평문으로 인증 서버(Authentication Server)에 전송한다.

ANSWER 15.① 16.②

15 정보통신망 이용촉진 및 정보보호 등에 관한 법률 시행령 제19조(국내대리인 지정 대상자의 범위)
　① 법 제32조의5 제1항에서 "대통령령으로 정하는 기준에 해당하는 자"란 다음 각 호의 어느 하나에 해당하는 자를 말한다.
　　1. 전년도[법인인 경우에는 전(前) 사업연도를 말한다] 매출액이 1조원 이상인 자
　　2. 정보통신서비스 부문 전년도(법인인 경우에는 전 사업연도를 말한다) 매출액이 100억 원 이상인 자
　　3. 삭제
　　4. 이 법을 위반하여 정보통신서비스 이용의 안전성을 현저히 해치는 사건·사고가 발생하였거나 발생할 가능성이 있는 경우로서 법 제64조 제1항에 따라 방송통신위원회로부터 관계 물품·서류 등을 제출하도록 요구받은 자
　② 제1항 제1호 및 제2호에 따른 매출액은 전년도(법인인 경우에는 전 사업연도를 말한다) 평균환율을 적용하여 원화로 환산한 금액을 기준으로 한다.

16 커버로스(Kerberos) 프로토콜 … MIT에서 개발한 분산 환경에서 개체 인증 서비스를 제공하는 네트워크 인증 시스템으로 사용자가 서버의 인증을 얻기 위해서 티켓이라는 인증값을 사용한다.
　공개키 암호 방식을 전혀 사용하지 않고 대칭키 암호 방식만 사용하여 신뢰된 티켓 발급 서버를 이용하여 인증을 한다.
　㉠ 장점 : 커버로스는 당사자와 당사자가 인증을 요청하는 서비스 간의 통신 내용을 암호화 키 및 암호 프로세스를 이용하여 보호하기 때문에 데이터의 기밀성과 무결성을 보장할 수 있다.
　㉡ 단점 : 커버로스는 패스워드 추측 공격에 취약하며, 사용자 패스워드를 바꾸며 비밀키도 변경해야 하는 번거로움이 있다.

17 다음 설명에 해당하는 악성코드 분석도구를 옳게 짝 지은 것은?

> ⊙ 가상화 기술 기반으로 악성코드의 비정상 행위를 유발하는 실험과정에서 발생할 수 있는 분석시스템으로의 침해를 방지하여 통제된 환경과 분석 기능을 제공한다.
> ⓒ 악성코드의 행위를 추출하기 위해 실제로 해당 코드를 실행함으로써 발생하는 비정상 행위 혹은 시스템 동작 환경의 변화를 살펴볼 수 있는 동적 분석 기능을 제공한다.

	⊙	ⓒ
①	Sandbox	Process Explorer
②	Sandbox	Burp Suite
③	Blackbox	IDA Pro
④	Blackbox	OllyDBG

ANSWER 17.①

17 ⊙ 악성코드
- 악의적인 동작을 실시하기 위해서 개발한 프로그램/실행파일
- 일반적으로 EXE 실행파일로 배포가 되거나 스크립트를 포함한 문서형 파일로 배포

ⓒ 악성코드 배포 목적: 공공기관, 국가기관, 민간기업, 학교 등 기밀 정보를 탈취하기 위해서 배포

ⓒ 악성코드 분석도구
- Sandbox : 악성코드 분석(초기 분석도구)
- Process Explorer : 실행 중인 프로세스에 대한 정보확인 및 실시간으로 변화하는 프로세스 상태, 상하위 관계 모니터링(동적분석도구)
- OllyDBG : 악성 코드 파일을 실행하고 상세하게 분석하는 방법으로 고급 정적 분석 내용을 기반으로 디버거를 통하여 동작하는 악성 코드의 내부 상태를 파악하는 방법(고급 동적 분석)
- IDA : 악성 코드 파일을 실행하지 않고, 상세하게 분석하는 방법(고급 정적 분석)

18 윈도우 운영체제의 계정 관리에 대한 설명으로 옳은 것은?

① 'net accounts guest /active:no' 명령은 guest 계정을 비활성화한다.
② 'net user' 명령은 시스템 내 사용자 계정정보를 나열한다.
③ 'net usergroup' 명령은 시스템 내 사용자 그룹정보를 표시한다.
④ 컴퓨터/도메인에 모든 접근권한을 가진 관리자 그룹인 'Admin'이 기본적으로 존재한다.

19 임의적 접근 통제(Discretionary Access Control) 모델에 대한 설명으로 옳은 것은?

① 주체가 소유권을 가진 객체의 접근 권한을 다른 사용자에게 부여할 수 있으며, 사용자 신원에 따라 객체의 접근을 제한한다.
② 주체와 객체가 어떻게 상호 작용하는지를 중앙 관리자가 관리하며, 사용자 역할을 기반으로 객체의 접근을 제한한다.
③ 주체와 객체에 각각 부여된 서로 다른 수준의 계층적인 구조의 보안등급을 비교하여 객체의 접근을 제한한다.
④ 주체가 접근할 수 있는 상위와 하위의 경계를 설정하여 해당 범위 내 임의 객체의 접근을 제한한다.

ANSWER 18.② 19.①

18 윈도우의 주요그룹

구분	특징
Administrators	• 대표적인 관리자 그룹으로, 윈도우 시스템의 모든 권한을 가지고 있는 그룹이다. • 사용자 계정을 만들거나 없앨 수 있으며, 디렉토리와 프린터를 공유하는 명령을 내릴 수 있다. • 사용할 수 있는 자원에 대한 권한을 설정할 수 있다.
Power Users	• Administrators 그룹이 가진 권한 대부분을 가지지만, 로컬 컴퓨터에서만 관리할 능력을 가지고 있다. • 해당 컴퓨터 밖의 네트워크에서는 일반 사용자로 존재한다.
Backup Operators	• 윈도우 시스템에서 시스템 파일을 백업하는 권한을 가지고 있다. • 로컬 컴퓨터에 로그인하고 시스템을 종료할 수 있다.
Users	• 대부분의 사용자가 기본으로 속하는 그룹으로 여기에 속한 사용자는 네트워크를 통해 서버나 다른 도메인 구성요소에 로그인할 수 있다. • 관리 계정에 비해서 한정된 권한을 가진다.
Guests	• 윈도우 시스템에서 Users 그룹과 같은 권한을 갖는 그룹이다. • 두 그룹 모두 네트워크를 통해서 서버에 로그인할 수 있으며, 서버로의 로컬 로그인은 금지된다.

19 ㉠ 임의적 접근 통제(Discretionary Access Control) 모델 : 행렬을 이용해 주체, 객체, 접근 권한의 관계를 기술하는 방법
㉡ 강제적 접근 통제(MAC, Mandatory Access Control) : 보안 목적을 위해 사용자가 가지는 권한, 허가 그리고 기능을 크게 감소시키며 보안 레이블과 보안 허가증을 비교하는 것에 기반을 두는 접근 제어
㉢ 역할기반 접근 통제(RBAC, Role Based Access Control) : 사용자의 역할에 기반을 두고 접근을 제어하며 권한을 역할과 연관시키고 사용자들이 적절한 역할을 할당 받도록해 권한의 관리를 용이하게 하는 것

20 「정보통신망 이용촉진 및 정보보호 등에 관한 법률」 제45조(정보통신망의 안정성 확보 등)에 정보보호 조치에 관한 지침에 포함되어야 할 보호조치로 명시되지 않은 것은?

① 정보의 불법 유출·위조·변조·삭제 등을 방지하기 위한 기술적 보호조치

② 사전 정보보호대책 마련 및 보안조치 설계·구현 등을 위한 기술적 보호조치

③ 정보통신망의 지속적인 이용이 가능한 상태를 확보하기 위한 기술적·물리적 보호조치

④ 정보통신망의 안정 및 정보보호를 위한 인력·조직·경비의 확보 및 관련 계획수립 등 관리적 보호조치

ANSWER 20.②

20 정보통신망 이용촉진 및 정보보호 등에 관한 법률 제45조(정보통신망의 안정성 확보 등)
① 다음 각 호의 어느 하나에 해당하는 자는 정보통신서비스의 제공에 사용되는 정보통신망의 안정성 및 정보의 신뢰성을 확보하기 위한 보호조치를 하여야 한다.
  1. 정보통신서비스 제공자
  2. 정보통신망에 연결되어 정보를 송·수신할 수 있는 기기·설비·장비 중 대통령령으로 정하는 기기·설비·장비(이하 "정보통신망연결기기등"이라 한다)를 제조하거나 수입하는 자
② 과학기술정보통신부장관은 제1항에 따른 보호조치의 구체적 내용을 정한 정보보호조치에 관한 지침(이하 "정보보호지침"이라 한다)을 정하여 고시하고 제1항 각 호의 어느 하나에 해당하는 자에게 이를 지키도록 권고할 수 있다.
③ 정보보호지침에는 다음 각 호의 사항이 포함되어야 한다.
  1. 정당한 권한이 없는 자가 정보통신망에 접근·침입하는 것을 방지하거나 대응하기 위한 정보보호시스템의 설치·운영 등 기술적·물리적 보호조치
  2. 정보의 불법 유출·위조·변조·삭제 등을 방지하기 위한 기술적 보호조치
  3. 정보통신망의 지속적인 이용이 가능한 상태를 확보하기 위한 기술적·물리적 보호조치
  4. 정보통신망의 안정 및 정보보호를 위한 인력·조직·경비의 확보 및 관련 계획수립 등 관리적 보호조치
  5. 정보통신망연결기기등의 정보보호를 위한 기술적 보호조치
④ 과학기술정보통신부장관은 관계 중앙행정기관의 장에게 소관 분야의 정보통신망연결기기등과 관련된 시험·검사·인증 등의 기준에 정보보호지침의 내용을 반영할 것을 요청할 수 있다.

정보보호론 / 2021. 4. 17. 인사혁신처 시행

1 겉으로는 유용한 프로그램으로 보이지만 사용자가 의도하지 않은 악성 루틴이 숨어 있어서 사용자가 실행시키면 동작하는 악성 소프트웨어는?

① 키로거
② 트로이목마
③ 애드웨어
④ 랜섬웨어

2 능동적 공격에 해당하는 것만을 모두 고르면?

| ㉠ 도청 | ㉡ 서비스 거부 |
| ㉢ 트래픽 분석 | ㉣ 메시지 변조 |

① ㉠, ㉢
② ㉡, ㉢
③ ㉡, ㉣
④ ㉢, ㉣

ANSWER 1.② 2.③

1 ② 트로이목마 : 겉으로는 정상적이고 유용한 기능을 가진 컴퓨터 프로그램 이지만, 실제로는 시스템이나 네트워크의 취약성을 이용하거나 시스템이 허가되지 않은 접근을 가능하게 해 주는 악성 프로그램
① 키로거(KeyLoggers) : 컴퓨터 사용자의 키보드 움직임을 탐지해 아이디나 패스워드, 계좌번호, 카드 번호 등과 같은 개인의 중요한 정보를 몰래 빼 가는 해킹 공격
③ 애드웨어 : 소프트웨어 내장된 광고, 감염시 팝업 광고가 뜨거나 브라우저가 광고사이트로 연결
④ 랜섬웨어(Ransomware) : '몸값(Ransom)'과 '소프트웨어(Software)'의 합성어로 시스템을 잠그거나 데이터를 암호화해 사용할 수 없도록 만든 뒤, 이를 인질로 금전을 요구하는 악성 프로그램

2 보안공격 : 전송되는 메시지에 대한 불법적인 공격자의 위협
• 능동적 공격
– 시스템의 자원을 바꾸거나 동작에 영향을 미치려는 시도
– 종류 : 서비스 거부, 메시지 변조
• 수동적 공격
– 시스템의 정보를 이용하거나 알아내려는 시도
– 종류 : 도청, 트래픽 분석

3 분산 서비스 거부(DDoS) 공격에 대한 설명으로 옳지 않은 것은?

① 하나의 공격 지점에서 대규모 공격 패킷을 발생시켜서 여러 사이트를 동시에 공격하는 방법이다.
② 가용성에 대한 공격이다.
③ 봇넷이 주로 활용된다.
④ 네트워크 대역폭이나 컴퓨터 시스템 자원을 공격 대상으로 한다.

4 부인방지 서비스를 제공하기 위한 전자서명에 대한 설명으로 옳지 않은 것은?

① 서명할 문서에 의존하는 비트 패턴이어야 한다.
② 다른 문서에 사용된 서명을 재사용하는 것이 불가능해야 한다.
③ 전송자(서명자)와 수신자(검증자)가 공유한 비밀 정보를 이용하여 서명하여야 한다.
④ 서명한 문서의 내용을 임의로 변조하는 것이 불가능해야 한다.

ANSWER 3.① 4.③

3 DDoS(Distributed Denial of Service) … 해킹 방식의 하나로서 여러 대의 공격자를 분산 배치하여 동시에 '서비스 공격'을 함으로써 시스템이 더 이상 정상적 서비스를 제공할 수 없도록 만드는 것

4 전자서명(Digital Signature) … 서명자가 해당 전자문서에 서명하였음을 나타내기 위해 전자문서에 첨부되거나 논리적으로 결합된 전자적 형태의 정보
※ 전자서명의 특징
- 위조불가 : 합법적인 서명자만이 전자서명을 생성할 수 있어야 함
- 부인방지 : 서명한 사실을 부인할 수 없어야 함
- 재사용불가 : 서명을 다른 전자문서의 서명으로 사용할 수 없어야 함
- 변경불가 : 문서의 내용을 변경 불가해야 함
- 서명자 인증 : 전자서명의 서명자를 누구든지 검증할 수 있어야 함

5 다음은 IT 보안 관리를 위한 국제 표준(ISO/IEC 13335)의 위험 분석 방법에 대한 설명이다. ㉠~㉢에 들어갈 용어를 바르게 연결한 것은?

> (㉠)은 가능한 빠른 시간 내에 적정 수준의 보호를 제공한 후 시간을 두고 중요 시스템에 대한 보호 수단을 조사하고 조정하는 것을 목표로 한다. 이 방법은 모든 시스템에 대하여 (㉡)에서 제시하는 권고 사항을 구현하는 것으로 시작한다. 중요 시스템을 대상으로 위험에 즉각적으로 대응하기 위하여 비정형 접근법이 적용될 수 있다. 그리고 (㉢)에 의한 단계별 프로세스를 적절하게 수행한다. 결과적으로 시간이 흐름에 따라 비용 대비 효과적인 보안 통제가 선택되도록 할 수 있다.

	㉠	㉡	㉢
①	상세 위험 분석	기준선 접근법	복합 접근법
②	상세 위험 분석	복합 접근법	기준선 접근법
③	복합 접근법	기준선 접근법	상세 위험 분석
④	복합 접근법	상세 위험 분석	기준선 접근법

ANSWER 5.③

5 **위험분석** … 위험의 요소인 자산, 위협, 취약성, 정보보호대책을 분석하여 위험의 종류나 규모를 정함
- **복합 접근법**: 고위험영역을 식별하여 상세 위험분석을 수행하고, 그 외의 다른 영역은 베이스라인 접근법을 사용하는 방식으로 비용과 자원을 효과적으로 사용할 수 있으며 고위험 영역을 빠르게 식별하고 적절하게 처리할 수 있다는 장점이 있어 많이 사용
- **기준선 접근법**: 모든 시스템에 대하여 표준화된 보호대책의 세트를 체크리스트 형태로 제공하며 분석의 비용과 시간이 절약된다는 장점
- **상세 위험 분석**: 자산분석, 위협분석, 취약성 분석의 각 단계를 수행하여 위험을 평가하는 것으로 취약성 분석과 별도로 설치된 정보보호대책에 대한 분석을 수행

6 다음에서 설명하는 크로스사이트 스크립팅(XSS) 공격의 유형은?

> 공격자는 XSS 코드를 포함한 URL을 사용자에게 보낸다. 사용자가 그 URL을 요청하고 해당 웹 서버가 사용자 요청에 응답한다. 이때 XSS 코드를 포함한 스크립트가 웹 서버로부터 사용자에게 전달되고 사용자 측에서 스크립트가 실행된다.

① 세컨드 오더 XSS
② DOM 기반 XSS
③ 저장 XSS
④ 반사 XSS

7 SHA 알고리즘에서 사용하는 블록 크기와 출력되는 해시의 길이를 바르게 연결한 것은?

	알고리즘	블록 크기	해시 길이
①	SHA-12	56비트	160비트
②	SHA-256	512비트	256비트
③	SHA-384	1024비트	256비트
④	SHA-512	512비트	512비트

ANSWER 6.④ 7.②

6 크로스사이트 스크립팅(XSS) … 웹 애플리케이션에서 많이 나타나는 취약점의 하나로 웹사이트 관리자가 아닌 이가 웹페이지에 악성 스크립트를 삽입할 수 있는 취약점
  ※ 종류
  • 저장 XSS 공격: 접속자가 많은 웹사이트를 대상으로 공격자가 XSS 취약점이 있는 웹서버에 공격용 스크립트를 입력시켜 놓으면 방문자가 악성 스크립트가 삽입되어 있는 페이지를 읽는 순간 방문자의 브라우저를 공격
  • 반사 XSS 공격: 반사 XSS 공격으로 악성 스크립트가 포함된 URL을 사용자가 클릭하도록 유도하여 URL을 클릭하면 클라이언트를 공격
  • DOM 기반 XSS 공격: DOM 환경에서 악성 URL을 통해 사용자의 브라우저를 공격

7 • 해시 알고리즘은 대표적으로 MD, SHA 알고리즘 이외에도 RMD160, TIGER, HAVAL 알고리즘 등이 있다.
  • SHA 알고리즘은 미국 NSA에서 만들어졌으며 160비트의 값을 생성하는 해시함수로 MD4가 발전한 형태이며 MD5보다 조금 느리지만 좀 더 안전하다.
    ※ SHA 알고리즘의 종류와 특징

알고리즘	블록크기	해시 결과값 길이	해시 강도
SHA256	512	256	1
SHA384	1024	384	1.5
SHA512	1024	512	2

8 데이터베이스 접근 권한 관리를 위한 DCL(Data Control Language)에 속하는 명령으로 그 설명이 옳은 것은?

① GRANT : 사용자가 테이블이나 뷰의 내용을 읽고 선택한다.
② REVOKE : 이미 부여된 데이터베이스 객체의 권한을 취소한다.
③ DROP : 데이터베이스 객체를 삭제한다.
④ DENY : 기존 데이터베이스 객체를 다시 정의한다.

9 「개인성보 보호법」상 가명정보의 처리에 관한 특례에 대한 사항으로 옳지 않은 것은?

① 개인정보처리자는 통계작성, 과학적 연구, 공익적 기록보존 등을 위하여 정보주체의 동의 없이 가명정보를 처리할 수 있다.
② 개인정보처리자는 가명정보를 처리하는 과정에서 특정 개인을 알아볼 수 있는 정보가 생성된 경우에는 내부적으로 해당 정보를 처리 보관하되, 제3자에게 제공해서는 아니 된다.
③ 개인정보처리자는 가명정보를 처리하고자 하는 경우에는 가명정보의 처리 목적, 제3자 제공 시 제공받는 자, 가명정보의 처리 기간 등 가명정보의 처리 내용을 관리하기 위하여 대통령령으로 정하는 사항에 대한 관련 기록을 작성하여 보관하여야 한다.
④ 통계작성, 과학적 연구, 공익적 기록보존 등을 위한 서로 다른 개인정보처리자 간의 가명정보의 결합은 보호위원회 또는 관계 중앙행정기관의 장이 지정하는 전문기관이 수행한다.

Answer 8.② 9.②

8 데이터 제어어(DCL : Data Control Language)
  ㉠ 데이터의 보안, 무결성, 권한, 회복, 병행제어 등 정의하는데 사용하는 언어로 주로 데이터 관리를 목적으로 사용
  ㉡ 종류
    • GRANT : 권한부여
    • DENY : 권한금지

9 개인정보처리자는 가명정보를 처리하는 과정에서 특정 개인을 알아볼 수 있는 정보가 생성된 경우에는 즉시 해당 정보의 처리를 중지하고, 지체 없이 회수·파기하여야 한다〈개인정보 보호법 제28조의5 제2항〉.

10 타원곡선 암호시스템(ECC)은 타원곡선 이산대수의 어려움을 이용한다. 그림과 같이 실수 위에 정의된 타원곡선과 타원곡선 상의 두 점 P와 R이 주어진 경우, $R = kP$를 만족하는 정수 k의 값은? (단, 점선은 타원곡선의 접선, 점을 연결하는 직선 또는 수직선을 나타낸다)

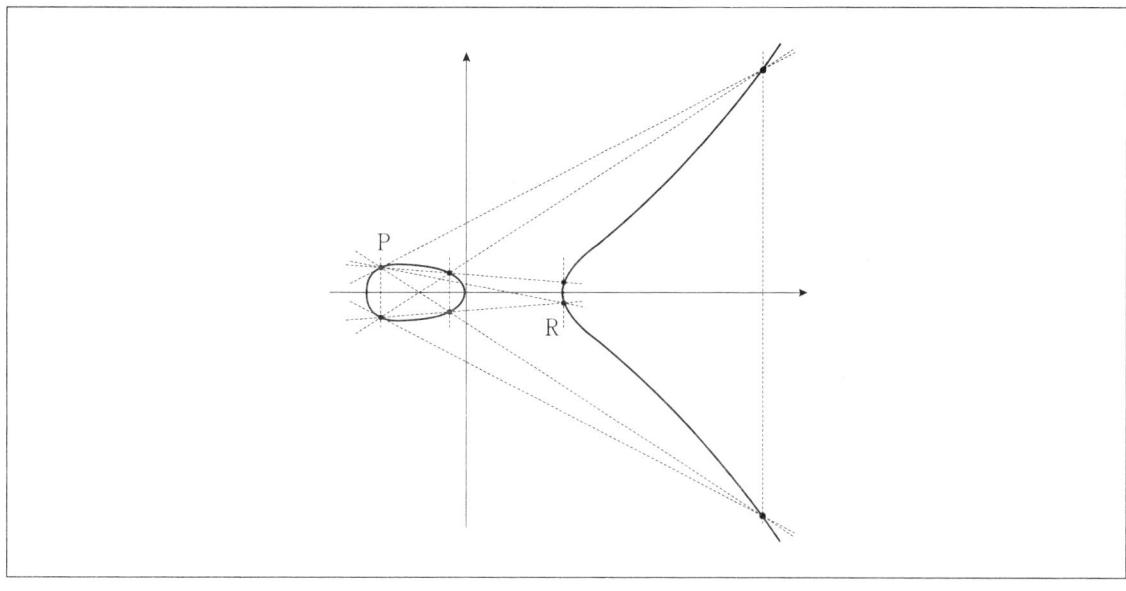

① 2
② 3
③ 4
④ 5

ANSWER 10.③

10 타원곡선 암호시스템(ECC)
타원곡선의 대수적 구조를 기반으로 한 이산로그 문제에 착안해 만들어진 공개키 암호화 알고리즘
$R = kP$
R = 공개키
k = 개인키
같은 값을 가지고 있는 P(공개키)를 구하는 타원곡선은 R=2로 정의 한다.
해당 P(공개키)를 지나는 직선이 2개이므로 R은 4P이므로 k는 4가 된다.

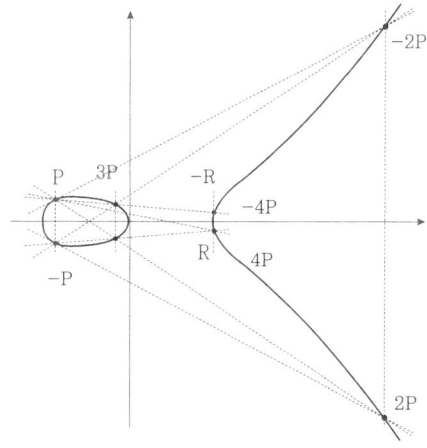

11 시스템 내 하드웨어의 구동, 서비스의 동작, 에러 등의 다양한 이벤트를 선택·수집하여 로그로 저장하고 이를 다른 시스템에 전송할 수 있도록 해 주는 유닉스의 범용 로깅 메커니즘은?

① utmp
② syslog
③ history
④ pacct

12 공개키 암호시스템에 대한 설명으로 옳은 것만을 모두 고르면?

> ㉠ 한 쌍의 공개키와 개인키 중에서 개인키만 비밀로 보관하면 된다.
> ㉡ 동일한 안전성을 가정할 때 ECC는 RSA보다 더 짧은 길이의 키를 필요로 한다.
> ㉢ 키의 분배와 관리가 대칭키 암호시스템에 비하여 어렵다.
> ㉣ 일반적으로 암호화 및 복호화 처리 속도가 대칭키 암호시스템에 비하여 빠르다.

① ㉠, ㉡
② ㉠, ㉣
③ ㉡, ㉢
④ ㉢, ㉣

ANSWER 11.② 12.①

11 syslog
- 사용자 인증과 관련된 로그 및 커널, 데몬들에서 생성된 모든 로그를 포함하여 기록
- rlogin, ftp, finger, telnet, pop3 등에 대한 접속기록 및 접속 실패 기록
※ 유닉스/리눅스의 시스템의 로그파일 종류
  - utmp : 시스템에 현재 로그인한 사용자들에 대한 상태 정보를 수집
  - history : 시스템에 접근한 후 수행한 명령어들을 확인
  - pacct : 시스템에 들어온 사용자가 어떤 명령어를 실행 시키고 어떠한 작업을 했는지에 대한 사용 내역 등이 기록

12 공개키 암호시스템 … 비밀키 암호와 달리 송신자와 수신자가 다른 키를 사용하여 비밀통신을 수행하며 송신자는 수신자의 공개키에 해당하는 정보를 사용하여 데이터를 암호화하여 네트워크를 통해 전송한다.
※ 특징
  - 암호화 키와 복호화 키가 다르다.
  - 대칭키(비밀키) 알고리즘에 비하여 속도가 느리다.
  - 긴문서의 암호보다 대칭키(비밀키) 알고리즘의 키 값에 대한 암호에 사용한다.
  - 키 관리와 키 분배가 용이하다.

13 이메일의 보안을 강화하기 위한 기술이 아닌 것은?

① IMAP
② S/MIME
③ PEM
④ PGP

14 국제 정보보호 표준(ISO 27001:2013 Annex)은 14개 통제 영역에 대하여 114개 통제 항목을 정의하고 있다. 통제 영역의 하나인 물리적 및 환경적 보안에 속하는 통제 항목에 대한 설명에 해당하지 않는 것은?

① 보안 구역은 인가된 인력만의 접근을 보장하기 위하여 적절한 출입 통제로 보호한다.
② 자연 재해, 악의적인 공격 또는 사고에 대비한 물리적 보호를 설계하고 적용한다.
③ 데이터를 전송하거나 정보 서비스를 지원하는 전력 및 통신 배선을 도청, 간섭, 파손으로부터 보호한다.
④ 정보보호에 영향을 주는 조직, 업무 프로세스, 정보 처리 시설, 시스템의 변경을 통제한다.

ANSWER 13.① 14.④

13 IMAP … 인터넷 메일 서버에서 메일을 읽기 위한 인터넷 표준 통신 규약
※ 이메일의 보안을 강화하기 위한 기술 종류
• S/MIME
 - 현재 가장 널리 사용되는 이메일 보안 프로토콜
 - PEM 구현의 복잡성, PGP의 낮은 보안성과 기존 시스템과의 통합이 용이하지 않다는 점을 보완하기 위해 개발
• PEM : IETF에서 인터넷 드래프트로 채택한 기밀성, 인증, 무결성, 부인방지를 지원하는 이메일 보안기술
• PGP : 대표적인 이메일과 파일보호를 위해 암호화를 사용하는 암호시스템

14 국제 정보보호 표준(ISO 27001:2013 Annex)
• 정보보호관리체계에 대해 국제 인증 시 필요한 요구사항의 국제 인증 규격
• 조직의 자산 및 정보 보호를 위해 정보보호관리체계를 수립하는 국제 인증 규격
※ 국제 정보보호 표준(ISO 27001:2013 Annex)의 인증요구사항
• 보안정책 : 정보보호에 대한 경영방침과 지원사항에 대한 통제구조
• 정보보안조직 : 조직 내에서 보안을 관리하기 위한 보안 조직 구성, 책임, 역할이다.
• 인적자원보안 : 인적오류, 절도, 사기 등의 위험을 감소하기 위한 대응 방안을 확인한다.
• 자산관리 : 조직 자산에 대한 분류 및 이에 따른 적절한 보호 프로세스를 말한다.
• 접근통제 : 문서화된 접근 통제 정책, 패스워드 사용, 권한관리 등을 말한다.
• 암호통제 : 정보에 대한 기밀성, 인증, 무결성을 보호하도록 암호화 사용을 말한다.
• 물리적/환경적보안 : 사업자의 비 인가된 접근 및 방해요인 예방을 위한 대응책
• 운영보안 : 정보처리 시설의 정확하고 안전한 운영을 보장하기 위한 대응
• 통신보안 : 네트워크 상의 정보와 정보처리시스템의 보호를 보장
• 정보시스템 취득, 개발, 유지보수 : 데이터 암호화, 메시지 인증, 변경관리 절차, 소프트웨어 패키지 변경 제한 등을 말한다.
• 공급자 관계 : 공급자가 접근할 수 있는 조직 자산에 대한 보호를 보장
• 정보보안 사고관리 : 보안사고에 대한 대응 절차의 수립 및 이행 보장
• 업무연속성관리 : 업무 지속성 계획 절차, 업무 지속성 계획 시험 및 계획 갱신
• 준거성 : 소프트웨어 복제 통제, 조직 기록의 보호, 데이터 보호 등을 말한다.

15 대칭키 암호시스템에 대한 암호 분석 방법과 암호 분석가에게 필수적으로 제공되는 모든 정보를 연결한 것으로 옳지 않은 것은?

① 암호문 단독(ciphertext only) 공격 - 암호 알고리즘, 해독할 암호문
② 기지 평문(known plaintext) 공격 - 암호 알고리즘, 해독할 암호문, 임의의 평문
③ 선택 평문(chosen plaintext) 공격 - 암호 알고리즘, 해독할 암호문, 암호 분석가에 의해 선택된 평문과 해독할 암호문에 사용된 키로 생성한 해당 암호문
④ 선택 암호문(chosen ciphertext) 공격 - 암호 알고리즘, 해독할 암호문, 암호 분석가에 의해 선택된 암호문과 해독할 암호문에 사용된 키로 복호화한 해당 평문

ANSWER 15.②

15 대칭키 암호시스템
- 암호화에 사용되는 암호키와 복호화에 사용되는 암호키가 동일한 암호화 기법
- 암호공격은 당사자가 아닌 제3자가 암호키가 없는 상태에서 암호문을 복호화 시키는 방법을 말하며 주로 암호키와 평문을 찾는 것을 그 목적으로 한다.
- 암호문 단독(ciphertext only Attack) 공격 : 암호 공격자에게는 가장 불리한 방법으로 공격자는 단지 암호문만을 가지고 있으며 이로부터 평문 또는 키를 찾아내는 방법.
- 알려진 평문(known plaintext Attack) 공격 : 공격자가 특정 암호문에 대한 평문을 알고 있는 상황에서 키를 찾아내거나 다른 암호문에 대한 평문을 알아내는 방법
- 선택 평문(chosen plaintext Attack) 공격 : 공격자가 암호장치에 얼마든지 접근할 수 있어서 선택된 평문을 입력하고 그에 대한 암호문을 얻을 수 있는 상황에서 복호화키를 찾아내거나 선택된 암호문에 대한 평문을 찾아내고자 한다.
- 선택 암호문(chosen ciphertext Attack) 공격 : 공격자가 복호화 장치에 접근할 수 있어서 선택한 어떤 암호문에 대해서도 평문을 얻을 수 있는 능력을 가지고 있는 경우에 키를 찾아내거나 선택된 암호문에 대해 평문을 얻고자 하는 공격이다.

16 IPv4 패킷에 대하여 터널 모드의 IPSec AH(Authentication Header) 프로토콜을 적용하여 산출된 인증 헤더가 들어갈 위치로 옳은 것은?

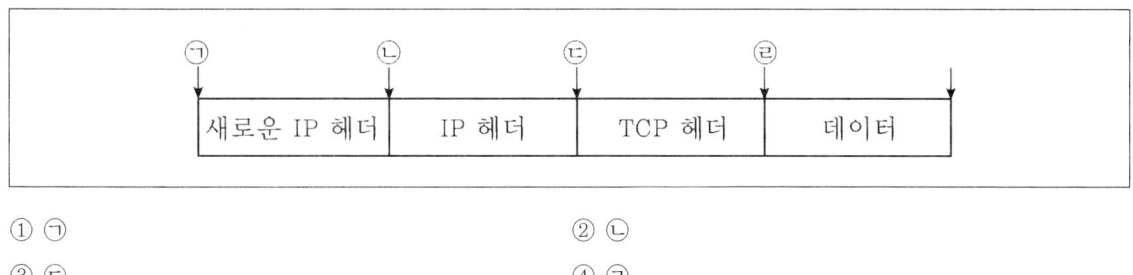

① ㉠
② ㉡
③ ㉢
④ ㉣

17 정보보호 관련 법률과 소관 행정기관을 잘못 짝 지은 것은?

① 「전자정부법」 – 행정안전부
② 「신용정보의 이용 및 보호에 관한 법률」 – 금융위원회
③ 「정보통신망 이용촉진 및 정보보호 등에 관한 법률」 – 개인정보보호위원회
④ 「정보통신기반 보호법」 – 과학기술정보통신부

ANSWER 16.② 17.③

16 IPSec(Internet Protocol Security)
• 암호화 기술을 이용하여 IP 패킷 단위로 데이터 변조 방지 및 은닉 기능을 제공하는 프로토콜 모음
• IPSec AH(Authentication Header) : 인증헤더 및 데이터 무결성 보장을 위해 동작
※ IPSec의 동작모드
  • 전송모드 : IP패킷의 페이로드를 보호하는 모드, 즉 IP의 상위 프로토콜 데이터를 보호하는 모드

| 최초 IP 헤더 | AH | TCP 데이터 | 전송 데이터 |

  • 터널모드 : IP 패킷 전체를 보호하는 모드로 IPsec으로 캡슐화하여 IP헤더를 식별할 수 없기 때문에 네트워크 상 패킷 전송이 불가능하다.

| 새로운 IP 헤더 | AH | 최초IP 헤더 | TCP 데이터 | 전송 데이터 |

17 「정보통신망 이용촉진 및 정보보호 등에 관한 법률」 – 방송통신위원회, 과학기술정보통신부

18 침입탐지시스템의 비정상(anomaly) 탐지 기법에 대한 설명으로 옳지 않은 것은?

① 상대적으로 급격한 변화나 발생 확률이 낮은 행위를 탐지한다.
② 정상 행위를 예측하기 어렵고 오탐률이 높지만 알려지지 않은 공격에도 대응할 수 있다.
③ 수집된 다양한 정보로부터 생성한 프로파일이나 통계적 임계치를 이용한다.
④ 상태전이 분석과 패턴 매칭 방식이 주로 사용된다.

ANSWER 18.④

18 IDS(침입 탐지 시스템) … 컴퓨터 시스템의 비정상적인 사용, 오용, 남용 등 알려진 특정공격에 대해 수집된 정보를 조사 및 분석하여 공격 시그니처를 저장한 데이터베이스의 구축을 끝낸 후 그렇게 사전에 저장된 정보와 현재 통신을 비교하여 일치하는 통신을 실시간으로 탐지 혹은 감지하는 수동적인 방어 개념의 시스템

	오용탐지	이상탐지(anomaly)
정의	데이터베이스에 등록된 침입 패턴 정보를 침입자의 활동기록과 비교하여 동일하면 침입으로 간주한다.	데이터베이스에 등록된 정상 패턴을 침입자의 활동 기록과 비교하여 다르면 침입으로 간주한다.
동작방식	시그니처	설정, 행동, 통계
탐지기법	시그니처 분석 상태 전이 페트리넷	통계적 방법 데이터 마이닝 기계학습
기술	패턴 비교	신경망 - 인공지능을 통한 학습
장점	오탐율 낮음 빠른 속도	사전 침입 탐지
단점	알려지지 않은 공격 탐지 불가	오탐율 높음

19 「전자서명법」상 과학기술정보통신부장관이 정하여 고시하는 전자서명인증업무 운영기준에 포함되어 있는 사항이 아닌 것은?

① 전자서명 관련 기술의 연구·개발·활용 및 표준화
② 전자서명 및 전자문서의 위조·변조 방지대책
③ 전자서명인증서비스의 가입·이용 절차 및 가입자 확인방법
④ 전자서명인증업무의 휴지·폐지 절차

ANSWER 19.①

19 제7조(전자서명인증업무 운영기준 등)
① 과학기술정보통신부장관은 전자서명의 신뢰성을 높이고 가입자 및 이용자가 합리적으로 전자서명인증서비스를 선택할 수 있도록 정보를 제공하기 위하여 필요한 조치를 마련하여야 한다.
② 과학기술정보통신부장관은 다음 각 호의 사항이 포함된 전자서명인증업무 운영기준(이하 "운영기준"이라 한다)을 정하여 고시한다. 이 경우 운영기준은 국제적으로 인정되는 기준 등을 고려하여 정하여야 한다.
  1. 전자서명 및 전자문서의 위조·변조 방지대책
  2. 전자서명인증서비스의 가입·이용 절차 및 가입자 확인방법
  3. 전자서명인증업무의 휴지·폐지 절차
  4. 전자서명인증업무 관련 시설기준 및 자료의 보호방법
  5. 가입자 및 이용자의 권익 보호대책
  6. 장애인·고령자 등의 전자서명 이용 보장
  7. 그 밖에 전자서명인증업무의 운영·관리에 관한 사항

20 안드로이드 보안 체계에 대한 설명으로 옳지 않은 것은?

① 모든 응용 프로그램은 일반 사용자 권한으로 실행된다.

② 기본적으로 안드로이드는 일반 계정으로 동작하는데 이를 루트로 바꾸면 일반 계정의 제한을 벗어나 기기에 대한 완전한 통제권을 가질 수 있다.

③ 응용 프로그램은 샌드박스 프로세스 내부에서 실행되며, 기본적으로 시스템과 다른 응용 프로그램으로의 접근이 통제된다.

④ 설치되는 응용 프로그램은 구글의 인증 기관에 의해 서명·배포된다.

ANSWER 20.④

20 안드로이드의 보안체계
- **응용프로그램의 권한관리**: 안드로이드에 설치된 모든 응용 프로그램은 일반 사용자 권한으로 실행
- **응용프로그램에 대한 서명**: 안드로이드 역시 애플과 마찬가지로 설치되는 응용 프로그램에 대해 서명을 하고 있다. 하지만 애플이 자신의 CA를 통해 각 응용프로그램을 서명하여 배포하는 반면, 안드로이드는 개발자가 서명하도록 하는 점이 가장 큰 차이점이다.
- **샌드박스 활용**: 안드로이드 애플리케이션 역시 iOS와 마찬가지로 샌드박스 프로세스 내부에서 실행되며 기본적으로 시스템과 다른 어플리케이션에 접근하는 것을 통제하고 있다. 하지만 안드로이드는 특정 형태를 갖추어 권한을 요청하는 것을 허용
- **안드로이드의 취약점**
  - 안드로이드는 사용자의 선택에 따라 보안 수준을 선택할 수 있으며 iOS보다 훨씬 자유로운 운영체제이다.
  - 기본적으로 안드로이드는 일반 계정으로 동작할 때 약간의 제한이 있는데, 이를 루트권한으로 바꾸면 제한을 넘어서서 모바일 기기에 대한 완전한 통제권을 가질 수 있다.

정보보호론 / 2021. 6. 5. 제1회 지방직 시행

1 보안의 3대 요소 중 적절한 권한을 가진 사용자가 인가한 방법으로만 정보를 변경할 수 있도록 하는 것은?

① 무결성(integrity)
② 기밀성(confidentiality)
③ 가용성(availability)
④ 접근성(accessability)

2 스트림 암호에 대한 설명으로 옳지 않은 것은?

① 데이터의 흐름을 순차적으로 처리해 가는 암호 알고리즘이다.
② 이진화된 평문 스트림과 이진 키스트림 수열의 XOR 연산으로 암호문을 생성하는 방식이다.
③ 스트림 암호 알고리즘으로 RC5가 널리 사용된다.
④ 구현이 용이하고 속도가 빠르다는 장점이 있다.

ANSWER 1.① 2.③

1 보안의 3대 요소
- 기밀성(confidentiality) : 인가된 사용자만 정보자산에 접근할수 있는 것
- 무결성(integrity) : 적절한 권한을 가진 사용자가 인가한 방법으로만 정보를 변경할 수 있도록 하는 것
- 가용성(availability) : 필요한 시점에 정보 자산에 대한 접근이 가능하도록 하는 것

2 스트림 암호 … 대칭키 암호의 구조 중 하나로, 유사난수를 스트림으로 생성하여 암호화하려는 자료와 결합하는 구조로 블록단위로 암호화, 복호화 되는 블록암호와는 달리 이진화된 평문 스트림과 이진 키스트림의 XOR 연산으로 1비트의 암호문을 생성하는 방식
  ※ 특징
  - 하드웨어 구현이 간편하며 속도가 빠르다.
  - 대표적으로 RC4가 널리 사용된다.

3 DES(Data Encryption Standard)에 대한 설명으로 옳지 않은 것은?

① 1977년에 미국 표준 블록 암호 알고리즘으로 채택되었다.
② 64비트 평문 블록을 64비트 암호문으로 암호화한다.
③ 페이스텔 구조(Feistel structure)로 구성된다.
④ 내부적으로 라운드(round)라는 암호화 단계를 10번 반복해서 수행한다.

4 다음 (가)~(다)에 해당하는 악성코드를 옳게 짝 지은 것은?

> (가) 사용자의 문서와 사진 등을 암호화시켜 일정 시간 안에 일정 금액을 지불하면 암호를 풀어주는 방식으로 사용자에게 금전적인 요구를 하는 악성코드
> (나) 운영체제나 특정 프로그램의 취약점을 이용하여 공격하는 악성코드
> (다) 외부에서 파일을 내려받는 다운로드와 달리 내부 데이터로부터 새로운 파일을 생성하여 공격을 수행하는 악성코드

	(가)	(나)	(다)
①	드로퍼	익스플로잇	랜섬웨어
②	드로퍼	랜섬웨어	익스플로잇
③	랜섬웨어	익스플로잇	드로퍼
④	랜섬웨어	드로퍼	익스플로잇

ANSWER 3.④ 4.③

3 DES(Data Encryption Standard)
- 64비트의 평문을 46비트의 암호문으로 만드는 블록 암호 시스템으로 64비트의 키를 사용
- 16라운드의 반복적인 암호화 과정을 갖고 있으며, 각 라운드마다 전치 및 대치의 과정을 거친 평문과 56비트의 내부키에서 나온 48비트의 키가 섞여 암호문을 만든다.
- DES는 16번의 라운드 함수를 사용하며 각 라운드 함수는 페이스텔 암호로 되어 있다.

4 (가) 랜섬웨어 : 사용자 컴퓨터 시스템에 침투하여 중요 파일에 대한 접근을 차단하고 금품을 요구하는 악성프로그램
(나) 익스플로잇(취약점 공격) : 컴퓨터의 소프트웨어나 하드웨어 및 컴퓨터 관련 전자 제품의 버그, 보안 취약점 등 설계상 결함을 이용해 공격자의 의도된 동작을 수행하도록 만들어진 절차나 일련의 명령
(다) 드로퍼 : 컴퓨터 사용자가 인지하지 못하는 순간에 바이러스 혹은 트로이 목마 프로그램을 사용자의 컴퓨터에 설치하는 프로그램

5 ISO/IEC27001:2022의 정보보안을 위한 통제분야 내용에 해당하지 않은 것은? [기출변형]

① 정보 저장
② 물리적 보안 모니터링
③ 데이터 유출 방지
④ 위협 인텔리전스

ANSWER 5.①

5 ISO 27001 … 국제 표준 정보 보호 관리 체계(ISMS) 인증으로 국제표준화기구에서 제정한 국제 정보 보호 관리 체계 국제 인증 규격

※ SO/IEC27001:2022의 통제분야

통제분야	통제내용
조직적(Organisational)	위협 인텔리전스, 클라우드 서비스 이용을 위한 정보보안, 비즈니스 연속성을 위한 ICT 준비
인적(People)	
물리적(Physical)	물리적 보안 모니터링
기술적(Technological)	구성 관리, 정보 삭제, 데이터 마스킹, 데이터 유출 방지, 모니터링 활동, 웹 필터링, 보안 코딩

6 암호화 알고리즘과 복호화 알고리즘에서 각각 다른 키를 사용하는 것은?

① SEED
② ECC
③ AES
④ IDEA

ANSWER 6.②

6 ㉠ 대칭키 암호화 알고리즘
  • 암호화와 복호화에 동일한 비밀키를 사용하는 암호화 알고리즘
  • 현재 가장 널리 쓰이는 암호화 방식은 미국표준방식인 AES이며, 128, 192, 256 비트 등의 다양한 키를 적용할 수 있으며, 보안성이 뛰어나다.
  • 종류 : AES, DES, DES3, SEED, IDEA 등
  ㉡ 비 대칭형 암호화 방식
  • 암호화, 복호화 과정에서 사용되는 비밀키가 서로 다른 암호화 알고리즘.
  • 종류 : Diffie-Hellman, DSS, ElGamal, ECC, RSA 등
  ㉢ ECC(타원곡선암호)
  • 타원곡선 시스템을 이용한 공개키 암호방식
  • 타원곡선이라고 불리는 수식에 의해서 정의되는 특수한 가산법을 기반으로 하여 암호화, 복호화를 하는 암호화 방식
  • 특징
  - 짧은 키 사이즈로 높은 안전성이 확보
  - 서명할 때의 계산을 고속으로 할 수 있는 것
  ㉣ SEED 알고리즘 : 전자상거래, 금융, 무선통신 등에서 전송되는 개인정보와 같은 중요한 정보를 보호하기 위해 1999년 2월 한국 인터넷진흥원과 국내 암호 전문가들이 순수 국내 기술로 개발한 128비트 블록의 암호 알고리즘
  ㉤ AES 알고리즘
  • 미국 표준으로 사용되고 있는 대칭 암호 알고리즘
  • 국가표준으로 사용되었던 DES의 취약점을 보안하기 위해 고안된 암호 알고리즘
  ㉥ IDEA 알고리즘(기타 대칭형 알고리즘) : 1990년 머시와 라이가 개발한 공개키 암호화 알고리즘의 일종으로 개량형 데이터 암호화 알고리즘이다.

7 DoS(Denial of Service)의 공격유형이 아닌 것은?

① Race Condition
② TearDrop
③ SYN Flooding
④ Land Attack

8 다음에서 설명하는 방화벽 구축 형태는?

> • 배스천(Bastion) 호스트와 스크린 라우터를 혼합하여 사용한 방화벽
> • 외부 네트워크와 내부 네트워크 사이에 스크린 라우터를 설치하고 스크린 라우터와 내부 네트워크 사이에 배스천 호스트를 설치

① Bastion Host
② Dual Homed Gateway
③ Screened Subnet Gateway
④ Screened Host Gateway

ANSWER 7.① 8.④

7 • DoS(Denial of Service) 공격 : 시스템이나 네트워크의 구조적 취약점을 공격하여 정상적인 서비스를 지연시키거나 마비시키는 해킹 공격
① Race Condition : 멀티프로세싱 시스템 환경에서 특정자원에 대하여 여러 프로세스 가동시에 자원을 획득하려고 경쟁하는 상태
② TearDrop : 프로토콜은 목적의 차이는 있으나 기본적으로 데이터 전송에 있어 신뢰성 있는 연결을 제공하려 하기 때문에 신뢰성이 확인되지 않는 데이터 전송에 대하여 반복적인 재요구와 수정을 하게 되는데 Boink, Bonk 및 Teardrop은 모두 공격 대상이 이런 반복적인 재요구와 수정을 계속하게 하여 시스템이 자원을 고갈시키는 공격
③ SYN Flooding : 네트워크에서 각 서비스를 제공하는 시스템에는 동시 사용자 수에 대한 제한이 있다. 설정상의 차이는 있지만 무제한은 아니기 때문에 존재하지 않는 클라이언트가 접속한 것처럼 속여서 다른 정상적인 사용자가 접속이 불가능하게 하는 공격방법
④ Land Attack : 패킷을 전송할 때 출발지 IP와 목적지 IP 주소 값을 공격대상의 IP 주소와 똑같이 만들어서 공격 대상에게 보내는 것

8 ④ Screened Host Gateway : 스크리닝 라우터와 베스천 호스트의 혼합구성으로 네트워크, 트랜스포트 계층에서 스크리닝 라우터가 1차로 필터링 하고 어플리케이션 계층에서 2차로 베스천 호스트가 방어한다.
① Bastion Host : 침입 차단 소프트웨어가 설치되어 내부와 외부 네트워크 사이에서 일종의 게이트 역할을 수행하는 호스트
② Dual Homed Gateway : 두 개의 네트워크 인터페이스를 가진 베스천 호스트를 이용하여 구성
③ Screened Subnet Gateway : 일반적으로 DMZ 구간을 운영하는 구축형태로 가장 안전하지만 가장 비싸고 가장 느리다.

9 다음에서 설명하는 보안 기술은?

> • 해시 함수를 이용하여 메시지 인증 코드를 구현한다.
> • SHA-256을 사용할 수 있다.

① HMAC(Hash based Message Authentication Code)
② Block Chain
③ RSA(Rivest-Shamir-Adleman)
④ ARIA(Academy, Research Institute, Agency)

10 스미싱 공격에 대한 설명으로 옳지 않은 것은?

① 공격자는 주로 앱을 사용하여 공격한다.
② 스미싱은 개인 정보를 빼내는 사기 수법이다.
③ 공격자는 사용자가 제대로 된 url을 입력하여도 원래 사이트와 유사한 위장 사이트로 접속시킨다.
④ 공격자는 문자 메시지 링크를 이용한다.

ANSWER 9.① 10.③

9 ① HMAC(Hash based Message Authentication Code) : 암호화 해시 함수와 기밀 암호화 키를 수반하는 특정한 유형의 메시지 인증코드
② Block Chain : 가상 화폐로 거래할 때 해킹을 막기 위한 기술
③ RSA(Rivest-Shamir-Adleman) : 공개키와 개인키를 세트로 만들어서 암호화와 복호화를 하는 인터넷 암호화 및 인증 시스템
④ ARIA(Academy, Research Institute, Agency) : 전자정부 구현 등으로 다양한 환경에 적합한 암호화 알고리즘이 필요하게 됨에 따라 국가보안기술연구소 주도로 학계, 국가정보원 등의 암호기술 전문가들이 힘을 모아 개발한 국가 암호화 알고리즘. 128/192/256 비트의 ISPN 구조

10 • 스미싱 공격
- 휴대폰 상에서 SMS를 이용해 실행되는 피싱 공격 유형
- 스미싱 메시지는 링크를 클릭하거나 전화번호로 통화해 민감한 정보를 넘겨주도록 위협하거나 유혹
• 파밍 : 사용자들로 하여금 진짜 사이트로 오인하여 접속하도록 유도한 뒤에 개인정보를 훔치는 새로운 컴퓨터 범죄

11 디지털 포렌식을 통해 획득한 증거가 법적인 효력을 갖기 위해 만족해야 할 원칙이 아닌 것은?

① 정당성의 원칙
② 재현의 원칙
③ 무결성의 원칙
④ 기밀성의 원칙

12 「개인정보 보호법」상의 개인정보에 대한 설명으로 옳지 않은 것은?

① 개인정보 보호위원회의 위원 임기는 3년이다.
② 개인정보는 가명처리를 할 수 없다.
③ 개인정보 보호위원회의 위원은 대통령이 임명 또는 위촉한다.
④ 개인정보처리자는 개인정보파일의 운용을 위하여 다른 사람을 통하여 개인정보를 처리할 수 있다.

ANSWER 11.④ 12.②

11 ㉠ 디지털포렌식 : 컴퓨터 관련 조사/수사를 지원하며, 디지털 데이터가 법적 효력을 갖도록 하는 과학적/논리적 절차와 방법을 연구하는 학문으로 정의한다.
㉡ 포렌식 : 1991년 미국 오레곤주 포틀랜드의 국제 컴퓨터 수사 전문가 협회(IACIS)에서 개설한 교육과정에서 '디지털포렌식'이라는 용어를 처음 사용하면서 많이 쓰이게 되었다.
㉢ 디지털포렌식 기본원칙 : 포렌식을 통해서 증거를 획득하고, 이 증거가 법적인 효력을 갖기 위해서는 그 증거를 발견하고, 기록하고, 획득하고, 보관하는 절차가 적절해야 하며 이를 만족하기 위해서는 기본원칙이 반드시 지켜져야 한다. 정당성의 원칙, 재현의 원칙, 신속성의 원칙, 절차연속성의 원칙, 무결성의 원칙과 같이 5가지 원칙이 있다.
- 정당성의 원칙 : 모든 증거는 적법한 절차를 거쳐서 획득한 것이어야 하며, 위법한 절차를 거쳐 획득한 증거는 증거 능력이 없다.
- 재현의 원칙 : 법정에 이 증거를 제출하기 위해서는 똑같은 환경에서 같은 결과가 나오도록 재현이 가능해야 한다.
- 신속성의 원칙 : 컴퓨터 내부의 정보는 휘발성을 가진 것이 많기 때문에 비교적 신속하게 이루어져야 한다.
- 절차연속성의 원칙 : 증거는 획득되고, 이송 – 분석 – 보관 – 법정제출이라는 일련의 과정이 명확해야 하며, 이러한 과정에 대한 추적이 가능해야 한다.
- 무결성의 원칙 : 수집된 정보는 연계보관성을 만족시키고 각 단계를 거치는 과정에서 위조·변조되어서는 안되며, 이러한 사항을 매번 확인해야 한다. 하드디스크 같은 경우에는 해시값을 구해 각 단계마다 그 값을 확인하여 무결성을 입증할 수 있어야 한다.

12 ② "가명처리"란 개인정보의 일부를 삭제하거나 일부 또는 전부를 대체하는 등의 방법으로 추가 정보가 없이는 특정 개인을 알아볼 수 없도록 처리하는 것을 말한다〈개인정보 보호법 제2조 제1의2호〉.
① 위원의 임기는 3년으로 하되, 한 차례만 연임할 수 있다〈개인정보 보호법 제7조의4 제1항〉.
③ 보호위원회의 위원은 개인정보 보호에 관한 경력과 전문지식이 풍부한 다음 각 호의 사람 중에서 위원장과 부위원장은 국무총리의 제청으로, 그 외 위원 중 2명은 위원장의 제청으로, 2명은 대통령이 소속되거나 소속되었던 정당의 교섭단체 추천으로, 3명은 그 외의 교섭 단체 추천으로 대통령이 임명 또는 위촉한다〈개인정보 보호법 제7조의2 제1항〉.
④ "개인정보처리자"란 업무를 목적으로 개인정보파일을 운용하기 위하여 스스로 또는 다른 사람을 통하여 개인정보를 처리하는 공공기관, 법인, 단체 및 개인 등을 말한다〈개인정보 보호법 제2조 제5호〉.

13 DoS 및 DDoS 공격 대응책으로 옳지 않은 것은?

① 방화벽 및 침입 탐지 시스템 설치와 운영
② 시스템 패치
③ 암호화
④ 안정적인 네트워크 설계

14 국제 공통 평가기준(Common Criteria)에 대한 설명으로 옳지 않은 것은?

① CC는 국제적으로 평가 결과를 상호 인정한다.
② CC는 보안기능수준에 따라 평가 등급이 구분된다.
③ 보안목표명세서는 평가 대상에 해당하는 정보보호 시스템의 보안 요구 사항, 보안 기능 명세 등을 서술한 문서이다.
④ 보호프로파일은 보안 문제를 해결하기 위해 작성한 제품군별 구현에 독립적인 보안요구사항 등을 서술한 문서이다.

ANSWER 13.③ 14.②

13 ㉠ DoS(Denial of Service) 공격 : 시스템이나 네트워크의 구조적 취약점을 공격하여 정상적인 서비스를 지연시키거나 마비시키는 해킹 공격
㉡ DDoS(Distributed Denial of Service) 공격 : DoS 공격의 업그레이드 판으로 DDoS 공격은 수많은 DoS 공격이 한 사람의 공격자에 의해 동시에 일어나게 하는 것
㉢ DoS와 DDoS 공격에 대한 대응책
  • 방화벽 설치와 운영
  • 침입탐지 시스템 설치와 운영
  • 안정적인 네트워크의 설계
  • 홈페이지 보안 관리
  • 시스템 패치
  • 스캔 및 서비스별 대역폭 제한

14 국제 공통 평가기준(Common Criteria) : 국가마다 서로 다른 정보보호시스템 평가기준을 연동하고 평가결과를 상호 인증하기 위해 제정된 평가기준
㉠ 평가 : 보안기능과 보호기능으로 나누어 평가
㉡ 보안등급체계
  • EAL 부여
  • EAL0 : 부적절
  • EAL1~EAL7 : 평가 보안 등급 체계
※ 관련작성문서
  • 보호프로파일(PP:Protection Profile)
   − 정보보호제품이 갖추어야 할 공통적인 보안 요구사항들 목록
   − CC의 기능과 보증요구사항을 이용하여 특정제품의 구현과 상관없이 보안 요구 사항을 정의한 문서
  • 보안목표명세서(ST:Security Target)
   − 보호프로파일을 기초로 보안 기능을 서술한 문서
   − 시스템 사용환경, 보안 환경, 보안기능 명세서 등을 포함

15 생체인증(Biometrics)에 대한 설명으로 옳지 않은 것은?

① 생체 인증은 불변의 신체적 특성을 활용한다.
② 생체 인증은 지문, 홍채, 망막, 정맥 등의 특징을 활용한다.
③ 얼굴은 행동적 특성을 이용한 인증 수단이다.
④ 부정허용률(false acceptance rate)은 인증되지 않아야 할 사람을 인증한 값이다.

ANSWER 15.③

15 생체인증(Biometrics) … 살아있는 사람의 신원을 생리학적 특징이나 행동적 특징을 기반으로 하여 인증하는 기술로 인간의 특성을 디지털화하여 보안용 패스워드로 활용
  • 생체인식 정보
   -생체인식을 위한 신체정보는 생리학적 정보와 행동적 정보로 나눈다.
   -생리학적 정보: 홍체, 망막, 손모양, 정맥, 지문, 얼굴 등
  • 행동적 정보
   -음성, 필체, 키스트로크, 걸음걸이 등
   -생체 인식의 정확도
  • 부정 거부율: 이 매개변수는 인식돼야 할 사람이 얼마나 자주 시스템에 의해서 인식이 되지 않는지를 나타내는 값
  • 부정허용률: 이 매개변수는 인식되어서는 안될 사람이 얼마나 자주 시스템에 의해서 인식이 되는지를 나타내는 값

16 「정보통신망 이용촉진 및 정보보호 등에 관한 법률」 제45조의3(정보보호 최고책임자의 지정 등)에 따른 정보보호 최고책임자의 업무가 아닌 것은? [기출변형]

① 정보보호 실태와 관행의 정기적인 감사 및 개선
② 정보보호 교육과 모의 훈련 계획의 수립 및 시행
③ 정보보호 위험의 식별 평가 및 정보보호 대책 마련
④ 정보통신시설을 안정적으로 운영하기 위하여 대통령령으로 정하는 바에 따른 보호조치

ANSWER 16.④

16 제45조의3(정보보호 최고책임자의 지정 등)
① 정보통신서비스 제공자는 정보통신시스템 등에 대한 보안 및 정보의 안전한 관리를 위하여 대통령령으로 정하는 기준에 해당하는 임직원을 정보보호 최고책임자로 지정하고 과학기술정보통신부장관에게 신고하여야 한다. 다만, 자산총액, 매출액 등이 대통령령으로 정하는 기준에 해당하는 정보통신서비스 제공자의 경우에는 정보보호 최고책임자를 신고하지 아니할 수 있다.
② 제1항에 따른 신고의 방법 및 절차 등에 대해서는 대통령령으로 정한다.
③ 제1항 본문에 따라 지정 및 신고된 정보보호 최고책임자(자산총액, 매출액 등 대통령령으로 정하는 기준에 해당하는 정보통신서비스 제공자의 경우로 한정한다)는 제4항의 업무 외의 다른 업무를 겸직할 수 없다.
④ 정보보호 최고책임자의 업무는 다음 각 호와 같다.
  1. 정보보호 최고책임자는 다음 각 목의 업무를 총괄한다.
    가. 정보보호 계획의 수립·시행 및 개선
    나. 정보보호 실태와 관행의 정기적인 감사 및 개선
    다. 정보보호 위험의 식별 평가 및 정보보호 대책 마련
    라. 정보보호 교육과 모의 훈련 계획의 수립 및 시행
  2. 정보보호 최고책임자는 다음 각 목의 업무를 겸할 수 있다.
    가. 「정보보호산업의 진흥에 관한 법률」 제13조에 따른 정보보호 공시에 관한 업무
    나. 「정보통신기반 보호법」 제5조 제5항에 따른 정보보호책임자의 업무
    다. 「전자금융거래법」 제21조의2 제4항에 따른 정보보호최고책임자의 업무
    라. 「개인정보 보호법」 제31조 제2항에 따른 개인정보 보호책임자의 업무
    마. 그 밖에 이 법 또는 관계 법령에 따라 정보보호를 위하여 필요한 조치의 이행

17 정보보호 및 개인정보보호 관리체계 인증에 대한 설명으로 옳은 것은?

① 인증기관 지정의 유효기간은 2년이다.

② 사후심사는 인증 후 매년 사후관리를 위해 실시된다.

③ 인증심사 기준은 12개 분야 92개 항목이다.

④ 인증심사원은 2개 등급으로 구분된다.

ANSWER 17.②

17 ② 인증을 취득한 자는 인증서 유효기간 중 연 1회 이상 심사수행기관에 사후심사를 신청하여야 한다〈정보보호 및 개인정보보호 관리체계 인증 등에 관한 고시 제27조 제1항〉.

① 인증기관 및 심사기관 지정의 유효기간은 3년이며 유효기간이 끝나기 전 6개월부터 끝나는 날까지 재지정을 신청을 할 수 있으며 제6조제2항 각 호의 서류를 과학기술정보통신부장관과 보호위원회에 제출하여야 한다. 이 경우 재지정의 신청에 대한 처리결과를 통지받을 때까지는 그 지정이 계속 유효한 것으로 본다〈정보보호 및 개인정보보호 관리체계 인증 등에 관한 고시 제9조 제1항〉.

③ 정보보호 및 개인정보보호 관리체계 인증심사 기준은 21개 분야 101개 항목이다〈정보보호 및 개인정보보호 관리체계 인증 등에 관한 고시 별표 7〉.

④ 인증심사원은 심사원보, 심사원, 선임심사원의 3등급으로 구분된다〈정보보호 및 개인정보보호 관리체계 인증 등에 관한 고시 별표 3〉.

18 PGP(Pretty Good Privacy)에 대한 설명으로 옳지 않은 것은?

① RSA를 이용하여 메시지 다이제스트를 서명한다.
② 세션 키는 여러 번 사용된다.
③ 수신자는 자신의 개인키를 이용하여 세션 키를 복호화한다.
④ 세션 키를 이용하여 메시지를 암·복호화한다.

19 다음에서 설명하는 블록암호 운영 모드는?

> • 단순한 모드로 평문이 한 번에 하나의 평문 블록으로 처리된다.
> • 각 평문 블록은 동일한 키로 암호화된다.
> • 주어진 하나의 키에 대하여 평문의 모든 블록에 대한 유일한 암호문이 존재한다.

① CBC(Cipher Block Chaining Mode)
② CTR(Counter Mode)
③ CFB(Cipher-Feed Back Mode)
④ ECB(Electronic Code Book Mode)

ANSWER 18.② 19.④

18 PGP(Pretty Good Privacy)
  • 인터넷에서 전달하는 전자우편을 다른 사람이 받아 볼 수 없도록 암호화 하고, 받은 전자우편의 암호를 해석해주는 프로그램
  • 전자우편의 내용을 암호 알고리즘을 이용하여 암호화시키므로 암호를 해독하는 특정 키를 가지고 있어야 함 → 공개키 암호화 기술

19 ECB(Electronic Code Book Mode)
  ㉠ 평문(M)을 일정한 크기의 블록(M1, M2, …, Mn)으로 나누어 동일한 키로 암호화하는 모드이다.
  ㉡ Mn이 일정한 크기보다 작은 경우 패딩을 해주고 암호화를 수행
  ㉢ ECB 모드의 특징
    • 특정 블록에 에러가 나도 다른 블록에 영향을 미치지 않는다.
    • 키가 동일하기 때문에 키가 변경되지 않는 한 같은 평문에 대해서 항상 같은 암호문이 나온다.
    • 각각의 블록만을 암호화하기 때문에 모든 블록을 수신하지 않아도 이미 수신한 블록은 복호화가 가능하다.
    • 능동적인 공격자가 암호문 블록을 바꾸는 경우 복호화 할 때 평문 블록도 바뀌게 된다.

20 BCP(Business Continuity Planning)에 대한 설명으로 옳지 않은 것은?

① BCP는 사업의 연속성을 유지하기 위한 업무지속성 계획과 절차이다.
② BCP는 비상시에 프로세스의 운영 재개에 필요한 조치를 정의한다.
③ BIA는 조직의 필요성에 의거하여 시스템의 중요성을 식별한다.
④ DRP(Disaster Recovery Plan)는 최대허용중단시간(Maximum Tolerable Downtime)을 산정한다.

Answer 20.④

20 ㉠ BCP(Business Continuity Planning) : 각종재해, 장애, 재난 등의 위기관리를 기반으로 재해복구, 업무복구 및 재개, 비상계획 등의 비즈니스 연속성을 보장하는 체계
㉡ BIA(Business Impact Analysis)_사업 영향 평가 : 업무 프로세스를 상실 했을 때 손실의 규모를 평가, 복구 우선순위 파악
㉢ DRP(Disaster Recovery Plan)_ 재난 복구 계획
- 지진, 화재, 홍수 등 재난에 대비하여 하드웨어, 소프트웨어에 대하여 계획을 미리 마련하는 것
- 정보시스템의 기밀성, 무결성, 가용성 등을 확보하기 위함
- 사고 발생 시 의사결정 시간을 최소화해 복구시간 단축 위함

정보보호론 — 2022. 4. 2. 인사혁신처 시행

1 사용자의 신원을 검증하고 전송된 메시지의 출처를 확인하는 정보보호 개념은?

① 무결성
② 기밀성
③ 인증성
④ 가용성

2 TCP에 대한 설명으로 옳지 않은 것은?

① 비연결 지향 프로토콜이다.
② 3-Way Handshaking을 통해 서비스를 연결 설정한다.
③ 포트 번호를 이용하여 서비스들을 구별하여 제공할 수 있다.
④ SYN Flooding 공격은 TCP 취약점에 대한 공격이다.

ANSWER 1.③ 2.①

1 ③ 인증성(Authentication) : 정보교환에 의해 실체의 식별을 확실하게 하거나 임의 정보에 접근할 수 있는 객체의 자격이나 내용을 검증하는 데 사용하는 성질
  예 패스워드, 공개키, 스마트카드 등
  ※ 정보보호의 3요소(CIA)
  • 기밀성(Confidentiality) : 노출로부터 보호, 인가된 자만 정보에 접근하여 취득하여야 함
  • 무결성(Integrity) : 변경으로부터의 보호, 데이터가 불법적으로 생성, 변경, 삭제되지 않도록 보호해야 함
  • 가용성(Availability) : 파괴로부터의 보호, 정당한 사용자가 정보시스템의 데이터 또는 자원이 필요할 때 지체 없이 원하는 객체 또는 자원에 접근하여 사용할 수 있어야 함

2

TCP(Transmission Control Protocol)	UDP(user datagram protocol)
IP프로토콜 위에서 연결형 서비스를 지원하는 전송계층 프로토콜 • 연결지향적 • 신뢰성 있는 프로토콜 전이중 방식의 양방향 가상 회선을 제공	인터넷에서 정보를 주고 받을 때, 서로 주고받는 형식이 아닌 한쪽에서 일방적으로 보내는 방식의 통신 프로토콜 • 비신뢰성 프로토콜 • 비연결지향적

3 암호 알고리즘에 대한 설명으로 옳지 않은 것은?

① 일반적으로 대칭키 암호 알고리즘은 비대칭키 암호 알고리즘에 비하여 빠르다.
② 대칭키 암호 알고리즘에는 Diffie-Hellman 알고리즘이 있다.
③ 비대칭키 암호 알고리즘에는 타원 곡선 암호 알고리즘이 있다.
④ 인증서는 비대칭키 암호 알고리즘에서 사용하는 공개키 정보를 포함하고 있다.

4 TCP 세션 하이재킹에 대한 설명으로 옳은 것은?

① 서버와 클라이언트가 통신할 때 TCP의 시퀀스 넘버를 제어하는 데 문제점이 있음을 알고 이를 이용한 공격이다.
② 공격 대상이 반복적인 요구와 수정을 계속하여 시스템 자원을 고갈시킨다.
③ 데이터의 길이에 대한 불명확한 정의를 악용한 덮어쓰기로 인해 발생한다.
④ 사용자의 동의 없이 컴퓨터에 불법적으로 설치되어 문서나 그림 파일 등을 암호화한다.

ANSWER 3.② 4.①

3 디피-헬먼(Diffie-Hellman) 알고리즘
  • 최초의 공개키 암호 알고리즘
  • 1976년 미국 스탠퍼드 대학의 연구원 W.디피와 M.헬먼이 공동 개발하여 발표한 것

구분	대칭키(비공개키)	비대칭키(공개키)
키 관계	암호화키=복호화키	암호화키≠복호화키
비밀키	전송 필요	전송 불필요
키 갯수	n(n-1)/2	2n
전자서명	복잡	간단
장점	고속, 경제성 높음	키 분배 및 관리 용이
단점	키 분배 및 관리 불편	저속, 경제성 낮음
알고리즘	DES, AES, SEED, RC4	RSA, 디피-헬먼, 타원 곡선 암호화

4 • TCP 세션 하이재킹: 시스템의 접속하기 위한 인가된 ID와 Password가 없을 경우 현재 접속된 시스템들의 세션 정보를 가로채는 공격 기법(세션: 송수신 네트워킹을 위해 상호 인증에 필요한 정보 교환 후 두 컴퓨터 간의 연결된 활성화 상태)
  • DoS공격(서비스 거부 공격): 비정상적으로 컴퓨터의 리소스를 고갈시켜 사용자가 인터넷 상에서 평소 잘 이용하던 자원에 대한 서비스를 더 이상 받지 못하게 하는 것
  • 버퍼 오버 플로우공격: 데이터의 길이에 대한 불명확한 정의를 악용한 덮어쓰기로 인해 발생
  • 랜섬웨어: '몸값과 소프트웨어'의 합성어로 시스템을 잠그거나 데이터를 암호화해 사용할 수 없도록 하고 이를 인질로 금전을 요구하는 악성 프로그램

5 생체 인증 측정에 대한 설명으로 옳지 않은 것은?

① FRR는 권한이 없는 사람이 인증을 시도했을 때 실패하는 비율이다.
② 생체 인식 시스템의 성능을 평가하는 지표로는 FAR, EER, FRR 등이 있다.
③ 생체 인식 정보는 신체적 특징과 행동적 특징을 이용하는 것들로 분류한다.
④ FAR는 권한이 없는 사람이 인증을 시도했을 때 성공하는 비율이다.

6 블록암호 카운터 운영모드에 대한 설명으로 옳지 않은 것은?

① 암호화와 복호화는 같은 구조로 구성되어 있다.
② 병렬로 처리할 수 있는 능력에 따라 처리속도가 결정된다.
③ 카운터를 암호화하고 평문블록과 XOR하여 암호블록을 생성한다.
④ 블록을 순차적으로 암호화·복호화 한다.

ANSWER 5.① 6.④

5   ① FRR는 권한이 있는 사람이 인증을 시도했을 때 실패하는 비율이다.
  • FAR(오인식률) : 등록 되지 않은 사용자를 등록된 사용자로 오인하는 비율
  • FRR(오거부율) : 등록된 사용자를 거부하는 인식 오류율로 FRR(오거부율)이 높을수록 보안 수준이 높음

6   CTR(카운터) 모드
  • 블록암호를 스트림 암호로 바꾸는 구조로 블록을 암호화할 때마다 1씩 증가해가는 카운터를 암호화해서 키 스트림을 만들며 카운터를 암호화한 비트열과 평문블록과의 XOR를 취한 결과가 암호문 블록이 됨
  • 각 블록의 암호화 및 복호화가 이전 블록에 의존하지 않아 병렬적으로 동작하는 것이 가능
  • 암호화와 복호화 ⇒ 같은 구조

7 AES 알고리즘에 대한 설명으로 옳지 않은 것은?

① 대먼과 리즈먼이 제출한 Rijndael이 AES 알고리즘으로 선정되었다.

② 암호화 과정의 모든 라운드에서 SubBytes, ShiftRows, MixColumns, AddRoundKey 연산을 수행한다.

③ 키의 길이는 128, 192, 256 bit의 크기를 사용한다.

④ 입력 블록은 128 bit이다.

Answer 7.②

7 AES 알고리즘 … 1997년 미국국립기술표준원에서 DES를 대체하기 위해 공모하여 만들어진 미국 연방 표준 블록암호 알고리즘

㉠ AES의 암호화 과정
- 각 라운드는 비 선형성을 갖는 S-BOX를 적용하여 바이트 단위로 치환을 수행하는 SubBytes()연산, 행단위로 순환 시프트를 수행하는 ShitfRows()연산, Diffusion을 제공하기 위해 열 단위로 혼합하는 MixColumns()연산과 마지막으로 라운드 키와 State를 XOR하는 Addroundkey() 연산으로 구성된다.
- 암호화의 마지막 라운드에서는 MixColumns()연산을 수행하지 않는다.

㉡ 복호화 과정 : 암호화 과정에서 마지막 라운드는 이전의 라운드들과 달리 MixColumns()연산을 포함하지 않으므로 복호화 과정의 첫 번째 라운드가 이후의 라운드들과 달리 InvMixColumns() 연산을 포함하지 않는다.

항목	AES
키 크기	128/192/256
평문 블록 크기	128
암호문 블록 크기	128
라운드 수	12/14/16
전체 구조	SPN
개발 기관	미국 표준 기술 연구소
보안	DES보다 훨씬 안전
속도	DES보다 비교적 빠름

8 비트코인 블록 헤더의 구조에서 머클 루트에 대한 설명으로 옳지 않은 것은?

① 머클 트리 루트의 해시값이다.
② 머클 트리는 이진트리 형태이다.
③ SHA-256으로 해시값을 계산한다.
④ 필드의 크기는 64바이트이다.

9 SET에 대한 설명으로 옳지 않은 것은?

① 인터넷에서 신용카드를 지불수단으로 이용하기 위한 기술이다.
② 인증기관은 SET에 참여하는 모든 구성원의 정당성을 보장한다.
③ 고객등록에서는 지불 게이트웨이를 통하여 고객의 등록과 인증서의 처리가 이루어진다.
④ 상점등록에서는 인증 허가 기관에 등록하여 자신의 인증서를 만들어야 한다.

ANSWER 8.④ 9.③

8
- 머클 루트(Merkle hash root) : 현재 블록에 포함된 거래정보의 거래 해시를 2진 트리 형태로 구성할 때 트리의 루트에 위치하는 해시값으로 32바이트의 크기를 가짐.
- 블록 헤더(Block Header) : 블록에서 가장 중요한 데이터를 보관하며 블록의 정체성을 나타내는 공간
- 구성
  - 이전 블록 해시값
  - 난이도, 타임스탬프, 논스
  - 머클 트리 루트
- 머클 트리
  - 블록체인의 블록 내 저장된 거래의 해시 값을 이진트리 형태로 구성한 트리로 거래의 유효성 검증 시 사용
  - 블록의 용량을 효율적으로 활용하기 위해 사용되는 데이터 구조로 한 블록 내에 더 많은 거래를 담기 위해 암호화를 통해 데이터 용량을 압축하는 방식
  - 해시 함수를 통해 두 개의 거래 데이터를 하나의 데이터로 묶는 방식으로 용량을 절약하며 이진 해시 트리의 일종.
  - ※ 머클트리 구성요소
    - 머클루트
      - 머클 트리의 루트
      - 블록이 보유하고 있는 모든 거래의 해시값 계산
      - 가장 가까운 거래내역끼리 쌍을 지어 해시값 계산
      - 쌍을 지을 수 없을 때까지 동 과정을 반복했을 때 얻는 값이 머클 루트
    - 머클 경로 : 머클 루트부터 특정 거래의 해시 값을 갖는 노드까지 경로 특정 거래의 진위 검증 시 사용
    - SHA-256 : 트리의 각 노드에 저장되는 해시 값을 계산하기 위해 SHA-256 해시함수 사용

9 SET(Secure Electronic Transaction) 프로토콜 : VISA와 Master Card 사에 의해 개발된 신용카드 기반의 전자지불 프로토콜
- 고객등록 : 신용카드 이용자가 신용카드 회사의 CA를 통해 고객의 등록과 인증서의 생성이 이루어짐
- 상점등록 : 상점이 CA에 등록하여 거래를 위한 인증서 발급
- 구매요구 : 구매 계약이 성사되는 시점까지의 인증서 전달과정
- 지불허가 : 상점이 지불 게이트웨이를 통하여 고객의 신용카드 사용을 허가 받는 절차
- 지불확인 : 구매 계약 성립 후 입금을 요구하는 절차

10 「개인정보 보호법」 제26조(업무위탁에 따른 개인정보의 처리 제한)에 대한 설명으로 옳지 않은 것은?

① 위탁자가 재화 또는 서비스를 홍보하거나 판매를 권유하는 업무를 위탁하는 경우에는 대통령령으로 정하는 방법에 따라 위탁하는 업무의 내용과 수탁자를 정보주체에게 알려야 한다.
② 위탁자는 업무 위탁으로 인하여 정보주체의 개인정보가 분실·도난·유출·위조·변조 또는 훼손되지 아니하도록 수탁자를 교육하고, 처리 현황 점검 등 대통령령으로 정하는 바에 따라 수탁자가 개인정보를 안전하게 처리하는지를 감독하여야 한다.
③ 수탁자는 개인정보처리자로부터 위탁받은 해당 업무 범위를 초과하여 개인정보를 이용하거나 제3자에게 제공할 수 있다.
④ 수탁자가 위탁받은 업무와 관련하여 개인정보를 처리하는 과정에서 「개인정보 보호법」을 위반하여 발생한 손해배상책임에 대하여 수탁자를 개인정보처리자의 소속 직원으로 본다.

ANSWER 10.③

10 ③ 수탁자는 개인정보처리자로부터 위탁받은 해당 업무 범위를 초과하여 개인정보를 이용하거나 제3자에게 제공하여서는 아니 된다〈「개인정보 보호법」 제26조(업무위탁에 따른 개인정보의 처리 제한) 제5항〉.

 ※ 「개인정보 보호법」 제26조(업무위탁에 따른 개인정보의 처리 제한)
  ① 개인정보처리자가 제3자에게 개인정보의 처리 업무를 위탁하는 경우에는 다음 각 호의 내용이 포함된 문서로 하여야 한다.
   1. 위탁업무 수행 목적 외 개인정보의 처리 금지에 관한 사항
   2. 개인정보의 기술적·관리적 보호조치에 관한 사항
   3. 그 밖에 개인정보의 안전한 관리를 위하여 대통령령으로 정한 사항
  ② 제1항에 따라 개인정보의 처리 업무를 위탁하는 개인정보처리자(이하 "위탁자"라 한다)는 위탁하는 업무의 내용과 개인정보 처리 업무를 위탁받아 처리하는 자(개인정보 처리 업무를 위탁받아 처리하는 자로부터 위탁받은 업무를 다시 위탁받은 제3자를 포함하며, 이하 "수탁자"라 한다)를 정보주체가 언제든지 쉽게 확인할 수 있도록 대통령령으로 정하는 방법에 따라 공개하여야 한다.
  ③ 위탁자가 재화 또는 서비스를 홍보하거나 판매를 권유하는 업무를 위탁하는 경우에는 대통령령으로 정하는 방법에 따라 위탁하는 업무의 내용과 수탁자를 정보주체에게 알려야 한다. 위탁하는 업무의 내용이나 수탁자가 변경된 경우에도 또한 같다.
  ④ 위탁자는 업무 위탁으로 인하여 정보주체의 개인정보가 분실·도난·유출·위조·변조 또는 훼손되지 아니하도록 수탁자를 교육하고, 처리 현황 점검 등 대통령령으로 정하는 바에 따라 수탁자가 개인정보를 안전하게 처리하는지를 감독하여야 한다.
  ⑤ <u>수탁자는 개인정보처리자로부터 위탁받은 해당 업무 범위를 초과하여 개인정보를 이용하거나 제3자에게 제공하여서는 아니 된다.</u>
  ⑥ 수탁자는 위탁받은 개인정보의 처리 업무를 제3자에게 다시 위탁하려는 경우에는 위탁자의 동의를 받아야 한다.
  ⑦ 수탁자가 위탁받은 업무와 관련하여 개인정보를 처리하는 과정에서 이 법을 위반하여 발생한 손해배상책임에 대하여는 수탁자를 개인정보처리자의 소속 직원으로 본다.
  ⑧ 수탁자에 관하여는 제15조부터 제18조까지, 제21조, 제22조, 제22조의2, 제23조, 제24조, 제24조의2, 제25조, 제25조의2, 제27조, 제28조, 제28조의2부터 제28조의5까지, 제28조의7부터 제28조의11까지, 제29조, 제30조, 제30조의2, 제31조, 제33조, 제34조, 제34조의2, 제35조, 제35조의2, 제36조, 제37조, 제37조의2, 제38조, 제59조, 제63조, 제63조의2 및 제64조의2를 준용한다. 이 경우 "개인정보처리자"는 "수탁자"로 본다.

11 IPv6에 대한 설명으로 옳지 않은 것은?

① IP주소 부족 문제를 해결하기 위하여 등장하였다.
② 128bit 주소공간을 제공한다.
③ 유니캐스트는 단일 인터페이스를 정의한다.
④ 목적지 주소는 유니캐스트, 애니캐스트, 브로드캐스트 주소로 구분된다.

12 SSH를 구성하는 프로토콜에 대한 설명으로 옳은 것은?

① SSH는 보통 TCP상에서 수행되는 3개의 프로토콜로 구성된다.
② 연결 프로토콜은 서버에게 사용자를 인증한다.
③ 전송계층 프로토콜은 SSH 연결을 사용하여 한 개의 논리적 통신 채널을 다중화한다.
④ 사용자 인증 프로토콜은 전방향 안전성을 만족하는 서버인증만을 제공한다.

ANSWER 11.④ 12.①

11

구분	IPv4	IPv6
주소길이	32비트	128비트
표시방법	8비트씩 4부분으로 10진수 표시	16비트씩 8부분으로 16진수로 표시
전송방식	유니, 멀티, 브로드 캐스트	유니, 멀티, 애니 캐스트

12 ① SSH는 보통 TCP상에서 수행되는 3개의 프로토콜로 구성된다.
→SSH는 전송계층, 인증, 연결의 3개 프로토콜로 구성되어 있다.
- SSH 전송 계층 프로토콜
  - TCP가 안전한 전송 계층 프로토콜이 아니므로 SSH는 먼저 TCP상에 안전한 채널을 생성하는 프로토콜을 사용
  - 이 새로운 계층은 SSH-TRANS라 불리는 독립적인 프로토콜
- SSH 인증 프로토콜 : 클라이언트와 서버 간에 안전한 채널이 설정되고 클라이언트에 대해 서버 인증이 이루어진 후 SSH는 서버에 대해 클라이언트를 인증하는 소프트웨어를 호출
- SSH 연결 프로토콜 : SSH-CONN 프로토콜에 의해 제공되는 서비스 중의 하나는 여러 개의 논리적 통신채널의 다중화를 수행
- SSH 응용 : 연결 단계를 마치면 SSH는 몇 가지 응용프로그램들이 그 연결을 사용할 수 있도록 하며 각 응용은 논리적 채널을 생성할 수 있고 안전한 연결의 혜택을 받을 수 있다.

13 유럽의 국가들에 의해 제안된 것으로 자국의 정보보호 시스템을 평가하기 위하여 제정된 기준은?

① TCSEC ② ITSEC
③ PIMS ④ ISMS-P

ANSWER 13.②

13 ② ITSEC : TCSEC와는 별개로 유럽에서 발전한 보안 표준으로 1991년 5월 유럽 국가들이 발표한 공동보안 지침서
- **정보보호 시스템 평가기준**
  - TCSEC(미국) : 미국 국방부가 컴퓨터 보안 제품을 평가하기 위해 채택한 컴퓨터 보안 평가 지침서
  - CC(Common Criteria) : 국제 공통 평가 기준
- PIMS : 개인 정보보호 관리체계
- ISMS-P : 정보보호 및 개인 정보보호 관리체계 인증

14 「개인정보 보호법」 제3조(개인정보 보호 원칙)에 대한 설명으로 옳지 않은 것은?

① 개인정보의 처리 목적을 명확하게 하여야 하고 그 목적에 필요한 범위에서 최소한의 개인정보만을 적법하고 정당하게 수집하여야 한다.
② 개인정보의 처리 목적에 필요한 범위에서 개인정보의 정확성, 완전성 및 최신성이 보장되도록 하여야 한다.
③ 개인정보 처리방침 등 개인정보의 처리에 관한 사항을 비공개로 하여야 하며, 열람청구권 등 정보주체의 권리를 보장하여야 한다.
④ 개인정보를 익명 또는 가명으로 처리하여도 개인정보 수집목적을 달성할 수 있는 경우 익명처리가 가능한 경우에는 익명에 의하여, 익명처리로 목적을 달성할 수 없는 경우에는 가명에 의하여 처리될 수 있도록 하여야 한다.

ANSWER 14.③

14 ③ 개인정보처리자는 개인정보 처리방침 등 개인정보의 처리에 관한 사항을 공개하여야 하며, 열람청구권 등 정보주체의 권리를 보장하여야 한다〈「개인정보 보호법」 제3조(개인정보 보호 원칙) 제5항〉.
  ※ 「개인정보 보호법」 제3조(개인정보 보호 원칙)
  ① 개인정보처리자는 개인정보의 처리 목적을 명확하게 하여야 하고 그 목적에 필요한 범위에서 최소한의 개인정보만을 적법하고 정당하게 수집하여야 한다.
  ② 개인정보처리자는 개인정보의 처리 목적에 필요한 범위에서 적합하게 개인정보를 처리하여야 하며, 그 목적 외의 용도로 활용하여서는 아니 된다.
  ③ 개인정보처리자는 개인정보의 처리 목적에 필요한 범위에서 개인정보의 정확성, 완전성 및 최신성이 보장되도록 하여야 한다.
  ④ 개인정보처리자는 개인정보의 처리 방법 및 종류 등에 따라 정보주체의 권리가 침해받을 가능성과 그 위험 정도를 고려하여 개인정보를 안전하게 관리하여야 한다.
  ⑤ 개인정보처리자는 개인정보 처리방침 등 개인정보의 처리에 관한 사항을 공개하여야 하며, 열람청구권 등 정보주체의 권리를 보장하여야 한다.
  ⑥ 개인정보처리자는 정보주체의 사생활 침해를 최소화하는 방법으로 개인정보를 처리하여야 한다.
  ⑦ 개인정보처리자는 개인정보를 익명 또는 가명으로 처리하여도 개인정보 수집목적을 달성할 수 있는 경우 익명처리가 가능한 경우에는 익명에 의하여, 익명처리로 목적을 달성할 수 없는 경우에는 가명에 의하여 처리될 수 있도록 하여야 한다.
  ⑧ 개인정보처리자는 이 법 및 관계 법령에서 규정하고 있는 책임과 의무를 준수하고 실천함으로써 정보주체의 신뢰를 얻기 위하여 노력하여야 한다.

15 ISO/IEC 27001의 통제영역에 해당하지 않은 것은?

① 정보보호 조직
② IT 재해복구
③ 자산 관리
④ 통신 보안

16 접근제어 모델에 대한 설명으로 옳지 않은 것은?

① 접근제어 모델은 강제적 접근제어, 임의적 접근제어, 역할기반 접근제어로 구분할 수 있다.
② 임의적 접근제어 모델에는 Biba 모델이 있다.
③ 강제적 접근제어 모델에는 Bell-LaPadula 모델이 있다.
④ 역할기반 접근제어 모델은 사용자의 역할에 권한을 부여한다.

17 운영체제에 대한 설명으로 옳지 않은 것은?

① 윈도 시스템에는 FAT, FAT32, NTFS가 있다.
② 메모리 관리는 프로그램이 메모리를 요청하면 적합성을 점검하고 적합하다면 메모리를 할당한다.
③ 인터럽트는 작동 중인 컴퓨터에 예기치 않은 문제가 발생한 것이다.
④ 파일 관리는 명령어들을 체계적이고 효율적으로 실행할 수 있도록 작업스케줄링하고 사용자의 작업 요청을 수용하거나 거부한다.

ANSWER 15.② 16.② 17.④

15 ISO 27001:2013 통제영역 : 정보보안 정책, 정보보안 조직 및 구성, 인적 자원의 보안, 자산 관리, 접근통제, 암호화, 물리적·환경적 보안, 운영 보안, 통신 보안, 시스템 도입·개발·유지보수, 공급자 관계, 정보보호 사고 관리, 비즈니스 연속성 관리, 준거성

※ ISO 27001(정보보안 경영시스템) : 기업의 비즈니스 활동과 관련하여 창출된 유무형 정보들의 기밀성, 무결성, 가용성을 보장하여 기업활동에 기여할 수 있도록 보장하기 위해 정보보안시스템을 수립하고 이행 및 운영하며 감시, 검토 유지, 개선하기 위한 경영 시스템

16 • 강제적 접근통제(MAC) : 비밀성을 갖는 객체에 대하여 주체가 갖는 권한에 근거하여 객체에 대한 접근을 제어하는 방법
  - 강제적 접근제어 모델 : Bell-LaPadula 모델, Biba 모델, Clark and Wilson 모델, 만리장성 모델
• 임의적 접근통제(DAC) : 주체가 속해 있는 그룹의 신원에 근거하여 객체에 대한 접근을 제한하는 방법

17 ④ 파일 관리자는 명령어들을 체계적이고 효율적으로 실행할 수 있도록 작업스케줄링하고 사용자의 작업 요청을 수용하거나 거부한다.
※ 파일관리자 … 시스템 내 데이터, 응용 프로그램 등의 모든 파일에 사용자별로 파일 접근 권한을 부여하고, 접근 권한에 따라 파일을 할당하고 해제

18 「정보통신망 이용촉진 및 정보보호 등에 관한 법률」의 용어에 대한 설명으로 옳지 않은 것은?

① "정보통신서비스 제공자"란 「전기통신사업법」 제2조제8호에 따른 전기통신사업자와 영리를 목적으로 전기통신사업자의 전기통신역무를 이용하여 정보를 제공하거나 정보의 제공을 매개하는 자를 말한다.
② "통신과금서비스이용자"란 정보통신서비스 제공자가 제공하는 정보통신서비스를 이용하는 자를 말한다.
③ "전자문서"란 컴퓨터 등 정보처리능력을 가진 장치에 의하여 전자적인 형태로 작성되어 송수신되거나 저장된 문서형식의 자료로서 표준화된 것을 말한다.
④ 해킹, 컴퓨터바이러스, 논리폭탄, 메일폭탄, 서비스거부 또는 고출력 전자기파 등의 방법으로 정보통신망 또는 이와 관련된 정보시스템을 공격하는 행위로 인하여 발생한 사태는 "침해사고"에 해당한다.

Answer 18.②

18 ② "이용자"란 정보통신서비스 제공자가 제공하는 정보통신서비스를 이용하는 자를 말한다.
→「정보통신망 이용촉진 및 정보보호 등에 관한 법률」 제2조(정의) 제1항 제4호
※「정보통신망 이용촉진 및 정보보호 등에 관한 법률」 제2조(정의)
① 이 법에서 사용하는 용어의 뜻은 다음과 같다.
1. "정보통신망"이란 「전기통신사업법」 제2조 제2호에 따른 전기통신설비를 이용하거나 전기통신설비와 컴퓨터 및 컴퓨터의 이용기술을 활용하여 정보를 수집·가공·저장·검색·송신 또는 수신하는 정보통신체제를 말한다.
2. "정보통신서비스"란 「전기통신사업법」 제2조 제6호에 따른 전기통신역무와 이를 이용하여 정보를 제공하거나 정보의 제공을 매개하는 것을 말한다.
3. "정보통신서비스 제공자"란 「전기통신사업법」 제2조 제8호에 따른 전기통신사업자와 영리를 목적으로 전기통신사업자의 전기통신역무를 이용하여 정보를 제공하거나 정보의 제공을 매개하는 자를 말한다.
4. "이용자"란 정보통신서비스 제공자가 제공하는 정보통신서비스를 이용하는 자를 말한다.
5. "전자문서"란 컴퓨터 등 정보처리능력을 가진 장치에 의하여 전자적인 형태로 작성되어 송수신되거나 저장된 문서형식의 자료로서 표준화된 것을 말한다.
6. 삭제
7. "침해사고"란 다음 각 목의 방법으로 정보통신망 또는 이와 관련된 정보시스템을 공격하는 행위로 인하여 발생한 사태를 말한다.
   가. 해킹, 컴퓨터바이러스, 논리폭탄, 메일폭탄, 서비스거부 또는 고출력 전자기파 등의 방법
   나. 정보통신망의 정상적인 보호·인증 절차를 우회하여 정보통신망에 접근할 수 있도록 하는 프로그램이나 기술적 장치 등을 정보통신망 또는 이와 관련된 정보시스템에 설치하는 방법
8. 삭제
9. "게시판"이란 그 명칭과 관계없이 정보통신망을 이용하여 일반에게 공개할 목적으로 부호·문자·음성·음향·화상·동영상 등의 정보를 이용자가 게재할 수 있는 컴퓨터 프로그램이나 기술적 장치를 말한다.
10. "통신과금서비스"란 정보통신서비스로서 다음 각 목의 업무를 말한다.
    가. 타인이 판매·제공하는 재화 또는 용역(이하 "재화등"이라 한다)의 대가를 자신이 제공하는 전기통신역무의 요금과 함께 청구·징수하는 업무
    나. 타인이 판매·제공하는 재화등의 대가가 가목의 업무를 제공하는 자의 전기통신역무의 요금과 함께 청구·징수되도록 거래정보를 전자적으로 송수신하는 것 또는 그 대가의 정산을 대행하거나 매개하는 업무
11. "통신과금서비스제공자"란 제53조에 따라 등록을 하고 통신과금서비스를 제공하는 자를 말한다.
12. "통신과금서비스이용자"란 통신과금서비스제공자로부터 통신과금서비스를 이용하여 재화등을 구입·이용하는 자를 말한다.
13. "전자적 전송매체"란 정보통신망을 통하여 부호·문자·음성·화상 또는 영상 등을 수신자에게 전자문서 등의 전자적 형태로 전송하는 매체를 말한다.
② 이 법에서 사용하는 용어의 뜻은 제1항에서 정하는 것 외에는 「지능정보화 기본법」에서 정하는 바에 따른다.

19 스니핑 공격에 대한 설명으로 옳지 않은 것은?

① 스위치에서 ARP 스푸핑 기법을 이용하면 스니핑 공격이 불가능하다.
② 모니터링 포트를 이용하여 스니핑 공격을 한다.
③ 스니핑 공격 방지책으로는 암호화하는 방법이 있다.
④ 스위치 재밍을 이용하여 위조한 MAC 주소를 가진 패킷을 계속 전송하여 스니핑 공격을 한다.

20 「정보보호 및 개인정보보호 관리체계 인증 등에 관한 고시」에서 인증심사원에 대한 설명으로 옳지 않은 것은?

① 인증심사원의 자격 유효기간은 자격을 부여 받은 날부터 3년으로 한다.
② 인증심사 과정에서 취득한 정보 또는 서류를 관련 법령의 근거나 인증신청인의 동의 없이 누설 또는 유출하거나 업무목적 외에 이를 사용한 경우에는 인증심사원의 자격이 취소될 수 있다.
③ 인증위원회는 자격 유효기간 동안 1회 이상의 인증심사를 참여한 인증심사원에 대하여 자격유지를 위해 자격 유효기간 만료 전까지 수료하여야하는 보수 교육시간 전부를 이수한 것으로 인정할 수 있다.
④ 인증심사원의 등급별 자격요건 중 선임심사원은 심사원 자격취득자로서 정보보호 및 개인정보보호 관리체계 인증심사를 3회 이상 참여하고 심사일수의 합이 15일 이상인 자이다.

Answer 19.① 20.③

19 스위칭 환경에서의 스니핑 기법: Switch Jamming, ARP Redirect, ARP spoofing, ICMP Redirect, 스위치의 span/port mirroring

20 ③ 인터넷진흥원은 자격 유효기간 동안 1회 이상의 인증심사를 참여한 인증심사원에 대하여 자격유지를 위해 자격 유효기간 만료 전까지 수료하여야하는 보수 교육시간 중 일부를 이수한 것으로 인정할 수 있다.
→ (개인정보보호위원회) 정보보호 및 개인정보보호 관리체계 인증 등에 관한 고시 제15조(인증심사원 자격 유지 및 갱신) 제3항

정보보호론

2022. 6. 18. 제1회 지방직 시행

1 송·수신자의 MAC 주소를 가로채 공격자의 MAC 주소로 변경하는 공격은?

① ARP spoofing
② Ping of Death
③ SYN Flooding
④ DDoS

2 스니핑 공격의 탐지 방법으로 옳지 않은 것은?

① ping을 이용한 방법
② ARP를 이용한 방법
③ DNS를 이용한 방법
④ SSID를 이용한 방법

ANSWER 1.① 2.④

1 ② Ping of Death : 인터넷 프로토콜 허용 범위(65,535바이트) 이상의 큰 패킷을 고의로 전송하여 발생한 서비스 거부(DoS) 공격
③ SYN Flooding : 공격대상에게 잘못된 송신주소로 SYN 패킷을 보내 과부화 시키는 공격
④ DDoS(분산 서비스 거부 공격) : 해커가 여러 대의 감염된 컴퓨터를 일제히 동작하게 하여 특정 사이트를 공격하고 정상적인 서비스를 불가능하게 만든 공격

2 스니퍼의 탐지방법
• Pingk을 이용한 스니퍼 탐지 방법
• ARP를 이용한 스니퍼 탐지 방법
• DNS를 이용한 스니퍼 탐지 방법
• 유인(Deoy)를 이용한 스니퍼 탐지 방법

3 공격자가 해킹을 통해 시스템에 침입하여 루트 권한을 획득한 후, 재침입할 때 권한을 쉽게 획득하기 위하여 제작된 악성 소프트웨어는?

① 랜섬웨어
② 논리폭탄
③ 슬래머 웜
④ 백도어

4 다음에서 설명하는 용어는?

> • 한 번의 시스템 인증을 통해 다양한 정보시스템에 재인증 절차 없이 접근할 수 있다.
> • 이 시스템의 가장 큰 약점은 일단 최초 인증 과정을 거치면, 모든 서버나 사이트에 접속할 수 있다는 것이다.

① NAC(Network Access Control)
② SSO(Single Sign On)
③ DRM(Digital Right Management)
④ DLP(Data Leak Prevention)

Answer 3.④ 4.②

3 ① 랜섬웨어 : 금전적인 요구, 몸값을 요구하는 악성 프로그램
② 논리폭탄 : 보통의 프로그램에 오류를 발생시키는 프로그램 루틴을 무단으로 삽입하여 특정한 조건의 발생이나 특정한 데이터의 입력을 기폭제로 컴퓨터에 부정한 행위를 실행 시키는 것
③ 슬래머 웜 : 윈도 서버의 취약점을 이용해 대량의 네트워크 트래픽을 유발하여 네트워크를 마비시키는 바이러스

4 ① NAC(Network Access Control) : 네트워크 상대를 더욱 명확하게 파악하고 위험을 줄이기 위해 네트워크에 액세스하는 디바이스에 정책을 적용하는 보안 솔루션
③ DRM(Digital Right Management) : 디지털 저작권 관리를 의미하며 디지털 콘텐츠를 다양한 방식으로 제어할 수 있게 기술적인 방법
④ DLP(Data Leak Prevention) : 기밀 정보를 자동으로 식별하고 전송 및 출력 등 외부로 반출에 관련된 작업들은 기밀 정보가 발견된 경우 해당 작업을 차단하는 구조

5 보안 공격 유형에는 적극적 공격과 소극적 공격이 있다. 다음 중 공격 유형이 다른 하나는?

① 메시지 내용 공개(release of message contents)

② 신분 위장(masquerade)

③ 메시지 수정(modification of message)

④ 서비스 거부(denial of service)

6 X.509 인증서 폐기 목록(Certificate Revocation List) 형식 필드에 포함되지 않는 것은?

① 발행자 이름(Issuer name)

② 사용자 이름(Subject name)

③ 폐지된 인증서(Revoked certificate)

④ 금번 업데이트 날짜(This update date)

ANSWER 5.① 6.②

5 ① 소극적 공격
②③④ 능동적 공격
※ 보안 공격의 유형

수동적 공격	능동적 공격
메시지 내용 공개 도청 트래픽 분석 스캐닝	신분위장 메시지 수정 방해 위변조 재생공격 서비스거부 분산서비스공격

6 X.509(공개키 인증서) … ITU-T표준으로 인증서 구조 명세와 인증 서비스 활용을 위한 관리 메커니즘을 제시하는 공개키 기반 구조(PKI) 프레임워크
 ※ 인증서 폐기 목록(Certificate Revocation List) … 인증서의 지속적인 유효함을 점검하는 도구
  • 발급자 : CRL 발급자의 CA
  • 발급일자 및 다음 발급 일자 : 본 CRL의 발급일자 + 다음 발급일자
  • 폐지된 인증서 : 일련번호 / 폐지 일자 / CRL 항목 확장
  • CRL 확장 : CRL 의 추가 정보 제공
  • 서명 알고리즘 : CA가 사용한 서명 알고리즘
  • 발급자의 서명 : 인증서 발급 기관의 서명

7 AES 알고리즘에 대한 설명으로 옳지 않은 것은?

① 블록 암호 체제를 갖추고 있다.
② 128/192/256bit 키 길이를 제공하고 있다.
③ DES 알고리즘을 보완하기 위해 고안된 알고리즘이다.
④ 첫 번째 라운드를 수행하기 전에 먼저 초기 평문과 라운드 키의 NOR 연산을 수행한다.

8 정보기술과 보안 평가를 위한 CC(Common Criteria)의 보안 기능적 요구 조건에 해당하지 않는 것은?

① 암호 지원 ② 취약점 평가
③ 사용자 데이터 보호 ④ 식별과 인증

9 커버로스(Kerberos) 버전 4에 대한 설명으로 옳지 않은 것은?

① 사용자를 인증하기 위해 사용자의 패스워드를 중앙집중식 DB에 저장하는 인증 서버를 사용한다.
② 사용자는 인증 서버에게 TGS(Ticket Granting Server)를 이용하기 위한 TGT(Ticket Granting Ticket)를 요청한다.
③ 인증 서버가 사용자에게 발급한 TGT는 유효기간 동안 재사용 할 수 있다.
④ 네트워크 기반 인증 시스템으로 비대칭 키를 이용하여 인증을 수행한다.

Answer 7.④ 8.② 9.④

7 각 블록의 평문과 블록 암호문과의 XOR 연산을 수행하여 암호화를 진행한다.
 ※ AES 알고리즘
  • 미국 연방 표준 블록암호 알고리즘으로 1997년 미국 국립 기술 표준원에서 DES를 대체하기 위해 공모하여 만들어짐
  • 128/192/256비트 키를 사용

8 공통평가기준(CC, Common Criteria)
 • 국가마다 서로 다른 정보보호시스템 평가기준을 연동하고 평가기결과를 상호인증하기 위해 제정된 국제표준 평가기준이다.
 • 공통평가기준 구성
  -1부 CC의 소개 및 일반 모델 : 용어 정의, 보안성 평가 개념 정의, PP/ST 구조 정의
  -2부 보안 기능 요구 사항 11개 기능 : 보안감사, 통신, 암호지원, 사용자 데이터 보호, 식별 및 인증, 프라이버시, TSF보호, 자원활동, ToE접근, 안전한 경로/ 채널
  -3부 보증 요구 사항 7개의 보증 클래스 : PP/ST 평가, 개발, 생명주기 지원, 설명서, 시험, 취약성 평가, 합성

9 커버로스(Kerberos) … 클라이언트/서버 모델에서 동작하여 <u>대칭키 암호기법</u>에 바탕을 둔 티켓 기반 인증 프로토콜

10 다음에서 설명하는 보안 공격은?

- 정상적인 HTTP GET 패킷의 헤더 부분의 마지막에 입력되는 2개의 개행 문자(\r\n\r\n) 중 하나(\r\n)를 제거한 패킷을 웹 서버에 전송할 경우, 웹 서버는 아직 HTTP 헤더 정보가 전달되지 않은 것으로 판단하여 계속 연결을 유지하게 된다.
- 제한된 연결 수를 모두 소진하게 되어 결국 다른 클라이언트가 해당 웹 서버에 접속할 수 없게 된다.

① HTTP Cache Control　　　② Smurf
③ Slowloris　　　　　　　　④ Replay

11 (가), (나)에 들어갈 접근통제 보안모델을 바르게 연결한 것은?

| (가) |은 허가되지 않은 방식의 접근을 방지하는 모델로 정보 흐름 모델 최초의 수학적 보안모델이다.
| (나) |은 비즈니스 입장에서 직무분리 개념을 적용하고, 이해가 충돌되는 회사 간의 정보의 흐름이 일어나지 않도록 접근통제 기능을 제공하는 보안모델이다.

	(가)	(나)
①	Bell-LaPadula Model	Biba Integrity Model
②	Bell-LaPadula Model	Brewer-Nash Model
③	Clark-Wilson Model	Biba Integrity Model
④	Clark-Wilson Model	Brewer-Nash Model

ANSWER 10.③　11.②

10 ① HTTP Cache Control : 웹 서버에 접근 시 Cache Control 옵션을 초기화해 cache가 없는 패턴을 전달해서 웹 서버에 대해서 과부하를 발생시키는 공격
　② Smurf : ICMP 패킷과 네트워크에 존재하는 임의의 시스템들을 이용하여 패킷을 확장시켜서 서비스 거부 공격을 수행하는 방법
　④ Replay : 네트워크에서 메시지 패킷을 가로채서 재전송 하는 것

11 • Bell-LaPadula Model : 군대의 보안 레벨처럼 정보의 기밀성에 따라 상하 관계가 구분된 정보를 보호하기 위해 사용
　• Brewer-Nash Model(만리장성 모델) : 사용자 이전 동작에 따라 변화할 수 있는 접근 통제를 제공하기 위해 만들어짐, 이해충돌이 발생할 수 있는 상업용 응용을 위해 개발

12 리눅스 시스템에서 umask값에 따라 새로 생성된 디렉터리의 접근 권한이 'drwxr-xr-x'일 때 기본 접근 권한을 설정하는 umask의 값은?

① 002
② 020
③ 022
④ 026

13 (가), (나)에 해당하는 침입차단시스템 동작 방식에 따른 분류를 바르게 연결한 것은?

> (가) 각 서비스별로 클라이언트와 서버 사이에 프록시가 존재하며 내부 네트워크와 외부 네트워크가 직접 연결되는 것을 허용하지 않는다.
> (나) 서비스마다 개별 프록시를 둘 필요가 없고 프록시와 연결을 위한 전용 클라이언트 소프트웨어가 필요하다.

	(가)	(나)
①	응용 계층 게이트웨이(application level gateway)	회선 계층 게이트웨이(circuit level gateway)
②	응용 계층 게이트웨이(application level gateway)	상태 검사(stateful inspection)
③	네트워크 계층 패킷 필터링(network level packet filtering)	상태 검사(stateful inspection)
④	네트워크 계층 패킷 필터링(network level packet filtering)	회선 계층 게이트웨이(circuit level gateway)

ANSWER 12.③ 13.①

12 접근권한(umask) … 사용자가 만든 파일이나 디렉토리에 대한 기본 권한을 설정

권한	2진수	8진수	설명
---	000	0	권한없음
--x	001	1	실행 전용 권한
-w-	010	2	쓰기 전용 권한
-wx	011	3	쓰기 및 실행 권한
r--	100	4	읽기 전용 권한
r-x	101	5	읽기 및 실행 권한
rw-	110	6	읽기 및 쓰기 권한
rwx	111	7	읽기, 쓰기 및 실행 권한

777 - 755 = 022

- umask값 : 어떤 보안 수준에 대하여 주고 싶지 않은 권한을 마스크 하는 마스크 값으로 개체에 대해 설정되는 모든 권한에서 빼기를 한 값
- 파일에 대한 모든 권한 모드는 666(모든 사용자에게 읽기, 쓰기 권한 부여)이고 디렉토리에 대해서는 777(모든 사용자에게 읽기, 쓰기, 실행 권한 부여)이다.

13
- 응용 계층 게이트웨이(application level gateway) : 내부 서버 보호 목적이며 사용자 응용계층에서 침입차단 시스템 기능 제공
- 회선 계층 게이트웨이(circuit level gateway) : 내부 네트워크의 호스트 보호 목적

14 다음은 「지능정보화 기본법」 제6조(지능정보사회 종합계획의 수립)의 일부이다. ㈎, ㈏에 들어갈 내용을 바르게 연결한 것은?

> 제6조(지능정보사회 종합계획의 수립)
> ① 정부는 지능정보사회 정책의 효율적·체계적 추진을 위하여 지능정보사회 종합계획(이하 "종합계획"이라 한다)을 ㈎ 단위로 수립하여야 한다.
> ② 종합계획은 ㈏ 이 관계 중앙행정기관(대통령 소속 기관 및 국무총리 소속 기관을 포함한다. 이하 같다)의 장 및 지방자치단체의 장의 의견을 들어 수립하며, 「정보통신 진흥 및 융합 활성화 등에 관한 특별법」 제7조에 따른 정보통신 전략위원회(이하 "전략위원회"라 한다)의 심의를 거쳐 수립·확정한다. 종합계획을 변경하는 경우에도 또한 같다.

	㈎	㈏
①	3년	과학기술정보통신부장관
②	3년	행정안전부장관
③	5년	과학기술정보통신부장관
④	5년	행정안전부장관

15 「개인정보 영향평가에 관한 고시」상 용어의 정의로 옳지 않은 것은?

① "대상시스템"이란 「개인정보 보호법 시행령」 제35조에 해당하는 개인정보파일을 구축·운용, 변경 또는 연계하려는 정보시스템을 말한다.
② "대상기관"이란 「개인정보 보호법 시행령」 제35조에 해당하는 개인정보파일을 구축·운용, 변경 또는 연계하려는 공공기관 및 민간기관을 말한다.
③ "개인정보 영향평가 관련 분야 수행실적"이란 「개인정보 보호법 시행령」 제37조 제1항 제1호에 따른 영향평가 업무 또는 이와 유사한 업무, 정보보호 컨설팅 업무 등을 수행한 실적을 말한다.
④ "개인정보 영향평가"란 「개인정보 보호법」 제33조 제1항에 따라 공공기관의 장이 「개인정보 보호법 시행령」 제35조에 해당하는 개인정보파일의 운용으로 인하여 정보주체의 개인정보 침해가 우려되는 경우에 그 위험요인의 분석과 개선 사항 도출을 위한 평가를 말한다.

ANSWER 14.① 57.②

14 「지능정보화 기본법」 제6조(지능정보사회 종합계획의 수립)
① 정부는 지능정보사회 정책의 효율적·체계적 추진을 위하여 지능정보사회 종합계획(이하 "종합계획"이라 한다)을 <u>3년 단위</u>로 수립하여야 한다.
② 종합계획은 <u>과학기술정보통신부장관</u>이 관계 중앙행정기관(대통령 소속 기관 및 국무총리 소속 기관을 포함한다. 이하 같다)의 장 및 지방자치단체의 장의 의견을 들어 수립하며, 「정보통신 진흥 및 융합 활성화 등에 관한 특별법」 제7조에 따른 정보통신 전략위원회(이하 "전략위원회"라 한다)의 심의를 거쳐 수립·확정한다. 종합계획을 변경하는 경우에도 또한 같다.
③ 과학기술정보통신부장관이 중앙행정기관의 장 및 지방자치단체의 장에게 종합계획의 수립에 필요한 자료를 요청하는 경우 해당 기관의 장은 특별한 사정이 없으면 이에 응하여야 한다.
④ 종합계획에는 다음 각 호의 사항이 포함되어야 한다.
  1. 지능정보사회 정책의 기본방향 및 중장기 발전방향
  2. 공공·민간·지역 등 분야별 지능정보화
  3. 지능정보기술의 고도화 및 지능정보서비스의 이용촉진과 관련 과학기술 발전 지원
  4. 전 산업의 지능정보화 추진, 지능정보기술 관련 산업의 육성, 규제개선 및 공정한 경쟁환경 조성 등을 통한 신산업·신서비스 창업생태계 조성
  5. 정보의 공동활용·표준화 및 초연결지능정보통신망의 구축
  6. 지능정보사회 관련 법·제도 개선
  7. 지능정보화 및 지능정보사회 관련 교육·홍보·인력양성 및 국제협력
  8. 건전한 정보문화 창달 및 지능정보사회윤리의 확립
  9. 정보보호, 정보격차 해소, 제51조에 따른 기본계획의 수립에 관한 사항 등 역기능 해소, 이용자의 권익보호 및 지식재산권의 보호
  10. 지능정보사회 구현을 위한 시책 추진에 필요한 재원의 조달·운용 및 인력확보 방안
  11. 그 밖에 지능정보사회 구현을 위하여 필요한 사항
⑤ 중앙행정기관의 장과 지방자치단체의 장은 소관 주요 정책을 수립하고 집행을 할 때 제4항 각 호의 사항을 우선적으로 고려하여야 한다.
⑥ 과학기술정보통신부장관은 매년 종합계획의 주요 시책에 대한 추진 실적을 점검·분석하여 그 결과를 전략위원회에 보고하여야 한다.

15 「개인정보 영향평가에 관한 고시」 제2조(용어의 정의) 이 고시에서 사용하는 용어의 정의는 다음과 각 호와 같다.
  1. "개인정보 영향평가(이하 "영향평가"라 한다)"란 법 제33조 제1항에 따라 공공기관의 장이 영 제35조에 해당하는 개인정보파일의 운용으로 인하여 정보주체의 개인정보 침해가 우려되는 경우에 그 위험요인의 분석과 개선 사항 도출을 위한 평가를 말한다.
  2. "<u>대상기관</u>"이란 영 제35조에 해당하는 <u>개인정보파일을 구축·운용, 변경 또는 연계하려는 공공기관을 말한다.</u>
  3. "개인정보 영향평가기관(이하 "평가기관"이라 한다)"란 영 제37조 제1항 각 호의 요건을 모두 갖춘 법인으로서 공공기관의 영향평가를 수행하기 위하여 행정안전부장관이 지정한 기관을 말한다.
  4. "대상시스템"이란 영 제35조에 해당하는 개인정보파일을 구축·운용, 변경 또는 연계하려는 정보시스템을 말한다.
  5. "개인정보 영향평가 관련 분야 수행실적(이하 "영향평가 관련 분야 수행실적"이라 한다)"란 영 제37조 제1항 제1호에 따른 영향평가 업무 또는 이와 유사한 업무, 정보보호 컨설팅 업무 등을 수행한 실적을 말한다.

16 IPSec에 대한 설명으로 옳지 않은 것은?

① AH는 인증 기능을 제공한다.
② ESP는 암호화 기능을 제공한다.
③ 전송 모드는 IP 헤더를 포함한 전체 IP 패킷을 보호한다.
④ IKE는 Diffie-Hellman 키 교환 알고리즘을 기반으로 한다.

17 보안 공격에 대한 설명으로 옳지 않은 것은?

① Land 공격은 패킷을 전송할 때 출발지와 목적지 IP를 동일하게 만들어서 공격 대상에게 전송한다.
② UDP Flooding 공격은 다수의 UDP 패킷을 전송하여 공격 대상 시스템을 마비시킨다.
③ ICMP Flooding 공격은 ICMP 프로토콜의 echo 패킷에 대한 응답인 reply 패킷의 폭주를 통해 공격 대상 시스템을 마비시킨다.
④ Teardrop 공격은 공격자가 자신이 전송하는 패킷을 다른 호스트의 IP 주소로 변조하여 수신자의 패킷 조립을 방해한다.

ANSWER 16.③ 17.④

16 IPSec
- IP계층에서 무결성과 인증을 보장하는 인증헤더(AH)와 기밀성을 보장하는 암호화(ESP)를 이용하여 양 종단 간(End Point)구간에 보안 서비스를 제공하는 터널링 프로토콜이다.
- 전송모드
 - 원래의 IP 헤더는 대부분 그대로 이용하고, 나머지 데이터 부분만 보호하는 방법이다.
 - 호스트 to 호스트(종단간)에 주로 사용하고, 상위 계층 프로토콜을 보호한다.
 ① 인증헤더 프로토콜(AH) : 인증서비스 제공, 메시지의 송신자로 표시된 장비가 실제로 그 메시지를 송신했다는 것을 수신자가 검증할 수 있도록 한다.
 ② 보안 페이로드 캡슐화(ESP) : AH는 데이터그램 데이터의 무결성은 보장하지만 프라이버시는 보장하지 않으므로 데이터그램의 정보는 ESP를 이용하여 암호화해야 한다.
 ④ IKE : key를 주고받는 알고리즘으로 공개된 네트워크를 통해 IKE 교환을 위한 메시지를 전달하는 프로토콜이다.

17 Teardrop 공격
- fragment offset을 조작하여 ip피킷 재조합에 오류를 발생하게 하는 공격
- 중첩되게 하거나 중간을 빈 상태로 offset을 설정해서 재조합을 못 하게 만듦
- 헤더값을 조작하는 bonk, boink 공격도 있음

18 「정보통신망 이용촉진 및 정보보호 등에 관한 법률」 제23조의4(본인확인업무의 정지 및 지정취소)상 본인확인업무에 대해 전부 또는 일부의 정지를 명하거나 본인확인기관 지정을 취소할 수 있는 사유에 해당하지 않는 것은?

① 「정보통신망 이용촉진 및 정보보호 등에 관한 법률」 제23조의3 제4항에 따른 지정기준에 적합하지 아니하게 된 경우
② 거짓이나 그 밖의 부정한 방법으로 본인확인기관의 지정을 받은 경우
③ 본인확인업무의 정지명령을 받은 자가 그 명령을 위반하여 업무를 정지하지 아니한 경우
④ 지정받은 날부터 3개월 이내에 본인확인업무를 개시하지 아니하거나 3개월 이상 계속하여 본인확인업무를 휴지한 경우

19 메일 보안 기술에 대한 설명으로 옳지 않은 것은?

① PGP는 중앙 집중화된 키 인증 방식이고, PEM은 분산화된 키 인증 방식이다.
② PGP를 이용하면 수신자가 이메일을 받고서도 받지 않았다고 발뺌할 수 없다.
③ PGP는 인터넷으로 전송하는 이메일을 암호화 또는 복호화하여 제3자가 알아볼 수 없게 하는 보안 프로그램이다.
④ PEM에는 메시지를 암호화하여 통신 내용을 보호하는 기능, 메시지 위·변조, 검증 및 메시지 작성자를 인증하는 보안 기능이 있다.

ANSWER 18.④ 19.①

18 「정보통신망 이용촉진 및 정보보호 등에 관한 법률」 제23조의4(본인확인업무의 정지 및 지정취소)
① 방송통신위원회는 본인확인기관이 다음 각 호의 어느 하나에 해당하는 때에는 6개월 이내의 기간을 정하여 본인확인업무의 전부 또는 일부의 정지를 명하거나 지정을 취소할 수 있다. 다만, 제1호 또는 제2호에 해당하는 때에는 그 지정을 취소하여야 한다.
  1. 거짓이나 그 밖의 부정한 방법으로 본인확인기관의 지정을 받은 경우
  2. 본인확인업무의 정지명령을 받은 자가 그 명령을 위반하여 업무를 정지하지 아니한 경우
  3. <u>지정받은 날부터 6개월 이내에 본인확인업무를 개시하지 아니하거나 6개월 이상 계속하여 본인확인업무를 휴지한 경우</u>
  4. 제23조의3제4항에 따른 지정기준에 적합하지 아니하게 된 경우
② 제1항에 따른 처분의 기준, 절차 및 그 밖에 필요한 사항은 대통령령으로 정한다.

19 메일 보안 기술
• PGP : 객체에 암호화와 전자서명 기능을 추가한 암호화 프로토콜로 네트워크를 통해 주고받는 메시지에 대해서 송수신자에게 보안서비스를 제공하고 평문 메시지를 암호화 한다.
• PEM
 − 프라이버시 향상 이메일로 인터넷에서 사용되는 이메일 보안 시스템이다.
 − 중앙 집중화된 키 인증 방식으로 구현이 어렵고 높은 보안성을 제공한다.
 − 군사, 은행에서 주로 사용된다.

20 (개)~(대)에 해당하는 트리형 공개키 기반 구조의 구성 기관을 바르게 연결한 것은? (단, PAA는 Policy Approval Authorities, RA는 Registration Authority, PCA는 Policy Certification Authorities를 의미한다)

> (개) PKI에 대한 정책을 결정하고 하위 기관의 정책을 승인하는 기관
> (내) Root CA 인증서를 발급하고 CA가 준수해야 할 기본 정책을 수립하는 기관
> (대) CA를 대신하여 PKI 인증 요청을 확인하고, CA 간 인터페이스를 제공하는 기관

	(개)	(내)	(대)
①	PAA	RA	PCA
②	PAA	PCA	RA
③	PCA	RA	PAA
④	PCA	PAA	RA

ANSWER 20.②

20 PKI
　㉠ 공개키 암호화를 기초로 인증서를 생성, 관리, 저장, 분배, 취소하는데 필요한 하드웨어, 소프트웨어, 사람, 정책 절차이다.
　㉡ 구성
　• 인증기관(CA) : 인증서 발행기관 3계층 구분
　 - 정책 승인기관(PAA) : 공인인증서에 대한 정책을 결정하고 하위 기관의 정책을 승인하는 기관
　 - 정책 인증기관(PCA) : RootCA를 발급하고 기본 정책을 수립하는 기관
　 - 인증기관(CA) : PCA의 하위 기관으로 인증서 발급과 취소 등의 실질적인 업무를 하는 기관
　• 검증기관(VA)
　• 등록기관(RA) : 사용자의 신분을 확인하고 CA 간 인터페이스를 제공하는 기관
　• 저장소
　• 사용자

정보보호론

2023. 4. 8. 인사혁신처 시행

1 SSS(Server Side Script) 언어에 해당하지 않는 것은?

① IIS
② PHP
③ ASP
④ JSP

2 정보나 정보시스템을 누가, 언제, 어떤 방법을 통하여 사용했는지 추적할 수 있도록 하는 것은?

① 인증성
② 가용성
③ 부인방지
④ 책임추적성

ANSWER 1.① 2.④

1 SSS(Server Side Script) 언어
㉠ PHP(오픈소스)
㉡ ASP(Windows)
㉢ JSP(JAVA)

2 ④ 주체가 자신의 행동에 책임이 있다는 것을 보증하는 것으로 감사, 기록, 감시 등의 방법으로 이뤄낼 수 있다
① 객체의 자격이나 내용을 검증하는데 사용한다.
② 정당한 사용자가 데이터 또는 자원을 필요로 할때 지체없이 자원을 사용할 수 있어야 한다.
③ 송수신자가 송수신 사실에 대한 행동을 추적해서 부인을 할 수 없도록 하는 것이다.

3 디지털포렌식의 원칙에 대한 설명으로 옳지 않은 것은?

① 연계성의 원칙 : 수집된 증거가 위변조되지 않았음을 증명해야 한다.
② 정당성의 원칙 : 법률에서 정하는 적법한 절차와 방식으로 증거가 입수되어야 하며 입수 경위에서 불법이 자행되었다면 그로 인해 수집된 2차적 증거는 모두 무효가 된다.
③ 재현의 원칙 : 불법 해킹 용의자의 해킹 도구가 증거 능력을 가지기 위해서는 같은 상황의 피해 시스템에 도구를 적용할 경우 피해 상황과 일치하는 결과가 나와야 한다.
④ 신속성의 원칙 : 컴퓨터 내부의 정보는 휘발성을 가진 것이 많기 때문에 신속하게 수집되어야 한다.

4 다음에서 설명하는 국내 인증 제도는?

- 「정보통신망 이용촉진 및 정보보호 등에 관한 법률」에 의한 정보보호 관리체계 인증과 「개인정보 보호법」에 의한 개인정보보호 관리체계 인증에 관한 사항을 통합하여 한국인터넷진흥원과 금융보안원에서 인증하고 있다.
- 한국정보통신진흥협회, 한국정보통신기술협회, 개인정보보호협회에서 인증심사를 수행하고 있다.

① CC
② BS7799
③ TCSEC
④ ISMS-P

ANSWER 3.① 4.④

3 ① 연계성의 원칙이란 디지털 증거의 습득, 이송, 분석, 보관, 법정 제출 각 단계에서 담당자와 업무자를 명확히 하는 것을 의미한다.

4 ④ 정보통신망의 안정성 확보 및 개인정보 보호를 위해 조직이 수립한 일련의 조치와 활동이 인증기준에 적합함을 인증기관이 평가하여 인증을 부여하는 제도이다.
① 컴퓨터의 보안을 위한 국제 표준규격으로 보안기능이 있는 IT 제품(즉, 정보보호제품)의 보안성을 평가기관에서 평가하고 이에 대한 결과를 인증기관(IT보안 인증사무국 확인 가능)에서 인증하는 제도이다.
② 정보 보호 관리 체계(ISMS ; Information Security Management System)에 대한 요구 사항을 규정하기 위해 BSI가 제정한 국제 표준이다.
③ 컴퓨터 시스템에 빌드되는 컴퓨터 보안 컨트롤의 효율성의 기본 요건을 설정해 놓은 미국 정부의 국방부(DoD) 표준이다.

5 「개인정보 보호법」 제28조의2(가명정보의 처리 등)의 내용으로서 (가)와 (나)에 들어갈 용어를 바르게 연결한 것은?

> 제1항 개인정보처리자는 통계작성, 과학적 연구, 공익적 기록보존 등을 위하여 정보주체의 ㅤ(가)ㅤ 가명정보를 처리할 수 있다.
> 제2항 개인정보처리자는 제1항에 따라 가명정보를 제3자에게 제공하는 경우에는 특정 개인을 알아보기 위하여 사용될 수 있는 정보를 포함 ㅤ(나)ㅤ.

	(가)	(나)
①	동의를	받아 할 수 있다.
②	동의를	받아 해서는 아니 된다.
③	동의 없이	해서는 아니 된다.
④	동의 없이	할 수 있다.

6 SSL을 구성하는 프로토콜에 대한 설명으로 옳은 것은?

① Handshake는 두 단계로 이루어진 메시지 교환 프로토콜로서 클라이언트와 서버 사이의 암호학적 비밀 확립에 필요한 정보를 교환하기 위한 것이다.
② 클라이언트와 서버는 각각 상대방에게 Change Cipher Spec 메시지를 전달함으로써 메시지의 서명 및 암호화에 필요한 매개변수가 대기 상태에서 활성화되어 비로소 사용할 수 있게 된다.
③ 송신 측의 Record 프로토콜은 응용 계층 또는 상위 프로토콜의 메시지를 단편화, 암호화, 압축, 서명, 헤더 추가의 순서로 처리하여 전송 프로토콜에 전달한다.
④ Alert 프로토콜은 Record 프로토콜의 하위 프로토콜로서 처리 과정의 오류를 알리는 메시지를 전달한다.

ANSWER 5.③ 6.②

5 「개인정보 보호법」 제28조의2(가명정보의 처리 등)
ㅤ㉠ 개인정보처리자는 통계작성, 과학적 연구, 공익적 기록보존 등을 위하여 정보주체의 동의 없이 가명정보를 처리할 수 있다.
ㅤ㉡ 개인정보처리자는 제1항에 따라 가명정보를 제3자에게 제공하는 경우에는 특정 개인을 알아보기 위하여 사용될 수 있는 정보를 포함해서는 아니 된다.

6 ① Handshake는 크게 네 단계로 이루어진다.
ㅤ③ 송신 측의 Record 프로토콜은 단편화, 압축, MAC 추가, 암호화, 레코드 헤더 순으로 처리한다.
ㅤ④ Alert 프로토콜은 Record 프로토콜의 상위 프로토콜로서

7 블록체인 기술의 하나인 하이퍼레저 패브릭에 대한 설명으로 옳지 않은 것은?

① 허가형 프라이빗 블록체인의 형태로 MSP(Membership Service Provider)라는 인증 관리 시스템에 등록된 사용자만 참여할 수 있다.
② 체인코드라는 스마트 컨트랙트를 통해서 분산 원장의 데이터를 읽고 쓸 수 있다.
③ 분산 원장은 원장의 현재 상태를 나타내는 월드 스테이트와 원장의 생성 시점부터 현재까지의 사용 기록을 저장하는 블록체인 두 가지로 구성된다.
④ 트랜잭션을 정해진 순서로 정렬하는 과정을 합의로 정의하고, 이를 위해 지분 증명 방식과 BFT(Byzantine Fault Tolerance) 알고리즘을 사용한다.

8 「정보통신망 이용촉진 및 정보보호 등에 관한 법률」제23조의3(본인확인기관의 지정 등)에 의거하여 다음의 사항을 심사하여 대체수단의 개발·제공·관리 업무(이하 "본인확인업무"라 한다)를 안전하고 신뢰성 있게 수행할 능력이 있다고 인정되는 자를 본인확인기관으로 지정할 수 있는 기관은?

> 1. 본인확인업무의 안전성 확보를 위한 물리적·기술적·관리적 조치계획
> 2. 본인확인업무의 수행을 위한 기술적·재정적 능력
> 3. 본인확인업무 관련 설비규모의 적정성

① 과학기술정보통신부　　　　② 개인정보보호위원회
③ 방송통신위원회　　　　　　④ 금융위원회

ANSWER 7.④　8.③

7 ④ 하이퍼레저 패브릭은 카프카(Kafka)를 선택하였다. 카프카는 엄밀히 이야기하면 블록체인 합의 알고리즘이 아니다. 링크드인(Linkedin)에서 개발한 분산 메시징 시스템으로, 실시간 대용량 로그 처리에 특화되어 있다. 그래서 다른 합의 알고리즘들이 BFT인 반면, 카프카는 CFT(Crash Fault Tolerance)이다.

8 본인확인기관의 지정 등(「정보통신망 이용촉진 및 정보보호 등에 관한 법률」제23조의3)
　　방송통신위원회는 다음 각 호의 사항을 심사하여 대체수단의 개발·제공·관리 업무(이하 "본인확인업무"라 한다)를 안전하고 신뢰성 있게 수행할 능력이 있다고 인정되는 자를 본인확인기관으로 지정할 수 있다.
　　1. 본인확인업무의 안전성 확보를 위한 물리적·기술적·관리적 조치계획
　　2. 본인확인업무의 수행을 위한 기술적·재정적 능력
　　3. 본인확인업무 관련 설비규모의 적정성

9 (가)와 (나)에 들어갈 용어를 바르게 연결한 것은?

> 악성 코드의 정적 분석은 파일을 ⎡(가)⎦ 하여 상세한 동작을 분석하는 단계로 악성 코드 파일을 역공학 분석하여 그 구조, 핵심이 되는 명령 부분, 동작 방식 등을 알아내는 것을 목표로 한다. 이를 위하여 역공학 분석을 위한 ⎡(나)⎦ 와/과 같은 도구를 활용한다.

	(가)	(나)
①	패킹	OllyDbg
②	패킹	Regshot
③	디스어셈블링	Regshot
④	디스어셈블링	OllyDbg

10 프로그램 입력 값에 대한 검증 누락, 부적절한 검증 또는 데이터의 잘못된 형식 지정으로 인해 발생할 수 있는 보안 공격이 아닌 것은?

① HTTP GET 플러딩
② SQL 삽입
③ 크로스사이트 스크립트
④ 버퍼 오버플로우

ANSWER 9.④ 10.①

9 (가) 기계어를 어셈블러로 변환하는 컴퓨터 프로그램이다.
  (나) 바이너리 코드 분석을 위한 x86 디버거로서, 소스 코드가 없을 때 유용하게 사용된다.

10 ① Dos(Denial of Service) 공격의 일종으로, 대량의 HTTP GET 요청을 발생시켜 해당 게시물이 존재 하는 웹서버의 자원을 소진 시키는 공격이다.
  ② 응용 프로그램 보안 상의 허점을 의도적으로 이용해, 악의적인 SQL문을 실행되게 함으로써 데이터베이스를 비정상적으로 조작하는 코드 인젝션 공격 방법이다.
  ③ '공격자'의 웹사이트에서 피해자가 친숙하다고 느끼는 웹사이트에 악성 스크립트를 주입하는 행위이다.
  ④ 프로그램이 실행될 때 입력받는 값이 버퍼를 가득 채우다 못해 넘쳐흘러 버퍼 이후의 공간을 침범하는 현상이다.

11 정보의 무결성에 중점을 둔 보안 모델은?

① Biba
② Bell-LaPadula
③ Chinese Wall
④ Lattice

12 허니팟에 대한 설명으로 옳지 않은 것은?

① 공격자가 중요한 시스템에 접근하지 못하도록 실제 시스템처럼 보이는 곳으로 유인한다.
② 공격자의 행동 패턴에 관한 정보를 수집한다.
③ 허니팟은 방화벽의 내부망에는 설치할 수 없다.
④ 공격자가 가능한 한 오랫동안 허니팟에서 시간을 보내도록 하고 그사이 관리자는 필요한 대응을 준비한다.

Answer 11.① 12.③

11 ① BIBA Integrity 모델은 주체들과 객체들의 무결성 계층에 기반하여, 수학적으로 설명할 수 있는 변경문제를 다룬 모델이다.
② 허가된 비밀정보에 허가되지 않은 방식의 접근을 금지하는 기밀성을 집행하는 상태 머신 모델이다.
③ 같은 회사나 그룹 내 계열사끼리도 불필요한 정보 교류를 원천적으로 차단하는 것 또는 개별적으로 운영하는 것을 뜻한다.

12 ③ 허니팟은 다양한 곳에 설치할 수 있다. 다만, 방화벽 뒤에 허니팟을 설치하면 효율성은 높아지나 내부 네트워크의 위험도가 증가할 수 있다.

13 다음에 설명하는 위험 분석 방법은?

> • 구조적인 방법론에 기반하지 않고 분석가의 경험이나 지식을 사용하여 위험 분석을 수행한다.
> • 중소 규모의 조직에는 적합할 수 있으나 분석가의 개인적 경험에 지나치게 의존한다는 단점이 있다.

① 기준선 접근법
② 비정형 접근법
③ 상세 위험 분석
④ 복합 접근법

14 RSA를 적용하여 7의 암호문 11과 35의 암호문 42가 주어져 있을 때, 알고리즘의 수학적 특성을 이용하여 계산한 245(=7 × 35)의 암호문은? (단, RSA 공개 모듈 n = 247, 공개 지수 e = 5)

① 2
② 215
③ 239
④ 462

ANSWER 13.② 14.②

13 ① 기준 문서, 실무 규약 등을 이용하여 시스템에 일반적 수준의 보안 통제 사항들을 구현하는 것이다.
③ 잘 정립된 모델에 기초하여 자산 분석, 위험 분석, 취약성 분석의 각 단계를 수행하여 위험을 평가하는 것이다.
④ 고위험 영역을 식별하여 이 영역은 상세 위험분석을 수행하고, 다른 영역은 베이스라인 접근법을 사용하는 방식이다.

14 $7^5 \bmod 247 = 11$
$35^5 \bmod 247 = 42$
$245^5 \bmod 247 = (7 \times 35)^5 \bmod 247$
$\qquad = \{(7^5 \bmod 247) \times (35^5 \bmod 247)\} \bmod 247$
$\qquad = (11 \times 41) \bmod 247$
$\qquad = 462 \bmod 247 = 215$

15 사용자 A가 사전에 비밀키를 공유하고 있지 않은 사용자 B에게 기밀성 보장이 요구되는 문서 M을 보내기 위한 메시지로 옳은 것은?

> KpuX : 사용자 X의 공개키
> KprX : 사용자 X의 개인키
> KS : 세션키
> H() : 해시 함수
> E() : 암호화
> || : 연결(concatenation) 연산자

① $M \ || \ E_{KprA}(H(M))$
② $E_{KprA}(M \ || \ H(M))$
③ $E_{KS}(M) \ || \ E_{KpuB}(KS)$
④ $E_{KS}(M) \ || \ E_{KprA}(KS)$

16 보안 서비스와 이를 제공하기 위한 보안 기술을 잘못 연결한 것은?

① 데이터 무결성 – 암호학적 해시
② 신원 인증 – 인증서
③ 부인방지 – 메시지 인증 코드
④ 메시지 인증 – 전자 서명

Answer 15.③ 16.③

15 ③ 세션키로 메시지를 암호화하고(EKS(M), 세션키는 수신자의 공개키로 암호화해서 보낸다(EKPuB(KS).

16 ③ 메시지 인증 코드는 데이터가 변조(수정, 삭제, 삽입 등) 되었는지를 검증할 수 있도록 데이터에 덧붙이는 코드이다.

17 웹 서버와 클라이언트 간의 쿠키 처리 과정으로 옳지 않은 것은?

① HTTP 요청 메시지의 헤더 라인을 통한 쿠키 전달
② HTTP 응답 메시지의 상태 라인을 통한 쿠키 전달
③ 클라이언트 브라우저의 쿠키 디렉터리에 쿠키 저장
④ 웹 서버가 클라이언트에 관해 수집한 정보로부터 쿠키를 생성

18 「개인정보 보호법」 제15조(개인정보의 수집·이용)에서 개인정보처리자가 개인정보를 수집할 수 있으며 그 수집 목적의 범위에서 이용할 수 있는 경우에 해당하지 않는 것은?

① 정보주체의 동의를 받은 경우
② 법률에 특별한 규정이 있거나 법령상 의무를 준수하기 위하여 불가피한 경우
③ 공공기관이 법령 등에서 정하는 소관 업무의 수행을 위하여 불가피한 경우
④ 공공기관과의 계약의 체결 및 이행을 위하여 불가피하게 필요한 경우

ANSWER 17.② 18.④

17 ② HTTP 응답 메시지의 헤더 라인을 통한 쿠키 전달

18 개인정보의 수집·이용(「개인정보 보호법」 제15조) … 개인정보처리자는 다음 각 호의 어느 하나에 해당하는 경우에는 개인정보를 수집할 수 있으며 그 수집 목적의 범위에서 이용할 수 있다.
㉠ 정보주체의 동의를 받은 경우
㉡ 법률에 특별한 규정이 있거나 법령상 의무를 준수하기 위하여 불가피한 경우
㉢ 공공기관이 법령 등에서 정하는 소관 업무의 수행을 위하여 불가피한 경우
㉣ 정보주체와 체결한 계약을 이행하거나 계약을 체결하는 과정에서 정보주체의 요청에 따른 조치를 이행하기 위하여 필요한 경우
㉤ 명백히 정보주체 또는 제3자의 급박한 생명, 신체, 재산의 이익을 위하여 필요하다고 인정되는 경우
㉥ 개인정보처리자의 정당한 이익을 달성하기 위하여 필요한 경우로서 명백하게 정보주체의 권리보다 우선하는 경우. 이 경우 개인정보처리자의 정당한 이익과 상당한 관련이 있고 합리적인 범위를 초과하지 아니하는 경우에 한한다.
㉦ 공중위생 등 공공의 안전과 안녕을 위하여 긴급히 필요한 경우

19 함수 P에서 호출한 함수 Q가 자신의 작업을 마치고 다시 함수 P로 돌아가는 과정에서의 스택 버퍼 운용 과정을 순서대로 바르게 나열한 것은?

> (가) 스택에 저장되어 있는 복귀 주소(return address)를 pop한다.
> (나) 스택 포인터를 프레임 포인터의 값으로 복원시킨다.
> (다) 이전 프레임 포인터 값을 pop하여 스택 프레임 포인터를 P의 스택 프레임으로 설정한다.
> (라) P가 실행했던 함수 호출(function call) 인스트럭션 다음의 인스트럭션을 실행한다.

① (가)→(나)→(다)→(라)
② (가)→(다)→(라)→(나)
③ (나)→(가)→(라)→(다)
④ (나)→(다)→(가)→(라)

20 무선 네트워크 보안에 대한 설명으로 옳은 것은?

① 이전에 사용했던 WEP의 보안상 약점을 보강하기 위해서 IETF에서 WPA, WPA2, WPA3를 정의하였다.
② WPA는 TKIP 프로토콜을 채택하여 보안을 강화하였으나 여전히 WEP와 동일한 메시지 무결성 확인 방식을 사용하는 약점이 있다.
③ WPA2는 무선 LAN 보안 표준인 IEEE 802.1X의 보안 요건을 충족하기 위하여 CCM 모드의 AES 블록 암호 방식을 채택하고 있다.
④ WPA-개인 모드에서는 PSK로부터 유도된 암호화 키를 사용하는 반면에, WPA-엔터프라이즈 모드에서는 인증 및 암호화를 강화하기 위해 RADIUS 인증 서버를 두고 EAP 표준을 이용한다.

ANSWER 19.④ 20.④

19 함수 호출 과정
㉠ 함수가 사용할 인자값들을 스택에 넣고 함수의 시작 지점으로 점프해서 함수를 시작한다. 해당 함수의 스택 프레임이 할당된다.
㉡ 함수 내에서 사용할 스택 프레임 값들을 할당한다.
㉢ 함수 내용을 수행한다.
㉣ 함수가 끝나면 함수가 호출된 지점으로 복귀하기 위해 스택을 pop한다.
㉤ 호출한 지점의 다음 라인으로 점프하여 프로그램이 계속 실행된다.

20 ① WPA, WPA2, WPA3는 IEEE 802.111 작업 그룹과 Wi-Fi Alliance에 의해 개발되었다.
② WPA는 TKIP 프로토콜을 채택하여 무결성 서비스 등을 강화하였으나 여전히 WEP와 동일한 RC4 암호화 알고리즘을 사용하는 약점이 있다.
③ IEEE802.1x는 802.11b의 사용자 인증 취약성을 보완한 프레임워크로, EAP를 통해 다양한 사용자 인증 메커니즘을 지원한다.

정보보호론

2023. 6. 10. 제1회 지방직 시행

1 데이터의 위·변조를 방어하는 기술이 목표로 하는 것은?

① 기밀성
② 무결성
③ 가용성
④ 책임추적성

2 UDP 헤더 포맷의 구성 요소가 아닌 것은?

① 순서 번호
② 발신지 포트 번호
③ 목적지 포트 번호
④ 체크섬

ANSWER 1.② 2.①

1 ② 정보는 고의적인, 비인가된, 우연한 변경으로부터 보호되어야 한다는 원칙
① 오직 인가된 사람/프로세스/시스템만이 알 필요성에 근거하여 시스템에 접근해야 한다는 원칙
③ 정보는 사용자가 필요로 하는 시점에 접근 가능해야 한다는 원칙
④ 주체가 자신의 행동에 책임이 있다는 것을 보증하는 것

2 UDP 헤더 포맷의 구성 요소
㉠ 출발지 포트
㉡ 도착지 포트
㉢ 시퀀스넘버
㉣ Acknowledgement(응답) 넘버
㉤ 플래그
㉥ 윈도우 사이즈
㉦ 체크섬
㉧ urgent pointer

3 논리 폭탄에 대한 설명으로 옳은 것은?

① 사용자 동의 없이 설치되어 컴퓨터 내의 금융 정보, 신상 정보 등을 수집·전송하기 위한 것이다.
② 침입자에 의해 악성 소프트웨어에 삽입된 코드로서, 사전에 정의된 조건이 충족되기 전까지는 휴지 상태에 있다가 조건이 충족되면 의도한 동작이 트리거 되도록 한다.
③ 사용자가 키보드로 PC에 입력하는 내용을 몰래 가로채어 기록한다.
④ 공격자가 언제든지 시스템에 관리자 권한으로 접근할 수 있도록 비밀 통로를 지속적으로 유지시켜 주는 일련의 프로그램 집합이다.

4 대칭키 암호 알고리즘이 아닌 것은?

① SEED
② ECC
③ IDEA
④ LEA

ANSWER 3.② 4.②

3 ① 스파이웨어 ③ 키로깅 ④ 루트킷
4 ② ECC는 비대칭키(공개키) 암호 알고리즘의 종류
   ※ 대칭키 암호 알고리즘 종류 : DES, IDEA, AES, 3DES, SEED, AES, ARIA 등

5 「정보통신망 이용촉진 및 정보보호 등에 관한 법률」에서 규정하고 있는 사항이 아닌 것은?

① 정보통신망의 표준화 및 인증
② 정보통신망의 안정성 확보
③ 고정형 영상정보처리기기의 설치·운영 제한
④ 집적된 정보통신시설의 보호

6 CSRF 공격에 대한 설명으로 옳지 않은 것은?

① 사용자가 자신의 의지와는 무관하게 공격자가 의도한 행위를 특정 웹사이트에 요청하게 하는 공격이다.
② 특정 웹사이트가 사용자의 웹 브라우저를 신뢰하는 점을 노리고 사용자의 권한을 도용하려는 것이다.
③ 사용자에게 전달된 데이터의 악성 스크립트가 사용자 브라우저에서 실행되면서 해킹을 하는 것으로, 이 악성 스크립트는 공격자가 웹 서버에 구현된 애플리케이션의 취약점을 이용하여 서버 측 또는 URL에 미리 삽입해 놓은 것이다.
④ 웹 애플리케이션의 요청 내에 세션별·사용자별로 구별 가능한 임의의 토큰을 추가하도록 하여 서버가 정상적인 요청과 비정상적인 요청을 판별하는 방법으로 공격에 대응할 수 있다.

ANSWER 5.③ 6.③

5 ③ 「개인정보 보호법」 제25조
① 「정보통신망 이용촉진 및 정보보호 등에 관한 법률」 제8조
② 「정보통신망 이용촉진 및 정보보호 등에 관한 법률」 제45조
④ 「정보통신망 이용촉진 및 정보보호 등에 관한 법률」 제46조

6 ③ XSS 공격이란 공격자가 웹 서버에 구현된 웹 애플리케이션의 XSS 취약점을 이용하여 서버 측 또는 URL에 미리 삽입을 해 놓은 악성 스크립트가 애플리케이션에서 브라우저로 전달되는 데이터에 포함되어 개인의 브라우저에서 실행되면서 해킹을 하는 것을 의미한다.

7 IPSec의 터널 모드를 이용한 VPN에 대한 설명으로 옳지 않은 것은?

① 인터넷상에서 양측 호스트의 IP 주소를 숨기고 새로운 IP 헤더에 VPN 라우터 또는 IPSec 게이트웨이의 IP 주소를 넣는다.
② IPSec의 터널 모드는 새로운 IP 헤더를 추가하기 때문에 전송 모드 대비 전체 패킷이 길어진다.
③ ESP는 원래 IP 패킷 전부와 원래 IP 패킷 앞뒤로 붙는 ESP 헤더와 트레일러를 모두 암호화한다.
④ ESP 인증 데이터는 패킷의 끝에 추가되며, ESP 터널 모드의 경우 인증은 목적지 VPN 라우터 또는 IPSec 게이트웨이에서 이루어진다.

8 「전자서명법」상 전자서명인증사업자에 대한 전자서명인증업무 운영기준 준수사실의 인정(이하 "인정"이라 한다)에 대한 설명으로 옳지 않은 것은?

① 인정을 받으려는 전자서명인증사업자는 국가기관, 지방자치단체 또는 공공기관이어야 한다.
② 인정을 받으려는 전자서명인증사업자는 평가기관으로부터 평가를 먼저 받아야 한다.
③ 평가기관은 평가를 신청한 전자서명인증사업자의 운영기준 준수 여부에 대한 평가를 하고, 그 결과를 인정기관에 제출하여야 한다.
④ 인정기관은 평가 결과를 제출받은 경우 그 평가 결과와 인정을 받으려는 전자서명인증사업자가 법정 자격을 갖추었는지 여부를 확인하여 인정 여부를 결정하여야 한다.

Answer 7.③ 8.①

7 ③ ESP는 암호화할 때 데이터 패킷에 헤더와 트레일러를 추가한다.
8 ① 인정을 받으려는 전자서명인증사업자는 국가기관, 지방자치단체 또는 법인이어야 한다.(「전자서명법」제8조)

9 위험 평가 접근방법에 대한 설명으로 옳지 않은 것은?

① 기준(baseline) 접근법은 기준 문서, 실무 규약, 업계 최신 실무를 이용하여 시스템에 대한 가장 기본적이고 일반적인 수준에서의 보안 통제 사항을 구현하는 것을 목표로 한다.

② 비정형(informal) 접근법은 구조적인 방법론에 기반하지 않고 전문가의 지식과 경험에 따라 위험을 분석하는 것으로, 비교적 신속하고 저비용으로 진행할 수 있으나 특정 전문가의 견해 및 편견에 따라 왜곡될 우려가 있다.

③ 상세(detailed) 위험 분석은 정형화되고 구조화된 프로세스를 사용하여 상세한 위험 평가를 수행하는 것으로, 많은 시간과 비용이 드는 단점이 있는 반면에 위험에 따른 손실과 보안 대책의 비용 간의 적절한 균형을 이룰 수 있는 장점이 있다.

④ 복합(combined) 접근법은 상세 위험 분석을 제외한 기준 접근법과 비정형 접근법 두 가지를 조합한 것으로 저비용으로 빠른 시간 내에 필요한 통제 수단을 선택해야 하는 상황에서 제한적으로 활용된다.

ANSWER 9.④

9 ④ 복합 접근법은 고위험 영역을 식별하여 이 영역은 상세 위험분석을 수행하고, 다른 영역은 베이스라인 접근법을 사용하는 방식이다.

10 ISMS-P 인증 기준의 세 영역 중 하나인 관리체계 수립 및 운영에 해당하지 않는 것은?

① 관리체계 기반 마련
② 위험 관리
③ 관리체계 점검 및 개선
④ 정책, 조직, 자산 관리

ANSWER 10.④

10

구분	통합인증	분야(인증기준 개수)
ISMS-P	1. 관리체계 수립 및 운영(16) [ISMS]	1.1 관리체계 기반 마련(6) 1.2 위험관리(4) 1.3 관리체계 운영(3) 1.4 관리체계 점검 및 개선(3)
	2. 보호대책 요구사항(64) [ISMS]	2.1 정책, 조직, 자산 관리(3) 2.2 인적보안(6) 2.3 외부자 보안(4) 2.4 물리보안(7) 2.5 인증 및 권한 관리(6) 2.6 접근통제(7) 2.7 암호화 적용(2) 2.8 정보시스템 도입 및 개발 보안(6) 2.9 시스템 및 서비스 운영관리(7) 2.10 시스템 및 서비스 보안관리(9) 2.11 사고 예방 및 대응(5) 2.12 재해복구(2)
	3. 개인정보 처리단계별 요구사항(22)	3.1 개인정보 수집 시 보호조치(7) 3.2 개인정보 보유 및 이용 시 보호조치(5) 3.3 개인정보 제공 시 보호조치(3) 3.4 개인정보 파기 시 보호조치(4) 3.5 정보주체 권리보호(3)

11 OTP 토큰이 속하는 인증 유형은?

① 정적 생체정보
② 동적 생체정보
③ 가지고 있는 것
④ 알고 있는 것

12 서비스 거부 공격에 해당하는 것은?

① 발신지 IP 주소와 목적지 IP 주소의 값을 똑같이 만든 패킷을 공격 대상에게 전송한다.
② 공격 대상에게 실제 DNS 서버보다 빨리 응답 패킷을 보내 공격 대상이 잘못된 IP 주소로 웹 접속을 하도록 유도한다.
③ LAN상에서 서버와 클라이언트의 IP 주소에 대한 MAC 주소를 위조하여 둘 사이의 패킷이 공격자에게 전달되도록 한다.
④ 네트워크 계층에서 공격 시스템을 네트워크에 존재하는 또 다른 라우터라고 속임으로써 트래픽이 공격 시스템을 거쳐 가도록 흐름을 바꾼다.

ANSWER 11.③ 12.①

11 ③ OTP 토큰은 특수 하드웨어 장치나 카드를 사용하는 형태로, O사용자가 가지고 있는 디바이스에 해당한다.

12 ① 서비스 거부(DoS) 공격은 사이버 공격의 한 유형으로, 악의적인 행위자가 장치의 정상적인 작동을 방해하여 컴퓨터 또는 기타 장치를 사용하려는 사용자가 해당 장치를 사용할 수 없게 만드는 것을 목표로 한다. DoS 공격은 일반적으로 정상적인 트래픽을 처리할 수 없을 때까지 대상 시스템을 요청으로 압도하거나 폭주시켜 추가 사용자에 대한 서비스 거부를 초래하는 방식으로 작동한다. DoS 공격은 단일 컴퓨터를 사용하여 공격을 시작하는 것이 특징이다.
② DNS 스푸핑
③ ARP 스푸핑(ARP Spoofing)
④ ICMP 리다이렉트 공격

13 「정보통신망 이용촉진 및 정보보호 등에 관한 법률」 제48조의4(침해사고의 원인 분석 등)의 내용으로 옳지 않은 것은? [기출변형]

① 정보통신서비스 제공자 등 정보통신망을 운영하는 자는 침해사고가 발생하면 침해사고의 원인을 분석하고 그 결과에 따라 피해의 확산 방지를 위하여 사고대응, 복구 및 재발 방지에 필요한 조치를 하여야 한다.
② 과학기술정보통신부장관은 정보통신서비스 제공자의 정보통신망에 침해사고가 발생하면 그 침해사고의 원인을 분석하고 피해 확산 방지, 사고대응, 복구 및 재발 방지를 위한 대책을 마련하여 해당 정보통신서비스 제공자(공공기관 등은 제외)에게 필요한 조치를 이행하도록 명령할 수 있다.
③ 과학기술정보통신부장관은 정보통신서비스 제공자의 정보통신망에 발생한 침해사고의 원인 분석 및 대책 마련을 위하여 필요하면 정보통신서비스 제공자에게 정보통신망의 접속기록 등 관련 자료의 보전을 명할 수 있다.
④ 과학기술정보통신부장관이나 민·관합동조사단은 관련 규정에 따라 정보통신서비스 제공자로부터 제출받은 침해사고 관련 자료와 조사를 통하여 알게 된 정보를 재발 방지 목적으로 필요한 경우 원인 분석이 끝난 후에도 보존할 수 있다.

14 전자상거래에서 소비자의 주문 정보와 지불 정보를 보호하기 위한 SET의 이중 서명은 소비자에서 상점으로 그리고 상점에서 금융기관으로 전달된다. 금융기관에서 이중 서명을 검증하는데 필요하지 않은 것은?

① 소비자의 공개키
② 주문 정보의 해시
③ 상점의 공개키
④ 지불 정보

ANSWER 13.④ 14.③

13 ④ 과학기술정보통신부장관이나 민·관합동조사단은 제6항에 따라 제출받은 자료와 조사를 통하여 알게 된 정보를 침해사고의 원인 분석 및 대책 마련 외의 목적으로는 사용하지 못하며, 원인 분석이 끝난 후에는 즉시 파기하여야 한다.

14 이중 서명(dual signature) 동작
  ㉠ 신용카드 사용자의 구매 정보와 지불 정보를 각각 해시한 후 두 값을 합하여 다시 해시한다.
  ㉡ 최종 해시 값을 신용카드 사용자의 개인 키로 암호화(서명)하면 이중 서명 값이 생성된다.

15 SHA-512 알고리즘의 수행 라운드 수와 처리하는 블록의 크기(비트 수)를 바르게 짝지은 것은?

	라운드 수	블록의 크기
①	64	512
②	64	1024
③	80	512
④	80	1024

16 다음 그림과 같이 암호화를 수행하는 블록 암호 운용 모드는? (단, ⊕ : XOR, K : 암호키)

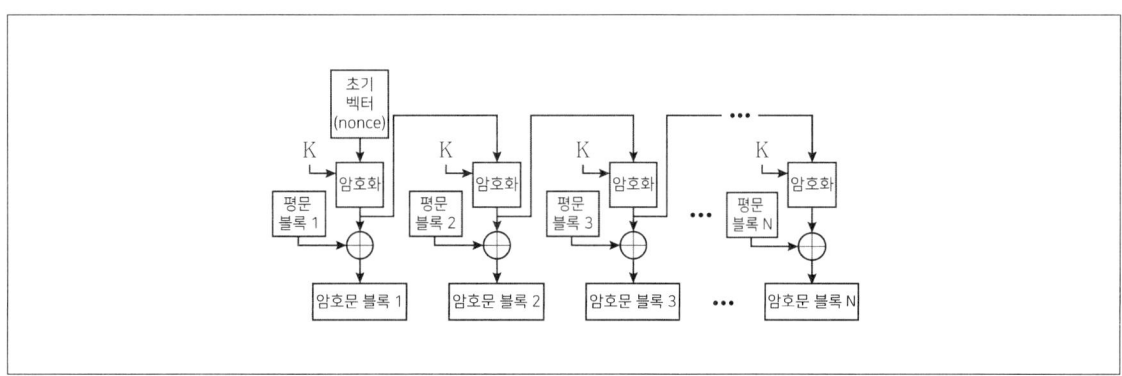

① CBC
③ OFB
② CFB
④ ECB

ANSWER 15.④ 16.③

15 SHA-512 알고리즘 특성
- ㉠ 해시값 크기 : 512
- ㉡ 내부 상태 크기 : 512
- ㉢ 블록 크기 : 1024
- ㉣ 길이 한계 : 128
- ㉤ 워드 크기 : 64
- ㉥ 과정 수 : 80
- ㉦ 사용되는 연산 : +, and, or, xor, shr, rotr
- ㉧ 충돌 여부 : 발견 안됨

16 ③ 첫 블록은 IV(초기화 벡터)를 암호화하고, 이후 블록은 평문과 XOR 연산 전 다음 블록으로 입력 및 암호화하는 블록 암호화 모드
① 첫 블록은 IV(초기화 벡터)로 암호화하고, 이후 블록은 이전 암호문 결과와 XOR 연산을 순차적으로 반복하는 블록 암호화 모드
② 첫 블록은 IV(초기화 벡터)를 암호화하고, 이후 블록은 평문과 XOR 연산 후 다음 블록으로 입력 및 암호화 하는 블록 암호화 모드
④ 평문을 블록 단위로 나누어 비밀키로 암호화하여 오류 전파 방지 및 병렬 처리가 가능한 블록 암호화 모드

17 윈도우 최상위 레지스트리에 대한 설명으로 옳지 않은 것은?

① HKEY_LOCAL_MACHINE은 로컬 컴퓨터의 하드웨어와 소프트웨어의 설정을 저장한다.
② HKEY_CLASSES_ROOT는 파일 타입 정보와 관련된 속성을 저장하는 데 사용된다.
③ HKEY_CURRENT_USER는 현재 로그인한 사용자의 설정을 저장한다.
④ HKEY_CURRENT_CONFIG는 커널, 실행 중인 드라이버 또는 프로그램과 서비스에 의해 제공되는 성능 데이터를 실시간으로 제공한다.

18 SSH(Secure Shell)의 전송 계층 프로토콜에 의해 제공되는 서비스가 아닌 것은?

① 서버 인증
② 데이터 기밀성
③ 데이터 무결성
④ 논리 채널 다중화

ANSWER 17.④ 18.④

17 ④ HKEY_CURRENT_CONFIG는 레지스트리 중에서 제일 단순한 부분으로 HKEY_LOCAL_MACHINE에 서브로 존재하는 Config 내용이 담겨있다. 디스플레이와 프린터에 관한 정보가 들어있다.

18 ④ s전송 계층 프로토콜은 전방향 기밀(즉 한 세션에서 세션 키나 영구 개인키가 손상되더라도, 이전 세션의 기밀성에 영향을 미치지 않는다)을 만족하는 서버 인증, 데이터 기밀성과 데이터 무결성을 제공한다.

19 리눅스 배시 셸(Bash shell) 특수 문자와 그 기능에 대한 설명이 옳지 않은 것은?

	특수 문자	기능
①	~	작업 중인 사용자의 홈 디렉터리를 나타냄
②	" "	문자(" ") 안에 있는 모든 셸 특수 문자의 기능을 무시
③	;	한 행의 여러 개 명령을 구분하고 왼쪽부터 차례로 실행
④	|	왼쪽 명령의 결과를 오른쪽 명령의 입력으로 전달

20 ISMS-P 인증 기준 중 사고 예방 및 대응을 모두 고르면?

> ㉠ 백업 및 복구 관리
> ㉡ 취약점 점검 및 조치
> ㉢ 이상행위 분석 및 모니터링
> ㉣ 재해 복구 시험 및 개선

① ㉠, ㉡
② ㉠, ㉣
③ ㉡, ㉢
④ ㉢, ㉣

ANSWER 19.② 20.③

19 ② " " 사이에 들어있는 모든 특수 문자를 일반 문자로 인식하지만 $()와 ` `(명령어 대체 특수문자), $ (변수 값 대체 특수문자), ₩ (quotation 특수문자) 등은 예외로 한다.

20 사고 예방 및 대응 분야의 점검 항목
  ㉠ 사고 예방 및 대응체계 구축
  ㉡ 취약점 점검 및 조치
  ㉢ 이상행위 분석 및 모니터링
  ㉣ 사고 대응 훈련 및 개선
  ㉤ 사고 대응 및 복구

정보보호론

2024. 3. 23. 인사혁신처 시행

1 사용자 A가 사용자 B에게 보낼 메시지에 대한 전자서명을 생성하는 데 필요한 키는?

① 사용자 A의 개인키
② 사용자 A의 공개기
③ 사용자 B의 개인키
④ 사용자 B의 공개키

2 원본 파일에 숨기고자 하는 정보를 삽입하고 숨겨진 정보의 존재 여부를 알기 어렵게 하는 기술은?

① 퍼징(Fuzzing)
② 스캐닝(Scanning)
③ 크립토그래피(Cryptography)
④ 스테가노그래피(Steganography)

ANSWER 1.④ 2.④

1 A(송신자)의 개인키를 사용하여 전자서명을 생성
B(수신자)는 A(송신자)의 공개키를 사용하여 검증
- 공개키: 사람들에게 공개된 키로 정보를 암호화 할 수 있음
- 비밀키: 사용자만 알고 있는 암호를 해독할 수 있는 키

2
- 스캐닝(Scanning): 물리적인 물체나 문서의 이미지를 디지털 형태로 변환하는 과정
- 퍼징(Fuzzing): 소프트웨어 테스트 기법으로서, 컴퓨터 프로그램에 유효한, 예상치 않은 또는 무작위 데이터를 입력하는 것

3 다음에서 설명하는 공격 방법은?

> • 사람의 심리를 이용하여 보안 기술을 무력화시키고 정보를 얻는 공격 방법
> • 신뢰할 수 있는 사람으로 위장하여 다른 사람의 정보에 접근하는 공격 방법

① 재전송 공격(Replay Attack)
② 무차별 대입 공격(Brute-Force Attack)
③ 사회공학 공격(Social Engineering Attack)
④ 중간자 공격(Man-in-the-Middle Attack)

4 블록 암호의 운영 모드 중 ECB 모드와 CBC 모드에 대한 설명으로 옳은 것은?

① ECB 모드는 블록의 변화가 다른 블록에 영향을 주지 않아 안전하다.
② ECB 모드는 암호화할 때, 같은 데이터 블록에 대해 같은 암호문 블록을 생성한다.
③ CBC 모드는 블록의 변화가 이전 블록에 영향을 주므로 패턴을 추적하기 어렵다.
④ CBC 모드는 암호화할 때, 이전 블록의 결과가 필요하지 않다.

Answer 3.③ 4.②

3 • 재전송 공격(repaly) : 공격자가 통신의 내용을 가로채어 기록하고 나중에 동일한 내용을 다시 전송하여 공격
• 무차별 대입 공격(Brute-Force Attack) : 특정한 암호를 풀기 위해 가능한 모든 값을 대입하는 것

4 • ECB(Electronic CodeBook) Mode : 가장 단순한 모드로 블록단위로 순차적으로 암호화 하는 구조로 한개의 블록만 해독되면 나머지 블록도 해독이 되는 단점
• CBC(Cipher Block Chaining) Mode : 블록 암호화 운영 모드 중 보안성이 제일 높은 암호화 방법으로 가장 많이 사용

5 컴퓨터 보안의 3요소가 아닌 것은?

① 무결성(Integrity)
② 확장성(Scalability)
③ 가용성(Availability)
④ 기밀성(Confidentiality)

6 로컬에서 통신하고 있는 서버와 클라이언트의 IP 주소에 대한 MAC 주소를 공격자의 MAC 주소로 속여, 클라이언트와 서버 간에 이동하는 패킷이 공격자로 전송되도록 하는 공격 기법은?

① SYN 플러딩
② DNS 스푸핑
③ ARP 스푸핑
④ ICMP 리다이렉트 공격

7 CC(Common Criteria)의 보증 요구사항(Assurance Requirements)에 해당하는 것은?

① 개발
② 암호 지원
③ 식별과 인증
④ 사용자 데이터 보호

ANSWER 5.② 6.③ 7.①

5 컴퓨터 보안의 3요소
- 무결성(Integrity) : 허락 되지 않은 사용자 또는 객체가 정보를 함부로 수정할 수 없도록 하는 것
- 가용성(Availability) : 허락된 사용자 또는 객체가 정보에 접근하려 하고자 할 때 이것이 방해받지 않도록 하는 것
- 기밀성(Confidentiality) : 허락 되지 않은 사용자 또는 객체가 정보의 내용을 알 수 없도록 하는 것

6
- SYN 플러딩 : TCP 연결 과정인 핸드셰이크의 문제점을 악용한 SYN Flooding도 DoS의 방법
- DNS 스푸핑 : DNS 서버로 보내는 질문을 가로채서 변조된 결과를 보내주는 것으로 중간자 공격

7
- CC(Common Criteria) : 정보보호 시스템(보안 솔루션)의 보안 기능 요구사항과 보증 요구사항 평가를 위해 공통으로 제공되는 국제 평가 기
- 보증 요구사항(Assurance Requirements) : 요구된 보안 기능을 준수할 수 있도록 제품을 개발하고 평가하는 동안 취해야 하는 조치

8 IEEE 802.11i 키 관리의 쌍별 키 계층을 바르게 나열한 것은?

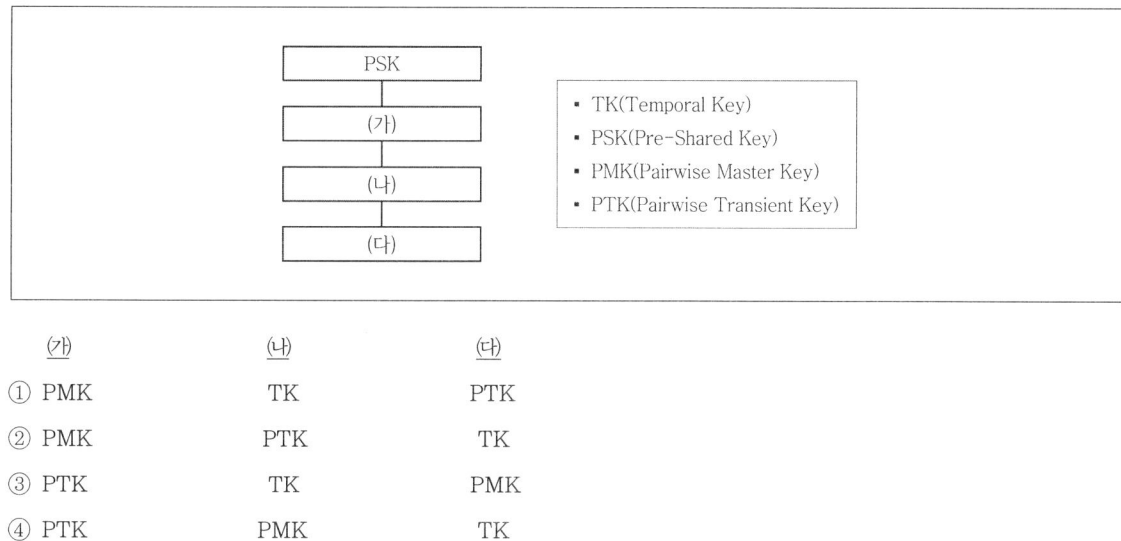

	㉮	㉯	㉰
①	PMK	TK	PTK
②	PMK	PTK	TK
③	PTK	TK	PMK
④	PTK	PMK	TK

9 위험 평가 방법에 대한 설명으로 옳지 않은 것은?

① 정성적 위험 평가는 자산에 대한 화폐가치 식별이 어려운 경우 이용한다.
② 정량적 분석법에는 델파이법, 시나리오법, 순위결정법, 브레인스토밍 등이 있다.
③ 정성적 분석법은 위험 평가 과정과 측정기준이 주관적이어서 사람에 따라 결과가 달라질 수 있다.
④ 정량적 위험 평가 방법에 의하면 연간 기대 손실은 위협이 성공했을 경우의 예상 손실액에 그 위협의 연간 발생률을 곱한 값이다.

ANSWER 8.② 9.②

8 • IEEE 802.11i 표준 : 무선랜 사용자 보호를 위해서 사용자 인증 방식, 키 교환 방식 및 향상된 무선구간 암호 알고리즘을 정의 PMK(Pairwise Master Key) : 사전 공유 키(PSK) 또는 802.1X/EAP(확장 가능 인증 프로토콜) 교환을 통해 설정
  - PTK : 단말과 AP간의 통신에 사용
  - TK : 데이터 흐름 보안을 위한 임시 키 (TKIP, CCMP에서 사용)

9 • 정량적 분석법 : 위험발생확률×손실크기를 통해 기대 위험가치를 분석함
  • 정성적 분석법 : 손실크기를 화폐가치로 표현 어려움, 위험크기는 기술변수로 표현하며 델파이법, 시나리오법, 순위결정법, 퍼지행렬법, 질문서법이 있다.

10 다음 /etc/passwd 파일 내용에 대한 설명으로 옳지 않은 것은?

root	:	x	:	0	:	0	:	root	:	/root	:	/bin/bash
㉠				㉡						㉢		㉣

① ㉠은 사용자 ID이다.
② ㉡은 UID 정보이다.
③ ㉢은 사용자 홈 디렉터리 경로이다.
④ ㉣은 패스워드가 암호화되어 /bin/bash 경로에 저장되어 있음을 의미한다.

ANSWER 10.④

10 • /etc/passwd에는 시스템에 등록된 사용자의 정보들이 담겨있는 파일
  • /etc/passwd 파일 필드
   – 사용자 계정명 : 맨 앞에 필드는 사용자의 계정명을 나타냄
   – 패스워드 : 그 다음의 필드는 패스워드 필드인데, x가 의미하는 바는 사용자의 패스워드가 /etc/shadow에 암호화되어 저장되어있다는 뜻
   – UID : 사용자의 user id를 나타냅니다. 관리자 계정(Root)은 UID가 0
   – GID : 사용자의 그룹 ID를 나타냅니다. 관리자 그룹(Root)의 GID는 0
   – comment : 사용자와 관련한 기타 정보로 일반적으로 사용자의 이름을 나타냄
   – 홈 디렉터리(root) : 사용자의 홈디렉터리를 의미
   – 로그인 쉘 : 사용자가 로그인시에 사용할 쉘을 의미

11 리눅스에서 설정된 umask 값이 027일 때, 생성된 디렉터리의 기본접근 권한으로 옳은 것은?

① drw-r-----

② d---r--rw-

③ drwxr-x---

④ d---r-xrwx

12 역공학을 위해 로우레벨 언어에서 하이레벨 언어로 변환할 목적을 가진 도구는?

① 디버거(Debugger)

② 디컴파일러(Decompiler)

③ 패커(Packer)

④ 어셈블러(Assembler)

ANSWER 11.③ 12.②

11 umask : 새로 생성되는 파일이나 디렉토리의 권한을 제한하는 명령어

	파일 소유자			그룹			다른 사용자		
	읽기	쓰기	실행	읽기	쓰기	실행	읽기	쓰기	실행
	r	w	x	r	w	x	r	w	x
	4	2	1	4	2	1	4	2	1
	7			7			7		
UMASK 값	0			2			7		
디렉토리 권한	7			5			0		
	r	w	x	r		x			

디렉토리이므로 rwxr-x---에 앞부분에 "d" 붙이면 drwxr-x---가 된다.

12 • 디버거(Debugger) : 오류를 포함하고 있는 프로그램에서 그 오류의 원인을 찾기 위해서 사용할 수 있는 프로그램이다. 프로그램의 소스코드를 개별적으로 조사해서 빠르게 프로그램의 이상 동작을 검출하기 위해 사용할 수 있다.
• 어셈블러(assembler) : 어셈블리어를 기계어 형태의 오브젝트 코드로 해석해 주는 컴퓨터 언어 번역 프로그램이다.
• 역어셈블러(Disassembler) : 기계어를 어셈블리어로 변환하는 컴퓨터 프로그램이다. 역어셈블러는 특히 리버스 엔지니어링 도구로서 효율적으로 활용할 수 있다.
• 패킹(Packing) : 원본 프로그램을 패킹된 형태로 압축하고 암호화하여 저장하는 기술이다.

13 「개인정보 보호법」 제30조(개인정보 처리방침의 수립 및 공개)에 따라 개인정보처리자가 정해야 하는 '개인정보 처리방침'에 포함되는 사항이 아닌 것은?

① 개인정보의 처리 목적
② 개인정보의 처리 및 보유 기간
③ 정보주체와 법정대리인의 권리·의무 및 그 행사방법에 관한 사항
④ 개인정보처리자의 성명 또는 개인정보를 활용하는 부서의 명칭과 전화번호 등 연락처

14 「개인정보 보호법」 제4조(정보수체의 권리)에 따른 정보수체의 권리가 아닌 것은?

① 개인정보의 처리에 관한 정보를 제공받을 권리
② 개인정보의 처리 정지, 정정·삭제 및 파기를 요구할 권리
③ 개인정보의 처리로 인하여 발생한 피해를 신속하고 공정한 절차에 따라 구제받을 권리
④ 완전히 자동화된 개인정보 처리에 따른 결정을 승인하거나 그에 대한 회복 등을 요구할 권리

ANSWER 13.④ 14.④

13 제30조(개인정보 처리방침의 수립 및 공개)
① 개인정보처리자는 다음 각 호의 사항이 포함된 개인정보의 처리 방침을 정하여야 한다. 이 경우 공공기관은 등록대상이 되는 개인정보파일에 대하여 개인정보 처리방침을 정한다.
1. 개인정보의 처리 목적
2. 개인정보의 처리 및 보유 기간
3. 개인정보의 제3자 제공에 관한 사항(해당되는 경우에만 정한다.)
3의2. 개인정보의 파기절차 및 파기방법(개인정보를 보존하여야 하는 경우에는 그 보존근거와 보존하는 개인정보 항목을 포함한다)
3의3. 민감정보의 공개 가능성 및 비공개를 선택하는 방법(해당되는 경우에만 정한다.)
4. 개인정보처리의 위탁에 관한 사항(해당되는 경우에만 정한다.)
4의2. 가명정보의 처리 등에 관한 사항(해당되는 경우에만 정한다.)
5. 정보주체와 법정대리인의 권리·의무 및 그 행사방법에 관한 사항
6. 개인정보 보호책임자의 성명 또는 개인정보 보호업무 및 관련 고충사항을 처리하는 부서의 명칭과 전화번호 등 연락처
7. 인터넷 접속정보파일 등 개인정보를 자동으로 수집하는 장치의 설치

14 제4조(정보주체의 권리)
정보주체는 자신의 개인정보 처리와 관련하여 다음 각 호의 권리를 가진다.
1. 개인정보의 처리에 관한 정보를 제공받을 권리
2. 개인정보의 처리에 관한 동의 여부, 동의 범위 등을 선택하고 결정할 권리
3. 개인정보의 처리 여부를 확인하고 개인정보에 대한 열람(사본의 발급을 포함한다. 이하 같다) 및 전송을 요구할 권리
4. 개인정보의 처리 정지, 정정·삭제 및 파기를 요구할 권리
5. 개인정보의 처리로 인하여 발생한 피해를 신속하고 공정한 절차에 따라 구제받을 권리
6. 완전히 자동화된 개인정보 처리에 따른 결정을 거부하거나 그에 대한 설명 등을 요구할 권리

15 증거물의 "획득 → 이송 → 분석 → 보관 → 법정 제출" 과정에 대한 추적성을 보장하기 위하여 준수해야 하는 원칙은?

① 연계 보관성의 원칙
② 정당성의 원칙
③ 재현의 원칙
④ 무결성의 원칙

16 128비트 키를 이용한 AES 알고리즘 연산 수행에 필요한 내부 라운드 수는?

① 10
② 12
③ 14
④ 16

17 SSL에서 기밀성과 메시지 무결성을 제공하기 위해 단편화, 압축, MAC 첨부, 암호화를 수행하는 프로토콜은?

① 경고 프로토콜
② 레코드 프로토콜
③ 핸드셰이크 프로토콜
④ 암호 명세 변경 프로토콜

ANSWER 15.① 16.① 17.②

15 연계보관성의 원칙 : 증거물 획득 → 이송 → 분석 → 보관 → 보관 → 법정 제출의 각 단계에서 담당자 및 책임자를 명확히 해야 하는 등 일련의 과정이 명확해야 하며 추적이 가능

16 AES : 128비트 평문을 128비트 암호문으로 출력하는 알고리즘으로 non-Feistel 알고리즘에 속한다. 10, 12, 14라운드를 사용하며, 각 라운드에 대응하는 키 크기는 128, 192, 256비트이다. 키 크기에 따라 AES의 세 가지 버전이 존재하며 이들은 AES-128, AES-192, AES-256으로 불린다.

AES의 키 길이	라운드 수
128비트	10
192비트	12
256비트	14

17 Record 프로토콜 : 상위계층에서 수신된 메시지를 전달하는 역할을 담당하며 클라이언트와 서버 간 약속된 절차에 따라 메시지에 대한 단편화, 압축, 메시지 인증 코드생성 및 암호화 과정 등을 수행하는 프로토콜

18 「정보통신망 이용촉진 및 정보보호 등에 관한 법률」 제45조(정보통신망의 안정성 확보 등)에서 정보보호지침에 포함되어야 하는 사항으로 명시적으로 규정한 것이 아닌 것은?

① 정보통신망연결기기등의 정보보호를 위한 물리적 보호조치
② 정보의 불법 유출·위조·변조·삭제 등을 방지하기 위한 기술적 보호조치
③ 정보통신망의 지속적인 이용이 가능한 상태를 확보하기 위한 기술적·물리적 보호조치
④ 정보통신망의 안정 및 정보보호를 위한 인력·조직·경비의 확보 및 관련 계획수립 등 관리적 보호조치

ANSWER 18.①

18 제45조(정보통신망의 안정성 확보 등)
　① 다음 각 호의 어느 하나에 해당하는 자는 정보통신서비스의 제공에 사용되는 정보통신망의 안정성 및 정보의 신뢰성을 확보하기 위한 보호조치를 하여야 한다.
　　1. 정보통신서비스 제공자
　　2. 정보통신망에 연결되어 정보를 송·수신할 수 있는 기기·설비·장비 중 대통령령으로 정하는 기기·설비·장비를 제조하거나 수입하는 자
　② 과학기술정보통신부장관은 제1항에 따른 보호조치의 구체적 내용을 정한 정보보호조치에 관한 지침을 정하여 고시하고 제1항 각 호의 어느 하나에 해당하는 자에게 이를 지키도록 권고할 수 있다.
　③ 정보보호지침에는 다음 각 호의 사항이 포함되어야 한다.
　　1. 정당한 권한이 없는 자가 정보통신망에 접근·침입하는 것을 방지하거나 대응하기 위한 정보보호시스템의 설치·운영 등 기술적·물리적 보호조치
　　2. 정보의 불법 유출·위조·변조·삭제 등을 방지하기 위한 기술적 보호조치
　　3. 정보통신망의 지속적인 이용이 가능한 상태를 확보하기 위한 기술적·물리적 보호조치
　　4. 정보통신망의 안정 및 정보보호를 위한 인력·조직·경비의 확보 및 관련 계획수립 등 관리적 보호조치
　　5. 정보통신망연결기기등의 정보보호를 위한 기술적 보호조치
　④ 과학기술정보통신부장관은 관계 중앙행정기관의 장에게 소관 분야의 정보통신망연결기기등과 관련된 시험·검사·인증 등의 기준에 정보보호지침의 내용을 반영할 것을 요청할 수 있다.

19 다음에서 설명하는 ISMS-P의 단계는?

> - 조직의 업무특성에 따라 정보자산 분류기준을 수립하여 관리체계 범위 내 모든 정보자산을 식별·분류하고, 중요도를 산정한 후 그 목록을 최신으로 관리하여야 한다.
> - 관리체계 전 영역에 대한 정보서비스 및 개인정보 처리 현황을 분석하고 업무 절차와 흐름을 파악하여 문서화하며, 이를 주기적으로 검토하여 최신성을 유지하여야 한다.
> - 위험 평가 결과에 따라 식별된 위험을 처리하기 위하여 조직에 적합한 보호대책을 선정하고, 보호대책의 우선순위와 일정·담당자·예산 등을 포함한 이행계획을 수립하여 경영진의 승인을 받아야 한다.

① 위험 관리
② 관리체계 운영
③ 관리체계 기반 마련
④ 관리체계 점검 및 개선

ANSWER 19.①

19 ISMS-P 관리체계 수립 및 운영

분야	항목
관리체계 기반 마련	경영진의 참여, 최고책임자의 지정, 조직구성, 범위 설정, 정책 수립, 자원 할당
위험관리	정보자산 식별, 현황 및 흐름분석, 위험평가, 보호대책 선정
관리체계 운영	보호대책 구현, 보호대책 공유, 운영현황 관리
관리체계 점검 및 개선	법적 요구사항 준수 검토, 관리체계 점검, 관리체계 개선

20 디지털 콘텐츠의 불법 복제와 유포를 막고 저작권 보유자의 이익과 권리를 보호해 주는 기술은?

① PGP(Pretty Good Privacy)
② IDS(Intrusion Detection System)
③ DRM(Digital Rights Management)
④ PIMS(Personal Information Management System)

ANSWER 20.③

20 ③ DRM(Digital Rights Management)기술 : 콘텐츠의 지적재산권이 디지털 방식에 의해서 안전하게 보호, 유지되도록 콘텐츠 창작에서부터 소비에 이르는 모든 유통과정에서 거래·분배·사용규칙이 적법하게 성취되도록 하는 기술. 재산권 보호 유지 이외에도 콘텐츠에 구매자 정보를 삽입하여 콘텐츠 불법 복제자를 추적하는 기능이 포함된 것이 특징이다.
① PGP(Pretty Good Privacy) : 전자 메일을 해독 및 암호화하고 디지털 서명 및 파일 암호화를 통해 전자 메일 메시지를 인증하는 데 사용되는 보안 프로그램
② IDS(Intrusion Detection System) : 의심스러운 활동을 탐지하고 탐지 시 경고를 생성하는 모니터링 시스템
④ PIMS(Personal Information Management System) : 개인정보의 기술적, 관리적, 물리적 보호조치에 대한 기준을 달성하기 위한 위협 정도 평가 및 대책 수립 및 운영을 위한 인증

정보보호론   2024. 6. 22. 제1회 지방직 시행

1 사용자 A가 사용자 B에게 보내는 메시지 M의 해시값을 A와 B가 공유하는 비밀키로 암호화하고 이를 M과 함께 보냄으로써 보장하려는 것은?

① 무결성
② 기밀성
③ 가용성
④ 부인방지

2 서비스 거부 공격에 해당하지 않는 것은?

① Smurf 공격
② Slowloris 공격
③ Pharming 공격
④ HTTP GET 플러딩 공격

ANSWER 1.① 2.③

1 ① 무결성(integrity) : 컴퓨팅 분야에서 완전한 수명 주기를 거치며 데이터의 정확성과 일관성을 유지하고 보증하는 것
② 기밀성(Confidentiality) : 정보나 데이터가 오직 그에 접근할 권한이 있는 사람들에게만 공개되는 상태
③ 가용성(Availability) : 시스템이 정상적으로 작동하여 사용자가 필요한 시간에 서비스에 접근할 수 있는 능력
④ 부인방지(Non-repudiation) : 데이터나 행위의 부인을 방지하는 것

2 • 서비스 거부 공격(Denial-of-dervice attack) : 시스템을 악의적으로 공격해 해당 시스템의 리소스를 부족하게 하여 원래 의도된 용도로 사용하지 못하게 하는 공격
• 분산 서비스 거부 공격(Distributed DoS attack) : 다수의 시스템을 통해 공격을 시도하며 다양한 방법을 통해 동시에 공격
• Slowloris DDoS 공격 : 공격자가 공격자와 대상 간에 많은 HTTP 연결을 동시에 열고 유지함으로써 대상 서버를 압도하는 서비스 거부 공격 프로그램

3 (가)와 (나)에 들어갈 용어를 바르게 연결한 것은?

> traceroute 명령어는 ☐(가)☐ 시스템에서 사용되며 ☐(나)☐ 기반으로 구현된다.

	(가)	(나)
①	Windows	IGMP
②	Windows	TCP
③	Linux	HTTP
④	Linux	ICMP

4 하이브리드 암호 시스템에 대한 설명으로 옳지 않은 것은?

① 대칭키 암호와 공개키 암호의 장점을 조합한 방법이다.
② 메시지의 기밀성과 세션키의 기밀성을 제공한다.
③ 송신자의 공개키를 이용하여 메시지를 암호화한다.
④ 수신자의 공개키를 이용하여 세션키를 암호화한다.

ANSWER 3.④ 4.③

3 traceroute : Linux 시스템에서 실행하는 컴퓨터에서 목적지 서버로 가는 네트워크 경로를 확인하며 ping과 동일하게 ICMP 프로토콜을 이용하여 경로를 확인해주는 역할을 한다.

4 하이브리드 암호 시스템 : 대칭키 암호화와 공개키 암호화를 결합하여 안전한 통신을 가능하게 하는 방식
• 대칭키와 공개키 암호화의 장점만 결합
• 수신자의 공개키에 두 개의 키(공개키, 개인키)를 사용, 공개키는 메시지를 암호화할 때 사용되며 개인키는 복호화 할 때 사용된다.

5 암호학적 해시 함수 H에 대한 설명으로 옳은 것은?

① 임의의 크기의 데이터 블록 x에 대해서 가변적 길이의 해시값 H(x)를 생성한다.
② 주어진 h로부터 h = H(x)인 x를 찾는 것은 계산적으로 불가능하다.
③ 임의의 크기의 데이터 블록 x에 대해 H(x)를 구하는 계산은 어려운 연산이 포함되어 계산이 비효율적이다.
④ H(x) = H(y)를 만족하는 서로 다른 x, y는 존재하지 않는다.

6 다음에서 설명하는 보안 공격은?

> 사용자 요청이 웹 서버의 애플리케이션을 거쳐 데이터베이스에 전달되고 그 결과가 반환되는 구조에서 주로 발생하는 것으로, 공격자가 악의적으로 질의에 포함시킨 특수 문자를 제대로 필터링하지 않으면 데이터베이스 자료가 무단으로 유출·변조될 수 있다.

① 버퍼 오버플로우　　　　　② SQL 삽입
③ XSS　　　　　　　　　　 ④ CSRF

ANSWER 5.② 6.②

5 • 암호학적 해시 함수 H : 메시지나 데이터를 입력으로 받아 고정된 길이의 해시 값(해시 코드 또는 해시)을 출력하는 함수
　　• 암호학적 해시 함수는 다음 3가지 조건을 만족해야 한다.
　　　− 제1 역상 저항성 : 암호학적 해시 함수 H에 대해서, H(x) = y라고 할 때, 주어진 y 값에 대하여 x 값을 알아내는 것은 어렵다. 일방향 함수임을 의미한다.
　　　− 제2 역상 저항성 : 암호학적 해시 함수 H에 대해서, 어떤 x가 주어졌을 때, x와 다른 H(x) = H(x′)을 만족하는 x′을 알아내는 것은 어렵다.
　　　− 충돌 저항성 : 암호학적 해시 함수 H에 대해서, x와 다른 x′에 대해서 H(x) = H(x′)인 x, x′을 알아내는 것은 어렵다.

6 SQL 삽입 : 응용 프로그램 보안상의 허점을 의도적으로 이용해, 악의적인 SQL문을 실행되게 함으로써 데이터베이스를 비정상적으로 조작하는 코드 인젝션 공격 방법

7 커버로스(Kerberos)에 대한 설명으로 옳지 않은 것은?

① 네트워크를 이용한 인증 프로토콜이다.

② 세션키를 분배하는 데 사용될 수 있다.

③ 세션키를 이용하여 데이터의 기밀성을 제공할 수 있다.

④ 버전 5에서는 비표(nonce)를 사용하지 않기 때문에 재생(replay) 공격에 취약하다.

8 패스워드를 저장할 때 솔트(salt)를 사용함으로써 얻을 수 있는 이점이 아닌 것은?

① 시스템 내에 같은 패스워드를 쓰는 사용자가 복수로 존재한다는 것을 발견하지 못하게 한다.

② 오프라인 사전(dictionary) 공격을 어렵게 한다.

③ 사용자가 같은 패스워드를 여러 시스템에서 중복해서 사용하여도 그 사실을 발견하기 어렵게 한다.

④ 패스워드 파일에 솔트가 암호화된 상태로 저장되므로 인증 처리시간을 단축시킨다.

ANSWER 7.④ 8.④

7 커버로스(Kerberos) : 개방된 컴퓨터 네트워크 내에서 서비스 요구를 인증하기 위한 대칭 암호기법에 바탕을 둔 티켓 기반 인증 프로토콜로서 KDC라는 신뢰할 수 있는 제 3자를 이용하는 방식
- ver4 : DES 사용
- ver5 : DES 이외의 다른 암호 알고리즘도 사용 가능

㉠ 장점
- 데이터의 기밀성과 무결성 보장
- 재생공격 예방
- 개방된 이기종 간의 컴퓨터에서 자유로운 서비스 인증 가능(SSO)
- 대칭키를 사용하여 도청으로부터 보호

㉡ 단점
- 패스워드 사전공격에 약함
- 비밀키, 세션키가 임시 단말기에 저장되어 침입자에 의해 탈취당할 수 있음
- Timestamp로 인해 시간 동기화 프로토콜이 필요
- 비밀키 변경 필요
- KDC가 단일 실패지점이 될 수 있음
- KDC는 많은 수의 요청을 처 가능해야 함(즉, 확장 가능성이 있어야 함)
- TGS & AS는 물리적 공격 및 악성코드로부터의 공격에 취약

8 솔트(Salt)
- 비밀번호 뒤에 임의의 문자열을 덧붙여서 해싱 하는 방식
- 특징
  - 랜덤한 값으로 비밀번호와 함께 해싱
  - 사용자가 짧고 간단한 조합의 비밀번호를 사용한다고해도 솔트 값에 의해 값을 좀 더 복잡하게 만들 수 있음
  - 해싱을 한 값과 솔트 값을 모두 데이터베이스에 저장하여 사용자가 비밀번호 입력했을 때 일치 여부를 판단
  - 공격을 위해 미리 계산된 테이블이 필요하기 때문에 해킹 과정이 더 복잡해지고 그 시간을 지연시킬 수 있음

9 NIST 표준(FIPS 186)인 전자서명 표준(DSS)에 대한 설명으로 옳지 않은 것은?

① DSA(Digital Signature Algorithm)는 DSS에서 명세한 알고리즘으로 ElGamal과 Schnorr에 의해 제안된 기법을 기반으로 한다.
② 서명자는 공개키와 개인키의 쌍을 생성하고 검증에 필요한 매개 변수들을 공개해야 한다.
③ 서명 과정을 거치고 나면 두 개의 요소로 이루어진 서명이 생성되는데 서명자는 이를 메시지와 함께 수신자(검증자)에게 보낸다.
④ 검증 과정에서 검증자는 서명으로부터 추출한 값과 수신한 메시지로부터 얻은 해시값을 비교하여 일치하는가를 확인함으로써 서명을 검증한다.

ANSWER 9.④

9 디지털 서명 알고리즘(Digital Signature Algorithm)
  ㉠ 디지털 서명을 위한 연방 정보 처리 표준으로 1991년 8월 미국 국립표준기술연구소(NIST)는 자신들의 디지털 서명 표준(Digital Signature Standard, DSS)에 사용하기 위해 DSA를 제안했으며 1993년 FIPS 186로 채택
  ㉡ 3개의 알고리즘으로 구성
  • 첫째. 공개 키 쌍을 생성하는 키 생성 알고리즘
  • 둘째. 이용자의 개인 키를 사용하여 서명(전자서명)을 생성하는 알고리즘
  • 셋째. 이용자의 공개 키를 사용하여 서명을 검증하는 알고리즘
  ㉢ 디지털 서명은 크게 해싱, 서명, 검증 3가지 단계로 이루어진다.
  • 해싱(Hashing) : 해시함수를 통해 메시지를 일정한 크기의 데이터로 만드는 과정으로 메시지 다이제스트(message digest)를 생성하는 과정
  • 서명(Signing) : 해싱을 거친 메시지 다이제스트, 또는 메시지를 서명자의 개인키(private key)로 암호화 하며 서명이라고 함. 서명을 완료하면, 서명(암호화된 메시지)과 메시지가 검증자들에게 전달
  • 검증(Verification) : 서명자가 자신의 개인키로 암호화한 데이터를 검증자가 서명자의 공개키(public key)로 복호화하는 과정. 서명자로부터 받은 메시지와, 서명자로부터 받은 서명의 복호화 값이 같다면 검증 완료

10 「개인정보 보호법 시행령」에서 규정한 민감정보에 해당하지 않는 것은? (단, 공공기관이 관련 규정에 따라 해당 정보를 처리하는 경우는 제외한다)

① 유전자검사 등의 결과로 얻어진 유전정보
② 「형의 실효 등에 관한 법률」 제2조제5호에 따른 범죄경력자료에 해당하는 정보
③ 개인의 신체적, 생리적, 행동적 특징에 관한 정보로서 특정 개인을 알아보지 못하도록 일정한 기술적 수단을 통해 생성한 정보
④ 인종이나 민족에 관한 정보

11 (가)와 (나)에 들어갈 내용을 바르게 연결한 것은?

> 하트블리드(Heartbleed)는 ⎡(가)⎤를 구현한 공개 소프트웨어인 OpenSSL의 심각한 보안 취약점으로, 수신한 요청 메시지의 실제 ⎡(나)⎤을/를 제대로 확인하지 않은 것에 기인한 것이다.

	(가)	(나)
①	SSH	길이
②	SSH	유형
③	TLS	길이
④	TLS	유형

ANSWER 10.③ 11.③

10 개인정보 보호법 시행령 제18조(민감정보의 범위) … 법 제23조제1항 각 호 외의 부분 본문에서 "대통령령으로 정하는 정보"란 다음 각 호의 어느 하나에 해당하는 정보를 말한다. 다만, 공공기관이 법 제18조제2항제5호부터 제9호까지의 규정에 따라 다음 각 호의 어느 하나에 해당하는 정보를 처리하는 경우의 해당 정보는 제외한다.
1. 유전자검사 등의 결과로 얻어진 유전정보
2. 「형의 실효 등에 관한 법률」 제2조제5호에 따른 범죄경력자료에 해당하는 정보
3. <u>개인의 신체적, 생리적, 행동적 특징에 관한 정보로서 특정 개인을 알아볼 목적으로 일정한 기술적 수단을 통해 생성한 정보</u>
4. 인종이나 민족에 관한 정보

11 하트블리드(Heartbleed)
- 2014년 4월에 발견된 오픈 소스 암호화 라이브러리인 OpenSSL의 소프트웨어 버그
- 전송 계층 보안(TLS) 및 데이터그램 전송 계층 보안(DTLS) 프로토콜의 하트비트 확장은 2012년 2월 출판된 RFC 6520이 지정한 제안된 표준

12 DNS 스푸핑 공격에 대한 설명으로 옳지 않은 것은?

① 위조된(spoofed) DNS 응답을 보내 공격자가 의도한 웹 사이트로 사용자의 접속을 유도하는 공격이다.
② 일반적으로 DNS 질의는 TCP 패킷이므로 공격자는 로컬 DNS 서버가 인터넷의 DNS 서버로부터 응답을 얻기 위해 설정한 TCP 세션을 하이재킹해야 한다.
③ 위조된 응답이 일반적으로 로컬 DNS 서버에 의해 캐시되므로 손상이 지속될 수 있는데 이를 DNS 캐시 포이즈닝이라고 한다.
④ 디지털 서명으로 DNS 데이터의 진위 여부를 확인하는 DNSSEC는 DNS 캐시 포이즈닝에 대처하도록 설계되었다.

13 정보보호제품 평가·인증제도에 대한 설명으로 옳지 않은 것은?

① 정보보호제품 평가·인증제도는 「지능정보화 기본법」 제58조(정보보호시스템에 관한 기준 고시 등)에 근거한다.
② 인증기관은 국가보안기술연구소이다.
③ 「정보보호시스템 공통평가기준」은 최고의 평가보증등급인 EAL 1부터 최저의 평가보증등급인 EAL 7까지 보증등급을 정의하고 있다.
④ 보호 프로파일은 정보보호시스템이 사용될 환경에서 필요한 보안기능 및 보증 요구사항을 공통평가기준에 근거하여 서술한 것이다.

Answer 12.② 13.③

12 ㉠ DNSSEC : 인터넷 상의 도메인에 대한 DNS 질의응답 절차 가운데 발생할 수 있는 "DNS 데이터 위-변조" 공격에 대응할 수 있는 보안기술
  ㉡ DNS 스푸핑 공격
  • 공격 대상에게 전달되는 DNS서버의 캐시 정보를 조작하여 희생자가 의도하지 않은 주소로 접속하게 만드는 공격으로 희생자 입장에서는 정상적인 URL로 접속하지만 실제로는 공격자가 만든 가짜 사이트로 접속하게 된다.
  • 공격방법
  − 스니핑을 이용한 DNS 스푸핑 : 공격대상이 DNS질의를 수행하면 공격자가 스니핑하고 있다가 정상 응답보다 빠르게 희생자에게 조작된 웹사이트 IP 정보를 담은 DNS응답을 보내 정상 주소를 입력해도 조작된 주소로 접속하게 만드는 공격
  − DNS 캐시 포이즈닝 : DNS서버의 캐시정보를 조작하는 공격

13 정보보호제품 평가·인증제도
  ㉠ 법적근거
  • 지능정보화 기본법 제58조(정보보호시스템에 관한 기준 고시 등)
  • 지능정보화 기본법 시행령 제51조(정보보호시스템에 관한 기준 고시 등)
  • 정보보호시스템 공통평가기준(미래창조과학부 고시 제2013-51호)
  • 정보보호시스템 평가인증 등에 관한 고시(과학기술정보통신부 고시 제 2022-61호)
  ㉡ 인증기관 : 국가보안기술연구소(NSR)의 IT보안인증사무국(ITSCC)

14 소켓은 통신의 한 종점을 추상화한 것으로, 통신 상대를 식별하기 위한 것이다. TCP 연결을 위한 소켓 정의에 사용되는 것은?

① MAC 주소, IP 주소
② IP 주소, Port 번호
③ Port 번호, URL
④ URL, MAC 주소

15 개인정보 보호위원회의 「가명정보 처리 가이드라인」(2024. 2.)에 있는 정형데이터 가명처리 기술로 다음에서 설명하는 암호화 기법은?

> - 암호화된 상태에서의 연산이 가능한 암호화 방식으로 원래의 값을 암호화한 상태로 연산 처리를 하여 다양한 분석에 이용 가능한 기술이다.
> - 암호화된 상태의 연산값을 복호화하면 원래의 값을 연산한 것과 동일한 결과를 얻을 수 있는 4세대 암호화기법이다.

① 동형 암호화(homomorphic encryption)
② 다형성 암호화(polymorphic encryption)
③ 순서보존 암호화(order-preserving encryption)
④ 형태보존 암호화(format-preserving encryption)

ANSWER 14.② 15.①

14 ㉠ 소켓은 프로토콜, IP 주소, 포트 넘버로 정의 : 소켓은 떨어져 있는 두 호스트를 연결해 주는 도구로 인터페이스 역할을 하는데 데이터를 주고 받을수 있는 구조체로 소켓을 통해 데이터 통로가 만들어 진다. 이러한 소켓은 역할에 따라 서버 소켓, 클라이언트 소켓으로 구분된다.
㉡ 소켓 종류
- 스트림(TCP)
 - 양방향으로 바이트 스트림을 전송, 연결 지향성
 - 소량의 데이터보다 대량의 데이터 전송에 적합
- 데이터그램(UDP)
 - 비연결형 소켓
 - 데이터의 크기에 제한이 있음
㉢ 포트(Port) : TCP가 상위 계층으로 데이터를 전달하거나 상위 계층에서 TCP로 데이터를 전달할 때 상호간에 사용하는 데이터의 이동 통로

15 동형 암호화(homomorphic encryption) : 데이터를 암호화된 상태에서 연산할 수 있는 암호화 방법을 의미

16 「개인정보 보호법」에서 규정하고 있는 사항이 아닌 것은?

① 개인정보의 수집·이용
② 위치정보사업자의 개인위치정보 제공
③ 고정형 영상정보처리기기의 설치·운영 제한
④ 개인정보 처리방침의 수립 및 공개

17 포트 스캔 방식 중에서 포트가 열린 서버로부터 SYN+ACK 패킷을 받으면 로그를 남기지 않기 위하여 RST 패킷을 보내 즉시 연결을 끊는 스캔 방식은?

① TCP Half Open 스캔
② UDP 스캔
③ NULL 스캔
④ X-MAS 스캔

Answer 16.② 17.①

16 개인정보 보호법
- 제3장 개인정보의 처리
  - 제1절 개인정보의 수집, 이용, 제공 등
  - 제15조(개인정보의 수집·이용)
  - 제2절 개인정보의 처리 제한
  - 제25조(고정형 영상정보처리기기의 설치·운영 제한)
- 제4장 개인정보의 안전한 관리
  - 제30조(개인정보 처리방침의 수립 및 공개)

17
- TCP Half Open 스캔
  - SYN을 보내 SYN+ACK이 오면 열린 것으로 판단하고, RST 패킷을 보내 접속을 끊어버린다.
  - 열림 : SYN+ACK
  - 닫힘 : RST+ACK
- TCP NULL 스캔
  - TCP 헤더의 제어비트 중 SYN(연결요청) 제어비트 대신 아무것도 설정하지 않은 비트를 설정하여 보낸다.
  - 열림 : 응답없음
  - 닫힘 : RST+ACK
- Xmas 스캔
  - ACK, FIN, RST, SYN, URG 여러 플래그를 동시에 설정하여 한꺼번에 보낸다.
  - 열림 : 응답 없음
  - 닫힘 : RST 응답 회신
- UDP Open
  - TCP 스캔과 다르게 UDP 포트 OPEN/CLOSE 여부를 확인하는 스캔
  - 열림 : UDP 응답
  - 닫힘 : CIMP 에러

18 다음은 「OECD 프라이버시 프레임워크」(2013)에서 제시한 개인정보보호 원칙을 설명한 것이다. (가)와 (나)에 해당하는 것을 A~D에서 바르게 연결한 것은?

> (가) 개인 데이터의 수집에는 제한이 있어야 하고 그러한 정보는 적법하고 공정한 방법에 의해 얻어져야 하며, 정보주체의 적절한 인지 또는 동의가 있어야 한다.
> (나) 개인 데이터는 사용목적과 관계가 있어야 하고 그 목적에 필요한 한도 내에서 정확하고, 완전하며, 최신의 것이어야 한다.

> A. 수집 제한의 원칙(collection limitation principle)
> B. 목적 명확화의 원칙(purpose specification principle)
> C. 데이터 품질 원칙(data quality principle)
> D. 개인 참여의 원칙(individual participation principle)

	(가)	(나)
①	A	B
②	A	C
③	D	B
④	D	C

ANSWER 18.②

18 OECD 개인정보 보호 8원칙
1. **수집제한의 원칙**(Collection Limitation Principle) : 개인정보의 수집은 합법적이고 공정한 절차에 의하여 가능한 한 정보주체에게 알리거나 동의를 얻은 후에 수집되어야 한다.
2. **정보 정확성의 원칙**(Data Quality Principle) : 개인정보는 그 이용 목적에 부합하는 것이어야 하고, 이용 목적에 필요한 범위 내에서 정확하고 완전하며 최신의 상태로 유지해야 한다.
3. **목적의 명확화 원칙**(Purpose Specification Principle) : 개인정보는 수집 시 목적이 명확해야 하며, 이를 이용할 경우에도 수집 목적의 실현 또는 수집 목적과 양립되어야 하고 목적이 변경될 때마다 명확히 해야 한다.
4. **이용제한의 원칙**(Use Limitation Principle) : 개인정보는 정보주체의 동의가 있는 경우나 법률의 규정에 의한 경우를 제외하고는 명확화된 목적 이외의 용도로 공개되거나 이용되어서는 안 된다.
5. **안전성 확보의 원칙**(Security Safeguards Principle) : 개인정보의 분실, 불법적인 접근, 훼손, 사용, 변조, 공개 등의 위험에 대비하여 합리적인 안전보호장치를 마련해야 한다.
6. **공개의 원칙**(Openness Principle) : 개인정보의 처리와 정보처리장치의 설치, 활용 및 관련 정책은 일반에게 공개해야 한다.
7. **개인 참가의 원칙**(Individual Participation Principle) : 정보주체인 개인은 자신과 관련된 정보의 존재 확인, 열람 요구, 이의 제기 및 정정, 삭제, 보완 청구권을 가진다.
8. **책임의 원칙**(Accountability Principle) : 개인정보 관리자는 위에서 제시한 원칙들이 지켜지도록 필요한 제반조치를 취해야 한다.

19 「개인정보 보호법」 제31조(개인정보 보호책임자의 지정 등)에서 규정한 개인정보 보호책임자의 수행 업무가 아닌 것은?

① 개인정보 보호 계획의 수립 및 시행
② 개인정보 처리 실태 및 관행의 정기적인 조사 및 개선
③ 개인정보 유출 및 오용·남용 방지를 위한 내부통제시스템의 구축
④ 정보주체의 권리침해에 대한 조사 및 이에 따른 처분에 관한 사항

ANSWER 19.④

19 개인정보 보호법
① 개인정보처리자는 개인정보의 처리에 관한 업무를 총괄해서 책임질 개인정보 보호책임자를 지정하여야 한다. 다만, 종업원 수, 매출액 등이 대통령령으로 정하는 기준에 해당하는 개인정보처리자의 경우에는 지정하지 아니할 수 있다.
② 제1항 단서에 따라 개인정보 보호책임자를 지정하지 아니하는 경우에는 개인정보처리자의 사업주 또는 대표자가 개인정보 보호책임자가 된다.
③ 개인정보 보호책임자는 다음 각 호의 업무를 수행한다.
  1. 개인정보 보호 계획의 수립 및 시행
  2. 개인정보 처리 실태 및 관행의 정기적인 조사 및 개선
  3. 개인정보 처리와 관련한 불만의 처리 및 피해 구제
  4. 개인정보 유출 및 오용·남용 방지를 위한 내부통제시스템의 구축
  5. 개인정보 보호 교육 계획의 수립 및 시행
  6. 개인정보파일의 보호 및 관리·감독
  7. 그 밖에 개인정보의 적절한 처리를 위하여 대통령령으로 정한 업무
④ 개인정보 보호책임자는 제3항 각 호의 업무를 수행함에 있어서 필요한 경우 개인정보의 처리 현황, 처리 체계 등에 대하여 수시로 조사하거나 관계 당사자로부터 보고를 받을 수 있다.
⑤ 개인정보 보호책임자는 개인정보 보호와 관련하여 이 법 및 다른 관계 법령의 위반 사실을 알게 된 경우에는 즉시 개선조치를 하여야 하며, 필요하면 소속 기관 또는 단체의 장에게 개선조치를 보고하여야 한다.
⑥ 개인정보처리자는 개인정보 보호책임자가 제3항 각 호의 업무를 수행함에 있어서 정당한 이유 없이 불이익을 주거나 받게 하여서는 아니 되며, 개인정보 보호책임자가 업무를 독립적으로 수행할 수 있도록 보장하여야 한다.
⑦ 개인정보처리자는 개인정보의 안전한 처리 및 보호, 정보의 교류, 그 밖에 대통령령으로 정하는 공동의 사업을 수행하기 위하여 제1항에 따른 개인정보 보호책임자를 구성원으로 하는 개인정보 보호책임자 협의회를 구성·운영할 수 있다.
⑧ 보호위원회는 제7항에 따른 개인정보 보호책임자 협의회의 활동에 필요한 지원을 할 수 있다.
⑨ 제1항에 따른 개인정보 보호책임자의 자격요건, 제3항에 따른 업무 및 제6항에 따른 독립성 보장 등에 필요한 사항은 매출액, 개인정보의 보유 규모 등을 고려하여 대통령령으로 정한다.

20 ISMS-P의 보호대책 요구사항 중 '외부자 보안' 인증 항목에 해당하지 않는 것은?

① 보호 구역 지정
② 외부자 현황 관리
③ 외부자 보안 이행 관리
④ 외부자 계약 변경 및 만료 시 보안

ANSWER 20.①

20 '보호대책 요구사항' 영역 : 12개 분야 64개 인증 기준으로 구성. 보호대책 요구사항에 따라 신청기관은 관리체계 수립 및 운영 과정에서 수행한 위험평가 결과와 조직의 서비스 및 정보시스템 특성 등을 반영하여 체계적으로 보호대책을 수립·이행하여야 한다.

분야 (12)	항목 (64)
2.1 정책, 조직, 자산 관리	2.1.1 정책의 유지관리
	2.1.2 조직의 유지관리
	2.1.3 정보자산 관리
2.2 인적 보안	2.2.1 주요 직무자 지정 및 관리
	2.2.2 직무 분리
	2.2.3 보안 서약
	2.2.4 인식제고 및 교육훈련
	2.2.5 퇴직 및 직무변경 관리
	2.2.6 보안 위반 시 조치
2.3 외부자 보안	2.3.1 외부자 현황 관리
	2.3.2 외부자 계약 시 보안
	2.3.3 외부자 보안 이행 관리
	2.3.4 외부자 계약 변경 및 만료 시 보안
2.4 물리 보안	2.4.1 보호구역 지정
	2.4.2 출입통제
	2.4.3 정보시스템 보호
	2.4.4 보호설비 운영
	2.4.5 보호구역 내 작업
	2.4.6 반출입 기기 통제
	2.4.7 업무환경 보안
2.5 인증 및 권한관리	2.5.1 사용자 계정 관리
	2.5.2 사용자 식별
	2.5.3 사용자 인증
	2.5.4 비밀번호 관리
	2.5.5 특수 계정 및 권한 관리

ANSWER

	2.5.6 접근권한 검토
2.6 접근통제	2.6.1 네트워크 접근
	2.6.2 정보시스템 접근
	2.6.3 응용프로그램 접근
	2.6.4 데이터베이스 접근
	2.6.5 무선 네트워크 접근
	2.6.6 원격접근 통제
	2.6.7 인터넷 접속 통제
2.7 암호화 적용	2.7.1 암호정책 적용
	2.7.2 암호키 관리
2.8 정보시스템 도입 및 개발 보안	2.8.1 보안 요구사항 정의
	2.8.2 보안 요구사항 검토 및 시험
	2.8.3 시험과 운영 환경 분리
	2.8.4 시험 데이터 보안
	2.8.5 소스 프로그램 관리
	2.8.6 운영환경 이관
2.9 시스템 및 서비스 운영관리	2.9.1 변경관리
	2.9.2 성능 및 장애관리
	2.9.3 백업 및 복구관리
	2.9.4 로그 및 접속기록 관리
	2.9.5 로그 및 접속기록 점검
	2.9.6 시간 동기화
	2.9.7 정보자산의 재사용 및 폐기
2.10 시스템 및 서비스 보안관리	2.10.1 보안시스템 운영
	2.10.2 클라우드 보안
	2.10.3 공개서버 보안
	2.10.4 전자거래 및 핀테크 보안
	2.10.5 정보전송 보안
	2.10.6 업무용 단말기기 보안
	2.10.7 보조저장매체 관리
	2.10.8 패치관리
	2.10.9 악성코드 통제
2.11 사고 예방 및 대응	2.11.1 사고 예방 및 대응체계 구축
	2.11.2 취약점 점검 및 조치

M·E·M·O

M·E·M·O